カリフォルニア政治と「マイノリティ」

―― 住民提案に見られる多民族社会の現状 ――

賀川真理 著

(阪南大学叢書 73)

不磨書房

まえがき

　2003年10月7日、アメリカ合衆国（以下、アメリカ）のカリフォルニア州において、州民はついに知事のリコールを実現させた。これは、1990年代初頭からカリフォルニア州民が募らせてきた、州財政の悪化に対する不満が極限に達したものであるととらえられる。

　意外なことに、リコール制度を認めているのは全米50州のうち、18州だけであるが、カリフォルニア州におけるリコール制度は、他州と比べても利用されやすい仕組みであると言える。カリフォルニアでは、前回の知事選挙における投票総数のうちの12パーセント以上に相当する署名が集まれば、リコールが投票に付されることになっている。これは、他のネバダ州における25パーセントなどと比較すると、リコールを実現する上でのハードルは低いので、制度を利用しやすいと考えられる。しかし、そのカリフォルニアにおいてさえも、これまでにこの制度を利用して知事のリコールを実現させたことは一度もなかったのである。

　本書は、1990年代以降今日までに行なわれた住民提案を通じて、カリフォルニア政治を分析しようと試みるものである。カリフォルニアにおける住民提案は、1990年代にますます過熱ムードを帯びるが、そのうち、カリフォルニア政治を考える上で象徴的なキーワードとも言える「マイノリティ」が争点となった4つの提案を主として取り上げる。

　ここであえて「マイノリティ」としたのは、2000年の国勢調査において、カリフォルニア州では全米で初めてマイノリティがヒスパニックを除く白人を数の上で凌駕し、多数派となったためである。

『サンフランシスコ・クロニクル (*The San Francisco Chronicle*)』は、2000年8月30日付の紙面に「カリフォルニアでマイノリティが多数派に (California Minorities Become Majority)」という見出しをつけた。なかでもアジア系は、1世帯あたりの平均収入や学歴においても、ヒスパニック以外の白人を上回っているという事実があり、これらの点でもはやマイノリティとは言えなくなってきている。

ところで、1990年代にはアメリカ全体でマイノリティの増加傾向が見られた。2000年8月の時点における国勢調査の速報値では、1990年7月1日から1999年7月1日までの間に、全米でアジア系と太平洋諸島の人々の数は合わせて43パーセント増加して1,080万人、ラティーノ(ラテンアメリカ系の人々)の数は38.8パーセント増えて3,130万人、アメリカン・インディアンとアラスカ原住民は15.5パーセント増で230万人、そして目下のところマイノリティの中で最大の勢力である黒人は13.8パーセント増加して3,480万人と、それぞれ2桁の伸び率を示したのに対し、白人は7.3パーセント増えて2億2,460万人となった。

『ソルトレイク・トリビューン (*The Salt Lake Tribune*)』(2000年8月30日付)によると、例えばネバダ州では、ホテルやカジノの建設ラッシュがあり、建築やサービス産業に従事するアジア系やラティーノが急増した。そのため、ラティーノは144.6パーセント増加して30万4,000人に、アジア系は123.7パーセント増の8万8,000人になるといった具合に、3桁の伸びを示したケースもある。

さて、カリフォルニア州におけるヒスパニック(アメリカに居住していてスペイン語を話す人々)以外の白人と、ヒスパニック、アジア系、太平洋諸島の人々、黒人、アメリカン・インディアン、その他といったいわゆるマイノリティとの比率は、1990年には、57.1パー

セント対42.9パーセントであったが、2000年の国勢調査の速報値で初めて、白人が数の上でのマイノリティになり、それぞれ49.9パーセント対50.1パーセントとなった。『マーキュリー・ニュース (*The Mercury News*)』(2000年8月30日付、サンフランシスコ版) では、少なくとも1860年以来、カリフォルニアではラティーノを祖先に持たない白人 (White Californians with no Latino heritage) が多数派を占め続けてきたとしている。1998年におけるヒスパニック以外の白人は50.5パーセントであったことから、この逆転現象は1999年に生じたことになる。このように、カリフォルニア州において非白人が多数派になった背景としては、ヒスパニックとアジア系の増加が大きく影響している。ヒスパニックが州人口に占める割合は、1990年の26パーセントから、1999年には32パーセントに、アジア系は同じく10パーセントから11パーセントにそれぞれ増加した。

　それでは、こうしたヒスパニックの伸張を中心として、2000年に行なわれた国勢調査の最終統計に基づいてさらに詳しく見てみると、次の表のようになる。人種とエスニシティに関する項目には、ひとつの人種という事項の下に、白人、黒人もしくはアフリカ系アメリカ人、アメリカン・インディアンとアラスカ原住民、アジア系、ハワイ原住民とその他の太平洋諸島の人々、その他の人種、2つ以上の人種と分かれていて、この中ではヒスパニックは白人に含められていると考えられる。また、これとは別に独立した形で、ヒスパニックもしくはラティーノという項目が設けられている。

　詳細は、本書の第2章から第5章に譲るが、この図から、ヒスパニックもしくラティーノがカリフォルニア州全体の3分の1、なかでもロサンジェルス郡では44.6パーセントと過半数に迫る勢いであることがわかる。また、かつては中産階級以上の白人が約9割を占

表　2000年の国勢調査におけるアメリカ全体とカリフォルニア州の
　　人口動態

	人　口	ヒスパニックもしくはラティーノ（人種を問わない）	外国生まれ	家庭で英語以外の言語を話す（5歳以上）
アメリカ合衆国	2億8142万1,906人	3530万5,818人（アメリカ全体の人口の12.5％）	3110万7,889人（アメリカ全体の人口の11.1％）	4695万1,595人（アメリカ全体の人口の17.9％）
カリフォルニア州	3387万1,648人	1096万6,556人（州全体の人口の32.4％）	886万4,255人（州全体の人口の26.2％）	1240万1,756人（州全体の人口の39.5％）
ロサンジェルス郡	951万9,338人	424万2,213人（同郡全体の人口の44.6％）	344万9,444人（同郡全体の人口の36.2％）	475万8,482人（同郡全体の人口の54.1％）
オレンジ郡	284万6,289人	87万5,579人（同郡全体の人口の30.8％）	84万9,899人（同郡全体の人口の29.9％）	108万9,710人（同郡全体の人口の41.4％）

出典：http://factfinder.census.gov/ より作成。

めていたオレンジ郡においても、近年移民の増加が顕著に見られ、ヒスパニックもしくはラティーノ以外にもアジア系が38万6,785人と同郡全体の人口の13.6パーセントとなるなど、家庭で英語以外の言語を話す人々の割合が高くなっていることがわかる。そして最終統計では、カリフォルニア州におけるヒスパニック以外の白人は、46.7パーセントとなった。このような人口動態の変化が、近年のカリフォルニア政治に与えている影響を見逃すことはできない。

　カリフォルニアは、1990年代初頭に航空宇宙産業や軍需産業そしてハイテク産業の撤退や縮小、移転などによって、州財政が悪化した。それから約10年が経過したが、その間に窮地を脱出するため、様々な手段が講じられてきた。本書では、州財政の悪化を食い止めるためにこれまで採られてきた政策のうち、1994年の不法移民に対する公共サービスの停止を求めた住民提案187号、1996年のア

ファーマティヴ・アクション（Affirmative Action：積極的差別是正措置）の廃止を求めた住民提案209号、1998年の二言語併用教育の廃止を求めた住民提案227号、そして2003年の人種に関する個人情報の提供を禁止することを求めた住民提案54号を中心に取り上げる。

　これらの住民提案を考察することによって、ある時代の潮流を読み取ることができるのではないかと考える。すなわち、税金の無駄遣いの対象として、その矛先がマイノリティに向けられたことであり、政治的には保守化傾向が見られ、また州レベルでの選挙の際の焦点とされ、その際には主として共和党議員によって支持され、勢いが増したのである。

　なお本書では、人種・エスニシティの呼称について、統計や資料を紹介する際には、できる限り原著を尊重した。公民権運動の後、黒人を意識的にアフロ・アメリカンもしくはアフリカン・アメリカンと呼ぶようになったり、近年ではヒスパニックという呼び方が不法移民を想起させるとして、ラティーノと呼ぶことも多くなってきている。特に後者に対する呼び名は、過渡期にあると言える。これを反映して、2000年の国勢調査では、以下の図にあるように、「あなたはスパニッシュもしくはヒスパニックもしくはラティーノですか」という項目があり、回答欄には「いいえ、スパニッシュ、ヒスパニック、ラティーノではありません。」、「はい、プエルトリコ人です。」、「はい、メキシコ人、メキシコ系アメリカ人、チカノです」、「はい、キューバ人です。」、「はい、その他のスパニッシュ、ヒスパニック、ラティーノです。」というチェック欄が設けられている。

　本書第1章カリフォルニア州における住民提案は、「カリフォルニア州における住民提案(1)イニシアティヴの導入と法制度」『阪南論集・社会科学編』第37巻第1号（阪南大学学会、2001年7月）、および

図　2000年の国勢調査における質問項目

```
5.  Is this person Spanish/Hispanic/Latino? Mark ☒ the
    "No" box if not Spanish/Hispanic/Latino.
    ☐ No, not Spanish/Hispanic/Latino     ☐ Yes, Puerto Rican
    ☐ Yes, Mexican, Mexican Am., Chicano  ☐ Yes, Cuban
    ☐ Yes, other Spanish/Hispanic/Latino ― Print group. ↙
    ┌─┬─┬─┬─┬─┬─┬─┬─┬─┬─┬─┬─┬─┬─┬─┬─┐
    └─┴─┴─┴─┴─┴─┴─┴─┴─┴─┴─┴─┴─┴─┴─┴─┘
```

出典：http://factfinder.census.gov/

「カリフォルニア州における住民提案(2)イニシアティヴの特色と最近の傾向」『阪南論集・社会科学編』第37巻第2号(阪南大学学会、2001年9月)を、第3章第3節アメリカの高等教育におけるアファーマティヴ・アクション論争―カリフォルニア州とミシガン州の比較考察は、「アメリカの高等教育におけるアファーマティヴ・アクション論争―カリフォルニア州とミシガン州の比較考察」『阪南論集・社会科学編』第40巻第1号(阪南大学学会、2004年11月)を土台として、新たな資料や動向を加筆したものである。

目　　次

まえがき ………………………………………………………………… *iii*

第1章　カリフォルニア州における住民提案

1　はじめに ………………………………………………………… *3*
2　イニシアティヴの導入 ………………………………………… *4*
3　イニシアティヴの手続きと法制度 …………………………… *7*
4　イニシアティヴの特色と最近の傾向 ………………………… *19*
　(1)　提案件数と時代を象徴する提案内容　(*19*)
　(2)　投票資格　(*24*)
　(3)　有権者の認知度と投票率　(*28*)
　(4)　投票結果の有効性　(*31*)
　(5)　膨大な資金・プロ集団の存在と影響力　(*33*)
　(6)　現行制度の問題点と改善策　(*38*)
5　日本の住民投票との比較 ……………………………………… *42*
　(1)　日本の現状　(*42*)
　(2)　日米の相違点　(*45*)
6　おわりに ………………………………………………………… *48*

第2章　不法移民問題

1　はじめに ………………………………………………………… *61*
2　アメリカにおける不法移民問題 ……………………………… *64*
3　カリフォルニア州における不法移民問題 …………………… *67*
　(1)　カリフォルニア州における不法移民問題の現状　(*67*)
　(2)　州議会におけるマウントジョイ議員の試み　(*77*)

(3)　SOS委員会の立ち上げ　(*83*)
　(4)　住民提案187号と不法移民への公共サービスの停止　(*88*)
　(5)　住民提案187号と選挙への影響　(*94*)
　(6)　選挙結果とその後の動向　(*97*)
　(7)　結　び　(*102*)
4　連邦政府による不法移民政策 ……………………………………*104*
　(1)　クリントン大統領による不法移民政策　(*104*)
　(2)　ブッシュ大統領による新移民政策　(*105*)
1994年の投票用パンフレットに掲載された住民提案187号に関する情報 ……………………………………………………………*115*

第3章　アファーマティヴ・アクション論争

1　アファーマティヴ・アクションとは ………………………*133*
2　住民提案209号とアファーマティヴ・アクションの廃止 …*140*
3　アメリカの高等教育におけるアファーマティヴ・アクション論争—カリフォルニア州とミシガン州の比較考察— ……………*155*
　(1)　はじめに　(*155*)
　(2)　高等教育とアファーマティヴ・アクション　(*157*)
　(3)　カリフォルニア大学とアファーマティヴ・アクション　(*162*)
　　①　カリフォルニア大学におけるアファーマティヴ・アクション
　　②　1995年におけるカリフォルニア大学理事会の決定とその余波
　(4)　ミシガン大学とアファーマティヴ・アクション　(*176*)
　　①　ミシガン大学におけるアファーマティヴ・アクション
　　②　ミシガン大学および同大学ロースクールをめぐる訴訟経緯
　　③　判決後の動向
　(5)　おわりに　(*198*)

第4章 二言語併用教育

1 二言語併用教育とは……………………………………………*215*
2 カリフォルニアにおける二言語併用教育の現状……………*226*
3 住民提案227号と二言語併用教育の廃止 …………………*232*
4 おわりに ………………………………………………………*249*

第5章 住民提案54号と人種情報の提供禁止

1 州知事に対するリコール選挙の実施 …………………………*257*
2 住民提案54号と人種情報の提供禁止 …………………………*262*
3 投票動向 ………………………………………………………*273*
4 住民提案54号に対するカリフォルニア大学の動向 ………*276*
5 おわりに ………………………………………………………*280*

あとがき …………………………………………………………*287*

資料編 …………………………………………………………………*293*
  資料1　アメリカ合衆国（50州）地図　（*293*）
  資料2　カリフォルニア州（58郡）地図　（*294*）
  資料3　カリフォルニア州の投票用パンフレット・
　　　　住民提案209号（1996年）（*295*）

関連年表 …………………………………………………………*303*
索　引 ……………………………………………………………*313*

第1章

カリフォルニア州における住民提案

1. はじめに

アメリカのカリフォルニア州において直接民主制（direct democracy）が法制化されてから、2006年には95年という節目を迎える。1910年にカリフォルニア州知事選に出馬した共和党のジョンソン（Hiram Johnson）（第23代、1911－1917年）は、州政治から政治マシーンと化したサザン・パシフィック鉄道（Southern Pacific Railroad）の影響力を排除するために、州規模でのイニシアティヴ（initiative）を提唱し、就任した1911年に州議会と州民の支持を得て制度化した。以来、多くの活発な提案が行なわれてきており、現在でもこうした直接民主制は、州民にとって重要かつ当然の権利として行使されていることに変わりない。

本章では、住民による政治参加の意識が強いアメリカの中でも、州規模での住民提案件数が最も多いカリフォルニア州を例として、住民提案の制度上の特色と最近の傾向および問題点について考察することを目的としている。近年、日本でもようやく住民投票が行なわれる気運が出てきた。しかし、アメリカ各州の諸制度と比べて、日本で行なわれている住民投票は、民意が尊重されているとは言えない状況がしばしば見られる。そこで本章において、ジョンソン知事が導入したイニシアティヴ、レファレンダム（referendum）、そしてリコール（recall）といった直接民主制のうち、特に住民による提案が地域の政治に反映され、今後日本の模範となりうるイニシアティヴを中心に取り上げることとする[1]。

2. イニシアティヴの導入

アメリカにおいて直接民主制（イニシアティヴ）を導入した最初の州はサウスダコタ州で、1898年のことである。これは有権者が直接法律を制定し、また議会によって可決された法律を拒否する権利を持つべきであるとの原理に基づいたものであった。

ところで、カリフォルニア州における直接民主制の導入は、カリフォルニアの革新主義との関連でとらえる必要がある。カリフォルニアは1848年にアメリカ領土に組み込まれて以来、金鉱の発見などにより1年間に約10万人が居住するようになり、1850年には州に昇格した。それからまもなく、他の大都市同様政治的な腐敗が進み、大企業、特に鉄道業界はあらゆる面で政府を牛耳るようになって行く。こうした中、カリフォルニア州では政治を市民の手に戻すため、まずは地方レベルから直接民主制が導入されることになる。

1898年、サンフランシスコとヴァレッホ両市は、有権者に直接民主制としてイニシアティヴ、レファレンダムの権限を付与するため、市憲章（city charter）を修正した。これに引き続き、改革運動の指導者であったヘインズ（John Randolph Haynes）が、1902年の選挙の際、ロサンジェルス市憲章にイニシアティヴ、レファレンダム、そしてアメリカの都市で初めてリコールの制度を取り入れることを公約に掲げ、実現させた[2]。以後、1910年までにカリフォルニア州の21の都市が、イニシアティヴやレファレンダムといった制度を次々に取り入れていった。

カリフォルニアに直接民主制を実現させる上で、ヘインズが果たした役割は大きい。ヘインズはロサンジェルス市での導入が決まる

や否や、直ちに州レベルでの実現に取り組んだ。彼は直接民主制を導入するために私財を投じてロビイストを雇い、農家の団体からビジネスマンに至る広範な組織を擁し、1903年2月、州議会に働きかけた。議会では、投票に付されるために必要とされる署名数が大きな焦点となった。結果として、この時点では下院は通過したものの、上院では14対13という僅差で否決された[3]。その後も、1905年、1907年、1909年の州議会において、引き続き直接民主制の導入が検討されたが、サザン・パシフィック鉄道らの反対に遭い、見送られることになった。

そしてついに1910年の州知事選で、ジョンソンによって直接民主制の導入が提唱された。この頃には議会でも革新が保守を圧倒する勢いを得ていたため、州に直接民主制を導入する上では機が熟していたと言えよう。ジョンソン州知事は就任演説の中で、「民衆の政治を保持し永続させるために、我々が望む最初の一歩は、イニシアティヴ、レファレンダム、リコールを採用することである[4]」と呼びかけた。1911年9月1日、有権者に対して州務長官（Secretary of State）ジョーダン（Frank C. Jordan）の名の下で、同年1月2日開会、3月27日閉会の第39カリフォルニア州議会において、両院の3分の2の賛成により、直接民主制を導入するための法案が可決したこと、これに伴って同年10月10日火曜日に特別選挙を実施するための法案を提出したと公表した。ジョンソン知事によって招集されることになった10月10日の特別選挙において、カリフォルニアの有権者自らが直接民主制を行使する権限を創るために、カリフォルニア州憲法を修正する道を選択した。こうして全米でイニシアティヴの手続きを採用する10番目の州となったのである[5]。

これに引き続き、1911年11月27日から12月24日には第39州議会の

臨時議会が開催され、州法の導入もしくは改変および州憲法の修正を提案する際に必要となる、登録済み有権者（registered voters）の署名割合が州議会上院憲法修正法案第3号および同下院第3号により可決された。そして1912年9月3日には、ジョーダン州務長官が同年11月5日に5件のイニシアティヴが提起されることを明らかにし、それらの題目および要約、そして提起する条文が公表された。こうして、それまでは州議会によって用意された提案や法律にしか投票することができなかった市民が、イニシアティヴの手続きを経て、市民自身が提案を投票に持ち込むことが可能となった。以来、この制度は頻繁に使用されるようになる。

　現在、アメリカ50州のうち23州がイニシアティヴを認めている。これらの州のうち、イニシアティヴによる州憲法の修正もしくは州法の導入もしくは改変には、住民投票の結果が直接効力を発揮する場合と、州議会の承認を必要とする間接的なものとがあるが、カリフォルニア州は前者である[6]。

　なお、カリフォルニアではかつて提案者が間接的な方法でも直接的な方法でも、イニシアティヴを提案することができた。その際、間接的な方法をとるには、前回の州知事選挙ですべての候補者に投じられた票数の5パーセントに匹敵する、登録済み有権者による署名が必要であった。この請願は、州務長官から州議会へ提出され、その後、州議会は40日以内にその提案を変更や修正することなく制定するか否かを決めることになっていた。州議会が変更なしに制定する場合にはそのまま法律となったが、そうではない場合、州務長官はその提案について有権者の判断を仰ぐため、次回の一般選挙（general election）の際に提出しなければならなかった。しかし、間接的な提案はあまり利用されることがなかったため、1966年11月8

日の一般選挙を最後に廃止され、現行の制度に一本化された[7]。

3. イニシアティヴの手続きと法制度

ところで、住民提案に対して実際に住民が投票を行なうまでには、様々な手続きを経なければならない。その際最も基本となる法律上の権利は、カリフォルニア州憲法(the Constitution of the State of California) に定められている。

カリフォルニア州憲法では、イニシアティヴについて第2章と第4章で規定している。まず第2章では、イニシアティヴ、レファレンダム、リコールに関する投票方法について記されており、その第8節にはイニシアティヴについて、以下の4点を定めている。

第1に、イニシアティヴとは、有権者が直接州法を提案したり、州憲法を修正したり、それらを拒否する権限のことである。第2に、イニシアティヴは州務長官に対して、提案する法律や州憲法の修正についての原文を示した請願書を提出することによって提案できる。その際、州法については、前回の一般選挙における知事選挙ですべての知事候補者に投じられた登録済み有権者の5パーセントに相当する有権者による署名が、同様に州憲法の修正については、8パーセントの署名が必要である。第3に、州務長官は投票要件を整えた上で、次回の一般選挙の少なくとも131日前まで、もしくはその一般選挙以前に行なわれる州規模の特別選挙の前までに、投票資格を満たした提案を提出しなければならない[8]。州知事は、その提案のために州規模の特別選挙(Special Election)を要求することができる。第4に、ふたつ以上の問題(subject)を含むイニシアティヴによる提案は、有権者に提起したり効力をもたせたりすることができない。

また第2章第10節では、投票によって過半数の承認を得たイニシアティヴは、別に規定されていない限り、選挙の翌日（the day after the election）から効力を生じること、同じ選挙で承認されたふたつ以上の提案による規定と抵触した場合には、それらの提案のうち賛成票が多い方の規定を優先すること、イニシアティヴの署名を請願する前に、提案者は法律による規定にしたがって、提案の題目と要約を行なう司法長官（Attorney General）に対して提案の写しを提出すること、州議会は署名活動や署名の提示および確認の方法と、有権者に提起する提案について規定することなどが定められている。

　さらに第4章第1節では、カリフォルニア州の立法権は、上院と下院からなる州議会に与えられているが、州民（the people）にはイニシアティヴとレファレンダムの権限が留保させていると規定されている。

　このように、カリフォルニア州のイニシアティヴでは、実際には住民に対して単に賛否を問うだけではなく、カリフォルニア州法の導入もしくは改変および州憲法の修正といった法律の条文を制定もしくは修正することになる。提案者は有権者にできる限りわかりやすく提案内容を説明する必要がある。同時に、有権者を混乱させないためにも、この草案は慎重に書き上げる必要がある。さて、発案から法律として施行されるまでの手続きについては、**図1**のような流れになっている[9]。

図1　住民提案が法律として施行されるまでの流れ

① 起草
　↓
（立法審議会による支援）
　↓
② 司法長官に提案の題目と要約の提出、同時に供託金の支払い。
　↓
③ 必要に応じて財政上の分析を行なった上で、司法長官は正式な題目と要約を用意し、提案者と州務長官、州議会上下両院にその写しを提出。州議会は必要に応じて公聴会を開催。
　↓
④ 署名集め
　↓
⑤ 提案者による請願書の提出
　↓
⑥ 署名の確認
　↓
⑦ 州務長官は必要な署名数が確保されたとする証明書と司法長官が準備した題目を、州議会上下両院に送付。州議会は必要に応じて公聴会を開催。
　↓
⑧ 住民提案として採択。この時点で、プロポジションとして番号が付与される。
　↓
⑨ 投票
　↓
（裁判所による検討）
　↓
⑩ 州法の制定・修正あるいは州憲法の修正

はじめに、州法の制定もしくは修正あるいは州憲法の修正に関する草稿を練る（図-①）。一般的には、司法の定めた判決と行政立法の改変以外、どのような問題でも取り上げることができる。したがってイニシアティヴでは、幅広い問題を提起し、それを法令として制定することができる。長さの制限はないが、前述のカリフォルニア州憲法の定めによれば、内容については原則としてひとつの問題（single-subject rule）とされている。しかし、これにははっきりとした規定があるわけではなく、従来、カリフォルニア州最高裁判所はこの原則を幅広く解釈する傾向がある[10]。イニシアティヴはレファレンダムに比べて署名集めの期限が長いため投票にかけられやすい[11]。ただし全米規模にわたる内容に関しては、イニシアティヴによって提起することはではできない。

　提案者が法律内容を明らかにし、25人以上の有権者の要請がある場合、立法審議会（Legislative Council）は草稿を支援することができる。立法審議会は、その提案が有権者に提出される必然性があると判断した場合、起草を手伝うことになる（政治規約第10243項[12]）。もちろんこの方法によらなくても、提案者は提案する法律について、個人的に相談役（弁護士）を付けることもできる。

　起草された法律は、司法長官の下へ提出しなければならない。その際、発議する提案の題目と要約、そして200ドルをその草稿とともに提出する必要がある（図-②）。州法により、題目と要約の文字数は100語以下と決められている。また、この200ドルは州財務局に委ねる供託金（trust fund）である。なお、要約を提出してから2年以内に提案が投票に付された場合、この費用は返金される。ただし、もしイニシアティヴがこの期間内に住民提案としての資格を獲得できなかった場合には、州の雑費に組み込まれる（選挙規約第9002、

9004項[13])。

　題目と要約、所定費用を受け取った後、司法長官はその提案の主要目的と論点についての要約と、選挙規約第9050項に記されているように、投票にあたって州全体の有権者に提示するために、それぞれの提案についての題目を用意する。司法長官は、発議される提案の最終版を受け取った後15日以内に州務長官に、また州務長官は提案者と郡選挙管理委員会に、その題目と要約の写しを提示する必要がある。この15日間に、発議されるイニシアティヴの提案者が、提案の最終版について、技術的なことや非本質的なことではない修正をしてきた場合、司法長官は修正案を受け取った後15日以内に、州務長官に対してその題目と要約の写しを用意する（選挙規約第9004項）（図-③）。ただし、提案について財政上の分析が必要な場合は、この期間を延長することができる。

　司法長官が、財政的な影響についての分析が必要であると判断した場合には、発議される提案の最終版を財務局と両院予算委員会が受け取ったその日から、実質労働日25日以内にこれをまとめなければならない。そこでは、提案が採択された場合、州や地方財政に全体としてどの程度実質的な変化が起こるのかという点について意見が加えられることになる（選挙規約第9005項）。

　正式な題目と要約が整いしだい、司法長官は州議会上下両院に対してもその写しを送付する。州議会両院の当該委員会は、提案についての公聴会を行なうことがあるが、その際、これを修正したり、投票に付すことを妨げたりすることはできない（選挙規約第336、9007項）。提案者に要約が送付された日を以って、正式に要約が整った日とする。州務長官はこの日から提案者と選挙管理委員会に提示する日程上の締切日を起算する。なお、正式な要約が整う以前に署

11

名を請願することはできない。州務長官は、司法長官から正式な題目と要約を受け取った後、ただちに提案者と郡の選挙管理委員会に対して、署名を提出する期限などを示したスケジュールを送付する（選挙規約第336項）。

提案者は、請願を回覧して署名を集めるために、最大150日間の活動が認められている（選挙規約第336項）（図−④）。ただし、イニシアティヴによる提案では、選挙民に審議される州規模の選挙が行なわれる日から数えて、少なくとも131日前までに活動を終える必要がある（選挙規約第9013項、カリフォルニア州憲法第2章第8節(c)）。したがって提案者は、発議する提案がこの期間内に投票に付すための要件を満たすことができるように、活動期間をできる限り短くしようとする傾向がある。

さて、イニシアティヴによる提案が投票資格を得るためには、提出されるイニシアティヴの性格によって、ある一定数の登録済み有権者による署名を得なければならない。イニシアティヴによって州法の制定もしくは改変を提案する場合、司法長官によって正式な提案の題目と要約が出される以前に、前述の州憲法第2章第8節の規定にあるように、前回の一般選挙における知事選挙ですべての知事候補者に投じられた登録済み有権者（2002年11月の知事選では747万6,311人）の5パーセントに相当する署名が必要である。2006年11月の知事選挙以前に投票に付すためには、37万3,816人分の署名を求めなければならない。

同様に、イニシアティヴによって州憲法の修正を提案する場合、司法長官によって提案の題目と要約が出される以前に、前回の知事選挙ですべての知事候補者に投じられた登録済み有権者の8パーセントに相当する署名が必要である。2006年11月の知事選挙以前に投

票に付すためには、59万8,105人分の署名を求めなければならない。いずれにせよ有効な署名数を確保するためには、こうした最低署名数に上乗せした数を集める必要がある。

　請願をするための形式は、法律によって文字の大きさから有権者に提示しなければならない項目まで詳細に定められている。請願書が提出される際、郡選挙管理委員会は所定の要件を満たしていないものは受け付けないため、この規定に従うことが重要となってくる（選挙規約第9012項）。請願書は何枚かにわたっている場合があるが、それぞれのページにおいて提案の要約を省略しない形で掲げなければならない。その際、文字の大きさは12ポイントを下回らないローマ字の太文字と定められている（選挙規約第9008項）。

　発議される提案には、このほかにも各ページごとに12ポイントを下回らないローマ字の太文字で、「有権者に直接提出されるイニシアティヴによる提案」との見出しがつけられ、その後に「カリフォルニアの司法長官は発議された提案に関する主要な目的と要点について以下の題目と要約を作成した」との一文を入れることになっている。これらは、請願書の各ページの冒頭に印刷されなければならない（選挙規約第9001、9008項）。

　その上で、司法長官による題目と要約が示されるが、これに続けて、「私儀、署名者はカリフォルニア州で登録した、資格ある選挙民であり、郡（もしくは市・郡）の住民であり、ここにカリフォルニア州憲法もしくは関連の法律についての修正を提案いたします。（中略）その発議する憲法（もしくは州法）の修正とは、以下の通りです。」との文章が示される。その後に、提案の題目と本文（12ポイントを下回らないローマ字の太文字）が省略しない形で記される（選挙規約第9001、9008項）。

さらに有権者に依頼する署名の真上には、12ポイントの活字で「この請願は金銭で雇われている署名収集者 (paid signature gatherer) もしくはボランティアによって回覧されます。このことについて、あなたには尋ねる権利があります。」との注意書きを入れなければならない (選挙規約第101項)。署名できるのは、登録済み有権者だけであり、ひとつのイニシアティヴについて1度限り有効である。実際に署名する場合、まず活字体で氏名と現住所、それとは別に登録済み有権者としてのサイン、市の名称、郵便番号を記載する必要がある。署名は、1からはじまる連続した番号の空欄にすることが求められている。各ページの上下は、最低でも1インチ (2.54センチメートル) 以上、郡の選挙管理委員会が使用するために空けておく。

　なお、署名を依頼する者も、素性を明かさなければならない。すなわち署名欄の下のスペースを利用し、活字体で自分の名前と、どの郡 (もしくは市・郡) で有権者登録を受けたか、そして自分の住所を明らかにする必要がある。これに加えて、自分が請願を依頼し署名に立ち会ったこと、署名を集めた期間 (年月日)、そして最後に、以上のことで州法に違反した場合は、偽証罪に問われるとの文章が示される。

　選挙規約により、署名活動をめぐる不正が認められた場合、犯罪行為として刑罰が科される。例えば署名を考えている者に対して、請願の目的や内容について誤解を与えてはいけないし、請願者が金銭で雇われている署名収集者なのか、ボランティアなのかという有権者の質問に対しても、故意に違うことを言ってはならない (選挙規約第18600項)。署名をしようとしている人物が、提案内容や司法長官によって提示された要約を読むことを妨げてはならない (選挙規約第18601、18602項)。また、イニシアティヴの請願に署名すること

第1章　カリフォルニア州における住民提案

と引き換えに、金銭の授受を申し出てはならない（選挙規約第18600項）。役人も含めて偽証が発覚した場合には、その人物に対する刑罰が科され、そのイニシアティヴは差し戻されることになる（選挙規約第18660、18661項）。

こうして集められた請願書は、提案者によって署名が集められた郡の選挙管理委員会に提出されるが（図－⑤）、それ以前ならば、署名者はイニシアティヴの請願に署名したとしても、その郡の選挙管理委員会に文書で名前の掲載を辞退する旨を要請することができる（選挙規約第9602項）。ある特定の郡で集められた署名は、すべて同時に提出しなければならない。ひとたび提出されると、請願は管轄権のある裁判所の命令による場合を除き、修正することはできない（選挙規約第9030項）。不正な申請を避けるために、イニシアティヴによる提案は、提案者と提案の起草に正式にかかわったと認められる1人以上の者だけが提出できることになっている（選挙規約第9032、18671項）。

各郡の選挙管理委員会は、署名が提出された後、土曜日・日曜日と祝日を除く8日以内に、その郡に提出された請願の署名総数を数え、州務長官に報告しなければならない（図－⑥）。すべての選挙管理委員会から提出された署名総数が、所定の署名総数の100パーセントに満たない場合、州務長官は提案者と選挙管理委員会にその旨を伝え、これ以上、請願についての活動を行なうことは認められなくなる（選挙規約第9030項）。

すべての選挙管理委員会から提出された署名総数が、所定の署名総数の100パーセントを超えた場合、州務長官はただちにその旨を選挙管理委員会に伝え、それらの署名が有効かどうかを確認する作業に入る。この通知から、土曜日・日曜日と祝日を除く30日以内に、

選挙管理委員会は請願に署名した登録済み有権者の数を定めなければならない。その際、500以上の署名がある場合は、署名数を確定するため、無作為に抽出する方法で署名を確認をする。サンプル数は、少なくとも500、もしくは署名数の3パーセントのどちらか大きい方を必要とする。有効な署名数が確定した後、選挙管理委員会は署名に関する証明書を作成し、州務長官に提出しなければならない（選挙規約第9030項）。

　サンプル調査により、すべての選挙管理委員会から集められた有効な署名数が95パーセントに満たなかった場合、その請願は投票に付される資格を失う。州務長官は、ただちに提案者と選挙管理委員会にその旨を伝える。一方、署名数が110パーセント以上であった場合、その請願は投票に付す資格があると判断されるため、州務長官はただちにその旨を提案者と郡選挙管理委員会に通知する（選挙規約第9030項）。そして、署名総数が95から110パーセントの間であった場合には、州務長官が各選挙管理委員会に、提出されたすべての署名について確認するよう命じる。この命令を受けてから土曜日・日曜日と祝日を除く30日以内に、選挙管理委員会もしくは有権者の登録機関は、登録済み有権者のうち何人がその請願に署名したのかを数え、州務長官に報告しなければない（選挙規約第9031項）。

　最終的には、州務長官が期日内に選挙管理委員会もしくは有権者の登録機関から、必要な有権者数に関して再確認された証明書（amended certificates）を受け取った日を以って、その請願が投票に付す資格を有しているかどうかを判断する。この時点で、提案が要件を満たしていた場合、州務長官はその請願は提出されるべきものと判断する。州務長官は、ただちに提案者と州のすべての郡選挙管理委員会もしくは有権者の登録機関に対して、その事実を伝える。

第1章　カリフォルニア州における住民提案

一方、もし提案に必要な署名数に満たないことが判明した場合、州務長官はただちにその旨を提案者と選挙管理委員会に伝える。

さらに州務長官は、投票に付す要件を満たしたとする証明書とイニシアティヴの写しを、司法長官によって準備された題目とともに、州議会上下両院に送付する。州議会は、そのイニシアティヴによる提案を当該委員会に付託し、投票に付される選挙日前に、常にではないにせよ両院公聴会を開催することがある（図-⑦）。しかし、公聴会は選挙日から起算して30日以内には開催することができない。さらに州議会には、イニシアティヴによる提案を変更したり、投票を妨げたりする権限はない（選挙規約第9034項）。これらの法的な手順を踏んだ提案は、ついに投票に付されることが決定する（図-⑧）。

カリフォルニア州では、以上のようにして投票に付されることが決定したものをプロポジション（Proposition）と呼び、提案ごとに番号が付けられる[14]。なお、本書ではこのプロポジションを住民提案と訳している。

こうして住民提案は、一般選挙もしくは特別選挙の際、有権者の判断を仰ぐことになる。一般選挙の場合、投票日は大統領選挙もしくは中間選挙の年の11月の第1月曜日の次の火曜日である。有権者登録を行なうと、事前に有権者の住所に、投票に付される全ての提案について詳細に書かれた投票用パンフレット（Ballot Pamphlet）が送付される。そこには投票に付される各住民提案について、付与された番号や提案内容の種類、要約、賛成および反対に投票することの意味や、その提案に賛成および反対する代表者の連絡先などが掲載された一覧表が掲げられている。さらにひとつずつの提案について、正式な題目と要約、財政上の分析、議会アナリストによる提案の背景や提案内容についての分析が加えられている。その上、提案

17

に賛成する立場の主張とその代表者の氏名および肩書き、賛成論に反対する立場からの反論とその代表者の氏名および肩書き、逆に提案に反対する立場の主張とその代表者の氏名および肩書き、反対論に反対する立場からの反論とその代表者の氏名および肩書きが掲げられている(巻末資料3・カリフォルニア州の投票用パンフレット参照)。1974年の政治改革法 (the Political Reform Act of 1974) に基づいて、提案者自ら趣旨説明を掲載することになった。

さて、最終的に有権者登録を行なった住民による投票 (図-⑨) で過半数を取った場合、提案内容は別に定める規定がない限り、投票の翌日から効力を発揮する。ここにおいて、州知事による拒否権の行使や州議会による介入は一切認められない。ただし、実際に発効されるかどうかは、裁判所による検討にかかっている。通常、裁判所は選挙より前に提案への介入はしない。なぜならばカリフォルニアの裁判所は、住民提案で取り上げる内容が予見できず、また住民からの自発的な提案であることを勘案し、直接民主制を押さえ込むようなことはしたがらないからである。仮に法律の施行に問題があると判断した場合には、投票結果が出たのち、施行を延期もしくは停止するという方針を採っている。提案の有効性を問う場合には、アメリカ合衆国憲法 (the Constitution of the United States) を引き合いに出す場合が多い。

裁判所によって特に注文がつかない限り、住民提案は投票日に投票した州民の意思通り、州法もしくは州憲法として施行されることになる[15](図-⑩)。ひとたびイニシアティヴの手続きを経て採択された場合、同じ手続きによってのみその法律を変更することができる。

ところでイニシアティヴでは、提案に賛成あるいは反対するため

に使用される資金に制限は設けられていない。ただし政治規約第82013(a)項では、カリフォルニアの市、郡、州の選挙に影響を与える目的で、1年間に合計1,000ドル以上の寄付を受け取った場合は、受取人委員会（recipient committee）を組織することが求められている。受取人委員会は、投票資格を得てから10日以内に、州務長官の下に組織されている政治改革局（Secretary of State's Political Reform Division）に対して、寄付金に関する原本とコピーを提出しなければならない（政治規約第84101(a)項）。また、選挙前16日間に受け取られた合計1,000ドルを超える寄付金については、それらを受け取ってから24時間以内に、金銭以外の現物に関しては、それらを受け取ってから48時間以内に書面で報告しなければならない（政治規約第84203、84203.3項）。なお、こうした情報は、公正政治慣行委員会（Fair Political Practices Commission）によって定期的に公表されている。

4. イニシアティヴの特色と最近の傾向

(1) 提案件数と時代を象徴する提案内容

　カリフォルニア州におけるイニシアティヴの特色は、まずその提案件数の多さにある。全米では、カリフォルニアとオレゴンがイニシアティヴを頻繁に用いる州として知られており、次いで提案件数としては半減するが、コロラド州とアリゾナ州が続く。2004年11月の大統領選挙の際には、カリフォルニア州において投票に付された州規模での提案数は7件、オレゴン州で6件、モンタナ州とオクラホマ州、ワシントン州でそれぞれ5件であった。

　これらの州における署名要件は、州法および州憲法に関する提案

に必要な順で、オレゴン州は前回の知事選挙における投票総数の6パーセントと8パーセント、コロラド州では前回の州務長官を選ぶ選挙における投票総数の5パーセントと5パーセント、アリゾナ州では投票資格のある有権者（qualified voters）の10パーセントと前回の知事選挙における投票総数の15パーセント、モンタナ州では投票資格のある有権者の5パーセント前回の知事選挙の10パーセントとなっている[16]。他州と比較すると、カリフォルニア州の住民提案は、比較的投票に持ち込みやすい制度であると言える。

カリフォルニア州では、最初にイニシアティヴの制度が実施された1912年から1998年までの間に、1,043件のイニシアティヴについて署名活動が行なわれてきた。そのうちの272件が署名数などの諸要件を満たし、住民提案（プロポジション）として投票に付されることになり、州民による投票の結果、87件が承認されている[17]。

こうしたイニシアティヴによる提案件数は、1970年代半ば以降急速に増加し、また提案の通過割合も高くなってきている。具体的には、1954年から1974年までの20年間における提案件数は合計29件であったが、1976年から1996年までは104件に上っている。1年間当たりの投票に付された提案件数では、これまでに1914年の17件（このうち6件が可決）と1996年の17件（このうち7件が可決）が最高であった。

また、1972年から1990年までに署名活動が行なわれた件数を各年ごとに見てみると、1982年と1990年の66件が最も多く、ついで1988年（63件）、1980年（59件）といった具合に、80年代に盛んに提案が試みられたことがわかる。このうち、投票に付される要件を満たした件数が最も多かったのは、1988年と1990年（各26件ずつ）であり、これとは反対に、署名活動が行なわれた件数が最も低かった1973年

第1章 カリフォルニア州における住民提案

表1　カリフォルニアにおけるイニシアティヴについての統計

選挙年	題目がつけられた件数	投票資格を得た件数	投票資格を得た割合（％）	提案の通過件数	提案の通過割合（％）
1912-1919	44	30	68	8	27
1920-1929	53	35	66	10	29
1930-1939	67	37	55	10	28
1940-1949	42	20	48	6	30
1950-1959	17	12	71	2	17
1960-1969	38	9	24	3	33
1970-1979	139	22	16	7	32
1980-1989	263	46	17	21	48

出典：Charlene Wear Simmons, *California's Statewide Initiative Process* (Sacramento, California: California Research Bureau, 1997), p.4.

（6件）には、わずか1件だけが投票資格を得たに過ぎない。提案が通過した数では、1988年（9件）、1990年（6件）、1982年（5件）の順で高く、1973年と76年には0件であった[18]。1992年には、35件の署名活動が行なわれたが、所定数を確保できたものは1件もなかった。

表1は、カリフォルニアのイニシアティヴが制度化されてから1989年までの傾向を示したものである。イニシアティヴによる提案を10年ごとに見てみると、一定の署名数を集めて投票資格を得た提

案件数が最も多かったのは1980年代 (46件) であり、ついで1930年代 (37件)、1920年代 (35件)、そして1910年代 (30件) となっている[19]。一方、投票資格を得た件数が少なかったのは、1960年代（9件）、1950年代 (12件) であった。また提案の通過率は、平均して約30パーセントであるが、1980年代は約50パーセントとなっており、逆に1950年代は20パーセント弱に過ぎない。このように、投票件数と通過率は、年代によってもかなり相違が見られる。

さて、カリフォルニア州でイニシアティヴが多く提案される理由について、シモンズ (Charlene Wear Simmons) は、以下のような分析を行なっている。すなわち、第1に、ここ30年間のうち22年間は、共和党の州知事と、民主党多数による州議会といった具合に、政治的に分割した状態が続いたこと。こうした分割状態のために、利益団体や役人 (officeholder) は、議会や州政府に依頼するよりも、イニシアティヴの提案を通じて有権者に働きかけることによって目的を達成するようになってきた。第2に、州政府に対する信頼や信用のなさ、第3に、納税者の反乱として知られた住民提案13号 (1978年) などのように、提案そのものに対する関心の高さ[20]、第4に、議会での立法過程とイニシアティヴの手続きに注ぎ込む資金的影響力を比較すると、後者の方が有効に使われる可能性が高いこと、第5に、政治家がイニシアティヴを利用して選挙戦を優位に運ぼうとすること、第6に、公共問題について州民に諮られる問題が増大していること、そして第7に、署名を集めるための専門家を雇いやすいこと、などを挙げている[21]。

また最近の統計によると、1912年から2002年12月までのイニシアティヴについて、1,187件が署名を集めるために題目と要約がつけられたが (このうち1,168件が直接的な提案、19件が間接的な提案)、76

件が途中で撤退し、824件のイニシアティヴは投票資格が得られなかった。一方で、290件のイニシアティヴ（このうち1件は、州議会によって採択された間接的なもの）が投票資格を得て、このうち99件が承認され（州法に関するものが57件、州憲法の修正が32件、州憲法と州法にまたがるものが6件など）、187件が拒否されたほか、3件が裁判所命令によって投票からはずされた[22]。表1にある1912年から1989年までの統計と比較すると、近年のイニシアティヴを含めることによって、なお一層、署名要件を満たして投票にかけられる割合が減る一方で（45.63パーセントから30.58パーセント）、住民提案として投票にかけられたものが通過する割合は、高まる傾向にある（30.5パーセントから34.14パーセント）。

ところで、カリフォルニアのイニシアティヴによる提案では、これまで実に広範な題目が掲げられてきた。1912年から1995年までの投票資格を得たイニシアティヴを、内容別に分類したものによると、税制（41件）、健康・医学・科学（27件）、環境・市政（各23件）、政治規制（government regulation）（21件）、裁判・法と秩序（18件）、教育・その他（各17件）、労働（15件）、選挙・社会福祉（各14件）、財政問題（12件）といった項目が多いことがわかる[23]。これを時代ごとに見てみると、1910年代には、モラル（禁酒を求める動きなど）や経済規制、行政組織の創設などがしばしば取り上げられ、その後1920年代には、モラル（競馬やボクシング、宗教上の教義に関する規制など）、公共サービス、行政予算、司法改革、1930年代からは、モラル（禁酒の緩和など）のほか、環境問題、高齢者に対する年金や公立学校の資金、1960年代には公民権問題、1970年代には税金や環境問題、モラルが持ち上がった。1980年代になると税金、銃規制、くじ、公的支援プログラム、保険改革、エイズなどの健康問題が取り

上げられ、1990年代には、環境保護、行政区画の改定、議員の任期制限などが含まれるようになった。こうした提案内容を見ると、住民提案はまさしくその時代を象徴していると言ってよい。

(2) 投票資格

すでに見てきたように、有権者登録をしないと、住民提案を行なうための署名を依頼したり、あるいは依頼されたりする資格を持たないことになる。また、実際に選挙と同時に行なわれる住民投票に参加するためにも、事前に登録を行なわなければならない。そこで、ここではカリフォルニア州において有権者登録をする際の要件について述べることにする。

カリフォルニアでは、地元や州規模での選挙が行なわれる15日前までに受理されるように、有権者登録を行なう必要がある。その前提として、次の5つの資格を満たしていなければならない。

・アメリカ合衆国の市民（citizen）であること。
・選挙日の前に18歳以上であること。
・カリフォルニア在住者（resident）であること。
・重罪により有罪判決を受けて服役中もしくは仮釈放中でないこと。
・裁判所によって、登録や投票を行なう上で精神的に無能力であると判断されていないこと。

かつては有権者登録をする場合、居住する選挙区にある郡選挙事務局に出向いて手続きをしなければならなかったが、2003年9月の時点では、同所に電話をかける、もしくは通話料金無料の投票者のためのホットライン（1-800-345-VOTE）に電話をする、もしくはインターネットを利用して初期登録を行なうと、折り返し登録した内容

が印刷された上で郵送されてくるという仕組みも取られている（**図2**参照）。次に掲げるものは、実際にカリフォルニア州においてインターネットから初期登録をする際の様式である。これに政党名も含めて必要事項を記入し、送信することになる。

図2　インターネットから有権者登録をする際の様式

California On-line Voter Registration

<u>Español</u>（筆者注・スペイン語による登録希望者は、この部分をクリックする。）

Are you a U.S. citizen?

☐ Yes　　☐ No（If no, don't fill out this form.）

Will you be at least 18 years of age on or before election day?

☐ Yes　　☐ No（If no, don't fill out this form.）

Indicate your preferred title:

☐ Mr.　　☐ Mrs.　　☐ Miss　　☐ Ms.

Last Name:　　**First Name:**　　**Middle Name:**

Address where you live:（Number, Street, Ave., Road, Including **Apt. #:** N, S, E, W, **NO PO BOX/BUSINESS ADDRESS**）：

City:　　**State:**　　**Zip Code:**　　**County**（select from the list）：
　　　　　　CA　　　　　　　　　　　　Select county ... ▼

If no street address, describe where you live:（Cross Streets, Route,

Section, Range, N, S, E, W) :
[   ]

Mailing Address (if different from the address where you live, or **PO BOX**) :
[   ]

City (or APO/FPO):   **State:**   **Zip Code:**   **Foreign Country:**
[   ]   [   ]   [   ]   [   ]

Date of Birth   Place of Birth: - (State or Country Only)
(Month/Day/Year) [Month ...] [ ],[ ]   [   ]

CA driver's license or CA ID card #   **SSN (last 4 digits)**
[   ]   [   ]

Telephone: **E-mail:**
([   ]) [   ]-[   ]   [   ]

Political Party-*Select One*
- ☐ American Independent Party
- ☐ Democratic Party
- ☐ Green Party
- ☐ Libertarian Party
- ☐ Natural Law Party
- ☐ Peace & Freedom Party
- ☐ Republican Party
- ☐ I Decline to State A Political Party
- ☐ Other [   ]
  (*Specify*)

Have you ever been registered to vote?   ☐ No   ☐ Yes

第 1 章　カリフォルニア州における住民提案

If Yes, give information from last voter registration form, including political party.

Last Name:

First Name:

MI:

Street Address:　**City:**　**State:**　**Zip Code:**　**County:**

Prior Political Party:

Permanent Absentee Voter

☐ Yes　　☐ No

Any voter may apply to become a Permanent Absentee Voter. If you check this box you will automatically receive an absentee ballot for each election. For more information please read the instruction below.

Please Check Your Ethnic Background

☐ American Indian or Alaskan Native
☐ Asian
☐ Black
☐ Filipino
☐ Hispanic
☐ Pacific Islander
☐ White
☐ Other (specify)

出典：https://ovr.ss.ca.gov/votereg/OnlineVoterReg

2003年の選挙の際には、投票者への情報が英語版のほかに、スペイン語、日本語、ベトナム語、タガログ語、中国語、韓国語版もあり、また視聴覚障害者のためにオーディオ版が用意されていた。さらに州規模で提案された法案に、誰が賛成または反対の立場で選挙運動資金を提供しているのかも、インターネット（http://cal-access.ss.ca.gov/）で知ることができるようになった。

　投票は、午前7時から午後8時までである。2003年10月7日の選挙に不在者投票をする場合には、申請書が同年9月30日までに郡選挙管理委員会に受理される必要がある。その上、投票を有効なものとするためには、申請書の提出後に送付されてくる不在者投票用紙を、郡選挙管理委員会に投票日の午後8時までに到着するよう提出しなければならない。ただし、記入済みの不在者投票用紙は、郡内のどの選挙区に返送してもよいことになっている[24]。

(3)　有権者の認知度と投票率

　一般的に住民提案に対する認知度は、選挙に近くなればなるほど高くなる。**表2**は、投票の4ヵ月前には6割を超える登録済み有権者が住民提案187号について認知していなかったものの、投票を間近に控えた10月には、その割合が一桁にまで減っていることを示している。特に、これまで提起されたことのない、まったく新しい提案に対する登録済み有権者の認知度は、イニシアティヴの署名活動が行なわれている時点では、まだ半数を超えていないことが多い。その後、州務長官による投票用パンフレットが配布されたり、提案に賛成する側あるいは反対する側の双方による宣伝活動がメディアや街頭を通じて行なわれたりすると、提案についてまったく知らない人の割合は徐々に減る。これに伴って、当然のことながら提案に

第1章 カリフォルニア州における住民提案

表2　住民提案187号に対する認知度（1994年）　　（単位：パーセント）

認知度と投票意思		月	7月	9月	10月
見聞きしたことがない			63	29	9
見聞きしたことがある			37	71	91
	内訳	支持する	17	37	44
		支持しない	9	19	33
		わからない	11	15	14

出典：*The Field Poll*, September 27, 1994（1994年9月13日から18日までの間にカリフォルニア州に居住する855人の登録済み有権者への電話調査）および *The Field Poll*, October 27, 1994（1994年10月21日から25日までの間にカリフォルニア州に居住する526人の登録済み有権者への電話調査）より作成。

対する支持や不支持の割合も変化し、認知度が高まるにつれてその差が大きくなる場合や縮まる場合、あるいは逆転現象を起こすこともある。

　実際には、投票用パンフレットが配布される8月以前の各提案に対する認知度は、実にまちまちである（**表3**参照）。概してすでに施行されている法律に関して反対する提案や、メディアが注目するもの、多くの人々の日常生活に直接影響が及ぶような身近な問題についての認知度は、これ以降、急速に高まって行く。

　ところで、実際に住民提案に投票するのは、投票所に足を運んだすべての登録済み有権者ではない。第1に、現在では知事の要請により特別選挙やプライマリー選挙（Primary Election）において投票を行なうことがあるが、こうした一般選挙（大統領選挙および中間選挙）以外の時に審議される提案については、明らかに投票率が低い。例えば、1990年6月のプライマリーでは、登録済み有権者の20パーセントの投票で提案が通過したが、これは全有権者の15

表3　1994年11月8日に審議される住民提案の認知度

(単位：パーセント)

認知度と投票意思		提案番号	提案184号(三振即アウト)	提案186号(ヘルスケア)	提案187号(不法移民対策)	提案188号(禁煙の廃止)
見聞きしたことがない			14	62	63	59
見聞きしたことがある			86	38	37	41
	内訳	支持する	49	13	17	18
		支持しない	19	16	9	17
		わからない	18	9	11	6

出典：*The Field Poll*, July 28, 1994（1994年7月12日から17日までの間にカリフォルニア州に居住する609人の登録済み有権者への電話調査）より作成。

パーセント以下の意思によって提案の行方が左右されたことになる[25]。

　第2に、有権者は、大統領や州知事および地元選出の連邦議会議員、州議会議員には投票するが、一般選挙であっても、必ずしも住民提案にまで投票を行なうとは限らない。大統領と副大統領のチケットを選択するのと同じ投票用紙に、住民提案についての可否を問うチェック欄があるにもかかわらず、住民提案には投票をしない場合がある。

　そして第3に、住民提案に自分の意志を反映させようと思う者でも、それらのすべてに投票するとは限らない。住民提案の中でも、関心がないもの、内容を知らないもの、有権者として責任をもって判断しかねるものなどについても、票を投じない可能性がある[26]。

　住民提案の内容は、その時代を象徴するものが多く一概には比較できないが、例えば、1934年に可決した住民提案6件を平均すると69パーセントを得て承認されているが、2000年に可決した5件を平

均すると58.6パーセント、2002年に可決した2件を平均すると56パーセントを獲得しているに過ぎないという現状がある[27]。ここ10年に限定して見た場合でも、1996年の住民提案213号（重罪犯人と保険未加入運転手、酔っ払いの運転手に対する復帰制限）のように76.8パーセントで可決しているものもあれば、1998年の住民提案10号（州と郡による子供を対象にした発育プログラムを行なうためにタバコに付加税を課すもの）では、50.5パーセントというまさに州民の意思を二分した形で可決しているものまである。ある提案に投票をした者が、たとえ州の有権者の何パーセントであろうとも、過半数で州法や州憲法が改定されることに問題点はないのであろうか。

(4) 投票結果の有効性

カリフォルニア州における現行のイニシアティヴの制度では、何よりも州民の意思をそのまま反映させるために、州議会による承認なしに、州法もしくは州憲法の改変を州民が直接行なうことができる。その上、通常、州議会による立法行為では、その法案が承認された翌年の1月1日に発効することになるか、もしくはただちに効力を持たせる必要がある場合には、州議会の3分の2の支持を必要とするが、イニシアティヴによる提案が通過した場合、別に定める規定がない限り、翌日から効力を発揮することになる。こうした即効性は、他州ではまず見られない[28]。

また、州知事や州議会が住民提案に介入する権限をもっていないため、唯一裁判所だけが住民提案の施行に関与することができる機関となっている。イニシアティヴの手続きで触れたように、通常裁判所は署名の要件が満たされた提案について、実際に投票が終わるまでは介入しない方針をとっている。ただし、投票が終わり可決さ

れた提案については、裁判所が主として合衆国憲法違反となっていないかどうかという観点から、住民提案の施行を停止することがある。州民による多数決制によって承認された住民提案については、裁判所による介入がない限り、あるいは再びイニシアティヴによる手続きを踏まない限り、その法規は変更することはできない。

実際に、1964年から1996年までにカリフォルニアの有権者によって承認された41の州憲法および州法に関するイニシアティヴの提案のうち、州裁判所および（もしくは）連邦裁判所は、18件について、部分的もしくは全面的に無効とする判決を下している。違憲立法審査権（judicial review）による裁判所の審議が行なわれた最近の例としては、住民提案140号（州議会議員の任期制限、1990年）、184号（3回の重罪で、無条件に懲役25年から無期を科すもの、1994年）、187号（不法移民に対する公共サービスの停止、1994年）、208号（選挙運動資金に関する改革、1996年）、209号（アファーマティヴ・アクションの撤廃、1996年）、213号（重罪犯人らに対する復帰制限、1996年）、218号（地方税、1997年）などが挙げられる[29]。

近年、人種問題や人権にかかわる内容が提案として持ち込まれることがあり、これらについてはほぼすべてにわたり、一時的な場合を含めて施行が停止されている。例えば、1994年の住民提案187号は、子供たちに対する学校教育の否定につながるものとして、投票日の翌日に連邦地方裁判所判事が1週間施行を停止し、その間にヒヤリング調査を行なった。翌年3月には、サンフランシスコ上訴裁判所判事が、提案内容のうち、不法移民の子供に対する学校教育を否定した部分に関する施行を停止した。同じく1995年11月20日には、地方裁判所の判事が移民政策は連邦政府の管轄にあるとして施行を差し止めたが、その理由として、カリフォルニアは1996年に施行さ

れた連邦福祉法（the Federal Welfare Act）（移民の受ける権利を規定し、連邦法で定められているものを州が独自に制限することを禁止したもの）に従わなければならないとした。最終的には、1997年11月15日、住民提案187号は連邦裁判所判事によって違憲であるとの判断が下された。このように、住民提案の中には投票が行なわれてから3年以上施行されないケースもある。

　1996年11月5日にアファーマティヴ・アクションの廃止を求めた住民提案209号では、同年11月27日、サンフランシスコ連邦地方裁判所判事が提案は違憲であるとしてその施行を一時差し止め、12月23日にはさらにこの期間を延期した。またカリフォルニア南部地区裁判所判事は、人種や性に基づく是正を行なわない場合、法の下の平等を保障できなくなるとして、州法の施行を禁止するように予備的命令を下した。これに対して連邦第9巡回裁判所の3人の判事は、1997年4月9日、提案は合憲との見解を示した。結果として同年11月3日、連邦最高裁判所は提案209号について出されていた施行差止請求を審理しないことにし、事実上カリフォルニアでのアファーマティヴ・アクションの廃止が決定した。

　さらに、1998年6月2日の住民提案227号（従来の二言語併用教育の廃止）のように、裁判所の判事によるのではなく、提案を施行することによって被害を被ることになる側（この場合は、ヒスパニックなど少数民族の権利を擁護する団体）が、裁判所に訴訟を提起することもある[30]。

(5) 膨大な資金・プロ集団の存在と影響力

　現在、イニシアティヴを住民提案として投票に持ち込むことができるかどうかを握る鍵は、資金であるとされている。すなわち、ど

のような提案であっても、高額な資金的裏付け（具体的には、約100万ドル[31]）さえあれば、少なくとも住民提案として投票に付すことはできると言われている。この金額は、1988年には約80万ドルであったとされていることから、今日でも拡大傾向にあると言えよう[32]。資金的に歯止めが掛からないのは、カリフォルニア州法にイニシアティヴに費やされる資金の上限に関する規制がないことによる。

イニシアティヴ1件当たりの平均的な資金を比較してみると、1976年には約300万ドル程度であったものが、1996年には約800万ドルにまで跳ね上がっている。もっとも実際には、同じ年に投票にかけられたものでも、各提案によりその金額にはかなりの開きが見られる。例えば、1994年11月の住民提案184号では130万ドルであったのに対し、住民提案188号（公共の場所での禁煙を廃止する法案）では、タバコ会社が運動資金を投入した結果、2,090万ドルにまで跳ね上がった[33]。

1994年の住民提案187号を例にとって見ると、投票前の同年8月に州務長官が州法に基づいて文書で明らかにしたものによれば、提案に賛成する側で1万ドル以上の資金提供をしたのは、7件であった。その中には、カリフォルニア・リパブリカン・パーティー（California Republican Party）の8万6,678ドルを筆頭に、1994年の選挙でマウントジョイ（Richard L. Mountjoy）（提案者の一人）を州議会下院議員にする会が2万7,250ドル、提案の母体となったSOS（Save Our State：我が州を救え）委員会のプリンス（Ronald Prince）委員長が2万2,000ドル、提案者の1人であるコー（Barbara Coe）が1万5,000ドルなどとなっており、これらの合計が20万0,928ドルであった。また、1万ドル以下の出資者は個別には挙げられていないが、合計

14万7,172ドルとなっている。こうした金額は、提案を支持しない側についても同様に掲載されているが、そのほかの提案には「報告なし」となっているものもある(34)。

ところで、このように莫大な資金が必要となるのはなぜなのであろうか。かつて、ジョンソン知事が統治していた時代には、ボランティアが教会へ行き、そこで投票資格を得るのに必要な署名を獲得する依頼をし、そこから戸別訪問を展開することによって署名集めを行なうことが可能であった。しかし今日、例えば2002年に住民提案を行なうためには、州憲法の改正の場合には約67万人分、州法の制定もしくは改変の場合には約42万人分もの署名が必要となっている。

こうした数の署名を集めるために、ボランティアをショッピングモールや食料品店、スポーツイベントなどに送り込むことが多いが、素人では署名を集めるためのノウハウがわからず、所定の期間内に必要な署名を集めることは事実上難しい。そこで、請願を行なう専門的な業者が出現し、署名活動にプロが動員されることになる。ところで、通常こうした専門業者に依頼した場合、署名1件につき約50セントから1ドルを取るとされている。このような方法をとることによって、経費は相当かさむことになる(35)。専門家であろうとボランティアであろうと、署名を集める上では議論や説明よりも、速やかに署名をしてもらうことを優先しがちになる。

カリフォルニアにおいては、イニシアティヴの制度はすでに司法・行政・立法と並ぶ「第4の府」であるとの認識が定着している。請願集めの専門家がいることも、カリフォルニアの政治スタイルの一部になっている(36)。このように、もはやカリフォルニアには、州規模や地方レベルでのイニシアティヴの提案について、署名を集

め、通過させることを専門としたコンサルティング会社がひしめき合っている。そして、ある意味ではこうしたイニシアティヴ産業のおかげで、個人や団体がイニシアティヴに着手することを容易にし、提案を促進することにつながっているのである(37)。

例えばカリフォルニアには、州都サクラメントに本拠地を置くアメリカ請願コンサルタント(American Petition Consultants)がいて、訓練を積んだプロをショッピングモールや大学に送り込み、ひとつのイニシアティヴについて約100万人分の署名を集めさせる。必要な署名数よりも多くの署名を集めるのは、有効な登録済み有権者数を確保するためである。この場合、通常ひとつの署名につき65 - 85セントを依頼人から徴収するが、期限が迫っている場合には6ドルを要求することもある(38)。実際に人通りの多いところに出かけて行っても、素人は見知らぬ相手に声をかけ、説明をし、理解を得られるまでには相当時間がかかるものであるが、素人が1時間に10人の署名を集めるところを、プロは20人のそれを獲得することができるとされている。

このほかにも、住民提案が盛んなカリフォルニアには、様々な専門家がいる。署名が集められた後から、その提案に反対するために活動を開始する専門家もいる。サクラメントにある政治コンサルタント兼広告会社の社長は、1994年のヘルスケアに関する住民提案186号に反対するために、約120万ドルを受け取った。このうち、約30万ドルはコンサルタント料として、メディア広告に使われた約600万ドルのうちの15パーセントにあたる90万ドルを委託料として受け取った。さらに、それぞれの提案には弁護士がつけられる。例えば、サクラメントのベテラン弁護士は、ひとつの依頼につき10万から30万ドルを受け取り、その上で依頼者の要求が通った場合は別

表4　住民提案に賛成および反対する支出者別の金額およびその割合

支出者	合計金額(ドル)	賛成(%)	反対(%)
財　界	9,868万0,452	22	78
市　民	3,348万3,959	88	12

出典：Elisabeth R. Gerber, *Interest Group Influence in the California Initiative Process* (California: Public Policy Institute of California, 1998), p. 17, Table 4.

に成功報酬を得ている(39)。

　では、このような多額な費用を誰が負担しているのであろうか。1988年から1990年までのカリフォルニアにおける住民提案について、資金提供者を見てみると、その67パーセントが財界(出資金額の多い順に、財界、経済グループ、専門家グループ)、23パーセントが市民(出資金額の多い順に、個人、組合(Unions)、市民グループ)、10パーセントがその他(選挙の立候補者、区分不能)となっている(40)。また**表4**にあるように、全体の金額としては財界が市民の3倍もの出資をしており、またその目的は主として提案に反対することにあるのに対して、市民は圧倒的に提案に賛成する側を支援していることがわかる。

　ある提案の通過率は、主な財源が財界に求められる場合は22パーセントなのに対して、市民によって支えられている場合は約3倍の60パーセントにまで及ぶ。一方、ある提案に反対する場合で、かつその目的が失敗に終わるときは、財源の中心が財界であろうと市民であろうと、さほどその差はない(58パーセント対59パーセント)。また**表5**にあるように、別の視点から見ても、市民の資金によって支えられた提案の実に62パーセントが成功しており、経済界では25パーセントにとどまっていることがわかる。

　換言すれば、財界が住民提案に投じる金額の総額は、市民の場合

表5　支出者別の成功率

支出者	成功率(%)	成功しなかった割合(%)
財　界	25	43
市　民	62	46
その他	13	11

出典：Gerber, *Interest Group Influence in the California Initiative Process*, p. 20, Table 8.

の約3倍、その他と比較すると約6倍に上るが、その目的は8割が提案に反対するためであり、膨大な金額を投じている割に、成功率は市民の約3分の1にしかなっていないことがわかる。一方、市民は少ない金額を有効に生かしていると言える。市民からの資金提供が多いということは、その提案がより多くの人によって支持されていることの証明であるとも考えられる。

以上のように、実際に住民提案が投票に付されるまでには、最低でも地域のコーディネーターとその訓練費用、請願用紙の印刷、郵送、世論調査、フォーカスグループ[41]や確認作業などへの支払いが必要となってくる。さらに、これらを引き受けるプロ集団の存在や各専門家やメディアに対して支払うコマーシャル料、ポスターやパンフレットの印刷代、活動拠点となる事務所などに資金が必要となる。そして金額的には、提案を支持する側よりも不支持の立場を取る側の方が、全体として多くの資金を投入している実態がわかった。

(6) 現行制度の問題点と改善策

これまで見てきたように、カリフォルニアには住民提案を行なう

上で整備された法制度があり、州民はこれを実際に活用してきていることがわかった。直接民主制に対する長所および短所について、カリフォルニア州議会上院地方政府委員会はそれぞれ以下の3点を指摘している[42]。

　長所としては、第1に、有権者が公共政策を形成する上で直接的な役割を果たすことが挙げられる。市民がコミュニティーに参加することを促し、投票に対する無気力を軽減する可能性がある。市民は、こうした活動に係わることによって、自らの努力の成果を直接知ることができ、さらなる参加が促される。第2に、選挙によって選ばれた役人が、有権者に対してより敏感になる。イニシアティヴなどの制度は、選挙によって選ばれた役人に対して影響を及ぼす強力な手段であり、世論を反映することになる。第3に、市民が住民提案と特定の利益団体との関係を確認できる。住民提案が投票に付されることになると、その後は投票日まで賛否両論がぶつかり合う。そのような中で、どの提案にはどのような組織や企業が支援しているのかを理解することができる。

　短所としては、第1に、特定業種の関係者たちが影響を行使する可能性がある。最近の住民提案を求める運動は、実際のところ、小さな市民団体によるのではなく、富裕な利益団体や政治活動委員会（Political Action Committee：PAC）によって支援されている。第2に、少数派による決定ということである。アメリカの場合、前述のようにまず事前に有権者登録をしていないと投票資格がない。また、登録を済ませた有権者であっても、必ずしも住民提案に投票するとは限らない。したがって、有権者である州民のうちの、ほんのわずかな人々の意思を反映しているに過ぎない可能性がある。第3に、ひとたび提案者が提案内容を提出し、署名活動がはじまると、その

後投票に至るまでそれを変更することができない。提案者は、反対者の意思を翻す必要はないが、限られた時間であらかじめ草稿を十分に練っていないと、その後の活動で法律上の不備や矛盾などが出てくる可能性もある。これに対して議会による立法手続きでは、選挙によって選ばれた議員によって、時間をかけてより広範な意見に耳を傾けることができる。

このほかにも、イニシアティヴの問題点として、州民に住民提案を承認してもらう目的で暫定的に築かれた組織が、有権者を容易に誤った方向に導き得るとする指摘もある。ところで、住民提案を承認するか否かを判断する場合、その情報源が重要になるが、有権者は主として投票用パンフレット、新聞やラジオ、テレビといった「無料」のメディア報道、そして提案者や提案に反対する側の作成したお金をかけた広告の3通りから判断している。そして最近の分析によると、多くの有権者がイニシアティヴによる提案についての情報を、投票用パンフレットではなく、マスメディアからの情報に依存していて、これらの中にはある提案について、いい加減で事実とは異なる報道をしている場合があることがわかっている[43]。つまり、こうした情報によって導かれた有権者による判断を、州憲法や州法の改変として受け入れてよいのかどうかとする議論がある。

それでは、こうしたイニシアティヴの手続きに対する州民の意識はどのようになっているのであろうか。実際のところ、州規模のイニシアティヴに関する世論調査では、1979年に83パーセントが、1989年に73パーセントが、そして1990年には66パーセントが支持しており、数字の上ではその支持率は減少傾向にあるものの、1992年に行なわれた分析では、「カリフォルニアの有権者は、州規模でのイニシアティヴによる投票行動に対して、一貫して強い支持を表明し

ている」と結論付けている。同様に、1982年のフィールド社（the Field Institute）による世論調査では、「世論の80パーセントはカリフォルニアにとって州規模での住民提案は有効であり、わずか6パーセントが有効ではないとみなしている」として、イニシアティヴを評価する結果が出ている。

しかし一方で、1990年の『ロサンジェルス・タイムズ（*The Los Angeles Times*）』による世論調査では、「イニシアティヴによる手続きがカリフォルニアの選挙規約から逸脱している」ことに72パーセントの人々が同意し、「平均的な有権者は数多くの問題について判断力を持って選択することができない」ことに84パーセントの人々が同意し、「州議会や知事によって州議会で立案された法律の方がましである」ことに60パーセントの人々が同意したという結果が出ている[44]。こうした批判は、1980年代にそれまでの数倍にも及ぶ多くの住民提案が審議された結果、もはや有権者が判断することができる件数の限界に達しており、また利益団体や企業が、資金に物を言わせて目的を達成しようとしていることへの嫌悪感から湧き上がっていると考えられる。

カリフォルニア州議会には、これらのイニシアティヴについての短所を是正するために、1911年から300を超えるイニシアティヴの手続きに関する改革案が出されている。1995年以降に出されたものの中には、州民によって承認された住民提案を、議会が採択し、そして施行する手続きを取ろうとする、いわば間接的なイニシアティヴの制度を採択しようというものや、有権者に提示される提案について、提案者とは別に州議会でも表題をつけ、州議会で先に審議するというもの、提案者が題目と要約を州の司法長官に提出する際、法律に関する書式、文言、草稿様式を十分に兼ね備えているかどう

かについて、弁護士によって検討されたとする証明書を提出するよう要請するもの、州議会の両院に対して、投票資格の確認を終えた後、選挙の125日前までに提案についての公聴会を開催することを要請するもの、そして外国政府や外国企業が、州もしくは地方のイニシアティヴもしくはレファレンダムに対して支持あるいは反対するために、寄付を行なったり支出することを禁止するものなどがある[45]。

5. 日本の住民投票との比較

(1) 日本の現状

近年日本においても住民運動が展開され、その結果として住民投票に持ち込まれるケースが出てきた。そのうち成功したものとしては、1996年8月に新潟県巻町で原子力発電所の建設をめぐって住民投票が行なわれ、建設に反対する投票者が60.86パーセントを占めたため、町としては予定地内の町有地を売却しないと宣言した例がある。

また1997年6月22日には、人口2万人の岐阜県御嵩町において全国で初めて産業廃棄物処分場の建設をめぐる住民投票が行なわれた。投票率は87.5パーセント（有権者総数1万4,883、投票者数1万3,023）に上り、得票率は建設反対が79.65パーセント（1万373票）、賛成が18.75パーセント（2,442票）と、圧倒的に反対票が多かった。これを受けて、柳川喜郎町長は予定地にある町有地を売ったり貸したり出来ないと表明した[46]。住民投票を行なうに際して示された「御嵩町における産業廃棄物処理施設の設置についての住民投票に関する

条例」は、全部で17条から成り立っており、その中には正規の投票用紙を用いないものや○印以外をつけるなどの規定に違反しない限り、「その投票を有効とするものとする」(第12条)との条項が盛り込まれていた[47]。

一方で、実際に住民投票が行なわれたとしても、その結果が政治に反映されないことも数多くあった。沖縄県では、1996年に県議会で可決した県民投票条例に基づき、同年9月8日には米軍基地の整理・縮小などを求めた住民投票が行なわれ、賛成が89.09パーセントを占めた。しかし大田昌秀知事は、最終的に米軍用地の強制使用に必要な公告・縦覧の代行に応じた。さらに1997年12月21日には、沖縄県名護市で海上航空基地(ヘリポート)の建設をめぐる住民投票が行なわれ、投票率は82.45パーセント(有権者総数3万8,176人、投票者数3万1,477人)に上り、得票率は建設反対が53.8パーセント(1万6,639票)、賛成が46.2パーセント(1万4,267票)と、2,372票差で反対票が上回った。ところが投票から3日後、比嘉鉄也市長はこの投票結果に反して、建設の受け入れと辞職を同時に表明した。市民投票条例第3条には、過半数の意思を尊重するとの規定があるため、市民が市長を相手に損害賠償請求訴訟を起こしたが、その後建設賛成派の岸本建男市長が当選し、1999年12月には基地建設が容認された[48]。

また、1997年2月に運輸省が兵庫県の神戸市に対して設置の許可を下していた神戸空港建設の是非を問うため、1998年9月20日までに神戸市民35万3,525人の署名(このうち、有効署名数30万7,797人)が集められ、これをもって住民投票条例案が直接請求された。しかし、笹山幸俊市長および議会(住民投票条例案に賛成12、反対50)は同年11月18日の本会議において、この「『神戸空港』建設の是非を問

う住民投票条例案」を否決した。本会議の席上、「空港等に関する特別委員会」の平野昌司委員長は、前日に開かれた委員会において、「住民投票は、法律に直接の根拠はなく、地方自治法の条例制定を請求できる権利に基づくものである」と答弁したこと、住民投票は住民参加の拡大のひとつの手法であるとしながらも、相当慎重に判断しないと間接民主主義を否定することにもなりかねないこと、神戸空港計画については、議会の議決を得ながら現在に至ったものであり、構想段階ならともかく、推進の意思形成を終えている現在の状況下で、住民投票は実施する必要がないものと考えているとした[49]。その結果、建設工事は1999年9月に着工された。その後も2000年4月22日から5月21日にかけて、神戸空港の建設に反対するために、市長をリコールする署名運動が行なわれた。これには有権者の3分の1にあたる39万人分の署名が必要であったが、建設工事が進む中での署名活動では8万7,655人分の署名にとどまり、リコールは不成立に終わった[50]。

さらに2000年1月には、徳島県の吉野川可動堰の建設計画をめぐる住民投票で、投票率54.9%のうち反対が90.1%を超した。当初、中山正暉建設大臣は、こうした住民投票自体を「民主主義の誤作動である」として取り合わない姿勢さえ示した。投票後も圓藤寿穂知事は、可動堰化が最良の選択であるとの立場を崩さなかった。その後、同年8月28日、与党3党の政策責任者はとりあえず進行中の計画を白紙に戻し、新たな計画を策定するよう政府に打診したが、依然として計画の撤回には至っていない。

新潟県柏崎市刈羽村では、1999年にプルサーマル計画の受け入れを事前了解し、それ以来、品田宏夫村長は住民の意思を問う住民投票条例案に反対の態度を取り続けてきた。しかし住民グループが、

有権者の37パーセントの署名を集めて直接請求した結果、2001年4月18日に同村議会は住民投票条例案を可決、これを受けて同年5月27日に投票が実施された。投票率は有権者4,090人のうちの88.1パーセントに上り、受け入れ賛成42.5パーセント（1,533票）、反対53.4パーセント（1,925票）、その他（保留・無効147票）となった。条例では村長と議会は結果を尊重しなければならないとなっているが、事前了解を撤回するには全有権者の過半数の支持が必要としていた村長は、投票の翌日、当面は計画の受け入れを見送る考えを明らかにしたものの、事前了解の撤回にまでは踏み込まなかった[51]。

(2) 日米の相違点

以上の事実を踏まえて、日本の場合とアメリカにおけるイニシアティヴの制度とを比較考察すると次のようなことがわかる。

第1に、日本における住民投票の結果には法的拘束力がなく、最終的な決断は各自治体の首長や議会の判断に委ねられている。たとえ投票結果が圧倒的多数を占めていたとしても、「鶴の一声」でその結果が覆されるのである。それは日本の場合、条例に投票結果が多数決で決まるなどということが明記されておらず、住民の意思を「尊重する」との記載しかないケースが多数見られることが原因である。

そもそも、これまで日本の地方自治が財政的に中央政府に依存してきたことから、首長らはとかく中央からの要請を鵜呑みにするか、自分の業績としてアピールするため、もしくは特定業者との癒着関係から、独断に近い形で着工を決断していたケースが多々見受けられる。住民投票によって民意が政治に反映されることは、むしろまれであったとさえ言えよう。

法律上は、日本国憲法第94条において、地方公共団体は法律の範囲内で条例を制定することができるとされている。また地方自治法では、条例の制定・改廃の請求（第74条）や、監査の請求（第75条）、議員や首長の解職請求（第80条、81条）などが定められている。具体的には、住民投票条例は有権者の50分の1以上の署名によって首長に直接請求し、議会の議決で条例制定の可否が決まることになっている。ところが現実的には、前述のようにこれらの制度は十分に機能していない。首長や議会の反対により、住民投票条例自体が否決されたり、住民としての権利を行使して住民投票を行なったとしても、その結果が法的に保証されていない限り、直接民主制は機能しているとは言えないのである。

　それでも近年、例えば広島県広島市のように、常設型の住民投票制度を確立し、市民の意思を市政に反映させようとする動きなどが見られる。2001年に広島市は、市の機関の権限に属しない事項などが住民投票の対象となること、投票資格は満18歳以上として一般の選挙よりも年齢を低く設定しており、永住外国人にも投票を認めていること、「投票できる人の総数の10分の1（2003年7月末時点では、約9万2,000人）以上の署名を集めて、住民投票を請求する」ことができること、投票形式は賛否を問う二者択一式で、投票日は住民投票実施決定から90日以内に設定すること、争点や論点を明らかにするため、市が広報誌やホームページを通じて情報提供すること、投票率が50パーセント以上の場合に住民投票が成立し、成立しなかった場合は開票作業が行なわれないことなどを定めた住民投票制度を施行した。ただし、有効投票の過半数で可決するとしながらも、「投票結果がそのまま市の決定となるものではありませんが、市民・市議会・市長は住民投票の結果を尊重しなければなりません」と記されてお

り、住民投票の結果が市政に反映されない可能性を残している[52]。

一方、カリフォルニアでは州民の承認を得た住民提案については、裁判所により施行が停止されない限り、その結果が覆ることはなく、州議会や州知事による介入を認めていない。ひとたび施行された場合は、再度住民提案を行なうことによってしか覆せない。

第2に、アメリカでは原則として、大統領選挙と中間選挙といった一般選挙の際に住民提案が州民に審議されるが、日本の場合、こうした定期的な投票日が定められていない。したがって、よほどの懸案事項がない限り、住民投票に持ち込まれることはなく、また、投票日に向かって邁進するといった盛り上がりに欠けるとも言える。

第3に、日本には、行政側に住民投票条例の起草を支援する既存の組織がない。アメリカの場合は、25人以上の有権者の要請があると、立法審議会が草案の作成を支援する仕組みが整っている。

第4に、提案内容において、日本の場合は市町村の合併や、産廃処理場やダムなどの建設の可否を問うといった具合に、限られた題目であるのに対して、アメリカでは「シングル・サブジェクト・ルール」さえ守られていれば、全米規模の提案や裁判所の判決を覆すものでない限り、どのような内容であっても題目になりうるのである。

そして第5に、アメリカには州レベルで署名活動を行なう際の、署名用紙に記す内容や署名確認の方法などの詳細な規則が州法によって定められているが、日本にはそのような規定がない。

一方で、日本の住民投票においては、都道府県レベルというよりも市町村レベルで、特定の争点（昨今では市町村の合併問題など）を争うためだけに投票が行なわれることが多い。そのため、ひとたび投票が行なわれると、投票率は軒並み70パーセントを超えることが多く、なかには90パーセントを超すケースも出るなど、住民の関心

が高まるといった特徴が挙げられる。

6. おわりに

　以上、カリフォルニアのイニシアティヴの制度を利用した住民提案について見てきたが、州憲法や選挙規約、政治規約によって詳細な規定があること、法的拘束力があるために、多くの住民や利益団体などがそれぞれの提案について関心を持っていること、実際には膨大な資金が法案に注ぎ込まれているが、その金額の大きさが必ずしも結果につながっているのではないことなどがわかった。

　これらのメリットを最大限に生かし、本章で指摘した問題点をどう克服して行くかが、今後のカリフォルニア州政治への信頼回復へとつながっていく鍵となる。そのための具体的な一歩として、これからは、運動資金の点で劣っている市民が、積極的に直接民主制による提案を行ない、政治と生活を密着させることができるように、以前同様、一定の署名要件を整えた上で、州議会を通じた間接的なイニシアティヴによる提案ができる道を開く必要があると思われる。

　近年、カリフォルニア州での住民提案には、人権問題のように単純に多数決の論理では図れないものも多く出てきている。また、住民投票に投入される資金が増加すればするほど、宣伝が一人歩きしてしまう可能性を秘めている。その際、裁判所がどのような判断を下すのかが、今後のアメリカ社会を方向付けて行くに違いない。

　日本でも、住民発案をしようと意欲を持っている者は決して少なくないが、実現に至らないケースが多い。また、身近なところで署名活動に参加し、その請願書を地域の役所に持って行っても、そうした住民の意思が無視されるようでは、直接民主制の権利そのもの

が侵害され、住民参加が推進されるはずがない。そして時には、中央政府からの圧力や「公共の福祉」という名目で、住民の意思が踏みにじられたり、十分に審議されないまま強制執行されるケースも見られるのが現状である[53]。

今後は、住民が自治や政治に参加しようとする意欲を十分に汲み取れるよう、まずは投票結果に法的拘束力を持たせる制度作りからはじめ、住民自身も居住地域の行政に主体的に関わろうとする意識を高める必要があると考える。

注
(1) カリフォルニア州憲法によると、レファレンダムとは有権者が州議会を通過した法令もしくは一部の法令について承認もしくは拒否する権利であり、リコールとは有権者が首長や自治体の長を解職する権利を指す（the Constitution of the State of California as amended and in force November 8, 1994, Article II, Section 9 (a), Section 13)。なお、イニシアティヴの定義については、本章第3節イニシアティヴの手続きと法制度を参照のこと。

本章では、州レベルのイニシアティヴを扱うが、カリフォルニア州にはこのほかにも郡レベルや市レベルのイニシアティヴの制度があり、前者はカリフォルニア州の選挙規約（Elections Code）第9100－9126項に、後者は同じく第9200－9225項にわたって規定されている。また、これとは別に学校区や特別区のイニシアティヴに関する規定がある（選挙規約第9300－9380項）。特に一般選挙では、市民が投票する提案が、州レベル以外のものと合わせて10件を超えることも多い。

(2) California State Legislature, Senate Local Government Committee, Your Guide to Direct Democracy: Local Initiative, Referendum, and Recall Campaigns (Sacramento, California: Senate Local Government

Committee, 1996), p. 2.
(3) John M. Allswang, *California Initiatives and Referendums, 1912-1990: A Survey and Guide to Research* (Los Angeles, California: Edmund B. "Pat" Brown Institute of Public Affairs, California State University, 1991), pp.7-8.

　なおヘインズは、1853年ペンシルベニア州に生まれ、イギリス人を先祖に持つ中流階級の家庭で育った。フィラデルフィアでは開業医として成功をおさめると同時に、地元の共和党マシーンに反発しながらも地方政治と係わりを持った。1880年代に家族とともにロサンジェルスに引っ越すが、ここでも開業医として成功をおさめたほか、投資や株取引などを通じて非常に裕福になった。彼はまた、キリスト教社会主義を標榜するフェビアン協会（the Fabian Society）の会員という急進派でもあったが、医者として活躍しながら、多くの公共問題に関心をもった（*Ibid.*, p. 4）。

(4) *Ibid.*, p.10.
(5) 1911年10月の特別選挙において、直接民主制の導入を図る上院憲法修正法案（SCA）第22号は、州民からも高い支持を得た。イニシアティヴとレファレンダムには76パーセント（賛成16万8,744票、反対5万2,093票）、リコールには77パーセントが賛成に投じた。なお、サウスダコタ州に引き続き、ユタ、オレゴン、モンタナ、オクラホマ、ミズーリ、ミシガン、アーカンソー、コロラドの各州が、カリフォルニア州より以前にイニシアティヴとレファレンダムを導入していた（*Ibid.*, p. 11; March Fong Eu, *A History of the California Initiative Process*, California: California Secretary of State, 1989, p.2 ; http:// www.ss.ca.gov/elections/init_history.pdf）。
(6) イニシアティヴの権利を認めている23州のうち、直接立法を認めているのは14州、間接立法を認めているのは5州、直接か間接かを選択するのは4州となっている（League of Women Voters of California ed., *Guide to California Government*, Sacramento, California:

League of Women Voters of California Education Fund, 1992, pp. 18-20).

(7) *Ibid.*, p.24; Eu, *A History of the California Initiative Process,* p.2.

　なお、1985年以来、ほぼすべての州議会に、間接的なイニシアティヴの制度を復活させようとする提案がなされている。

(8)　1960年以前は、イニシアティヴの手続きによる住民提案は一般選挙の時にだけ審議されていたが、これ以降はプライマリーと特別選挙の際にも投票に付せるようになった（http://www.ss.ca.gov/elections/init_history.pdf）。

(9)　カリフォルニア州では選挙法第9015項に基づき、州務長官が州規模でのイニシアティヴに関する手順について、簡潔な要約を用意することになっている。2001年4月25日現在では、ジョーンズ（Bill Jones）州務長官によって、イニシアティヴの手続き等に関するパンフレットが用意されており、インターネットでも閲覧できる（http://www.ss.ca.gov/elections/init_guide.htm）。なお、図1に沿った説明はこのパンフレットに準拠している。

(10)　例えば、1994年11月8日に投票にかけられた住民提案187号では、不法移民に対する公共サービスの停止や、不法移民を発見した場合に司法長官と移民帰化局（Immigration and Naturalization Service: 以下、INS）に報告すること、偽造した市民権などの書類を製造、配布、販売した場合に重罪となることなどが草案に盛り込まれたが、これらは広い意味で不法移民対策とみなされ、裁判所によって1提案当たりの問題数が問われることはなかった。

(11)　レファレンダムの場合、署名集めの期間は30日となっており、イニシアティヴに比べて短期間である。これは通常レファレンダムが、議会を通過した法律や条例が施行されるまでの間に、それらの発効を阻止する手段として使用されるためと考えられる（横田清『アメリカにおける自治・分権・参加の発展』自治総研叢書、敬文堂、1997

年、70ページ)。
(12) 政治規約 (Government Code)。
(13) カリフォルニアの選挙法は、インターネットでも閲覧できる (http://caselaw.lp.findlaw.com/cacodes/elec/)。
(14) 各提案には、例えば住民提案1号 (Proposition 1) といった具合に番号が付与される。なお、1982年6月8日までは、毎年1号からはじまる番号が付与されていたが、1982年11月2日の選挙から1998年6月2日までは、連続する通し番号 (住民提案1号から227号まで) が使われるようになった。2004年11月現在で使用されている番号は、1998年11月3日の選挙から用いられるようになった通し番号である。
(15) 郡選挙管理委員会は、選挙結果に関する証明書が下付されてから8ヵ月間、イニシアティヴの請願書を保存しておかなければならない(選挙規約第17200項)。なお、この請願書は提出後に一般公開されることはない (政府規約6253.5項)。
(16) League of Women Voters of California ed., *Guide to California Government*, pp. 18-20.
(17) Bill Jones, Secretary of State, A History of the California Initiative Process (August, 1998), p. 9.
(18) Allswang, *California Initiatives and Referendums, 1912-1990*, p. 12 (Table 1); League of Women Voters of California ed., *Guide to California Government*, pp. 23-24; Elisabeth R. Gerber, *Interest Group Influence in the California Initiative Process* (California: Public Policy Institute of California, 1998), pp. 1-2.
(19) イニシアティヴが最初に導入された1910年代については、1912年から1919年までの8年間を合計している。
(20) 1978年の住民提案13号とは、不動産価格に準じた税金 (固定資産税) を1パーセントまでに制限することや、地方政府は有権者の3分の2の賛成を得ることなく、新たな州税を課すことはできないといった税制改革に関する提案である。

第1章　カリフォルニア州における住民提案

(21) Allswang, *California Initiatives and Referendums, 1912-1990*, p.5.
(22) Kevin Shelley, Secretary of State, A History of California Initiatives, December, 2002, p.9 (http://www.ss.ca.gov/elections/ init_history.pdf).
(23) Charlene Wear Simmons, *California's Statewide Initiative Process* (Sacramento, California : California Research Bureau, 1997), p.6.
(24) http//vote2003.ss.ca.gov/voterguide/English.pdf
(25) Simmons, *California's Statewide Initiative Process*, p. 5. 1960年以前は、イニシアティヴによる提案は一般選挙の時にだけ投票に付すことができた。その後、知事の要請により、プライマリーや特別選挙での投票が行なわれるようになった。

　1996年11月5日には、州規模の住民提案だけで15件が審議されたが、なかでも住民提案209号は、全米で初めてアファーマティヴ・アクションの是非を問う内容のものであったこともあり、カリフォルニアだけでなく、全米から注目を浴びる提案となった。しかし、この提案ですら、ロサンジェルスの有権者の半分以上が、選挙の直前まで聞いたことがなかったとされる。また、1992年11月の選挙の1週間前における世論調査では、6つの主要な住民提案について、33から63パーセントの人が見聞きしたことがないと答えた(*Ibid.*, p.12)。
(26)　実際のところ、各住民提案に投じられた票数はまちまちである。1998年11月3日の一般選挙では、11の住民提案のうち、最も投票者の数が多かったのは、住民提案5号(インディアンの居住区にギャンブル場を設置することを認める提案)で、816万0,810人が投票した(賛成509万0,452票、反対307万0,358票)。一方、最も投票者数が少なかったものは、住民提案11号(地方政府が市の諮問委員会における3分の2の投票による同意を得て、売上税による歳入を導入する提案であるが、このことによる財政的影響はない)で、730万5,315人が投

53

票しており、住民提案5号より85万5,495票少なかった（http://sunsite.berkeley.edu/smartvoter/1998nov/ca/state/prop）。過去の同一の投票において、候補者に対する投票総数は、住民提案に対する投票総数より25から50パーセント多い傾向にある（ジョセフ・ツィンマーマン著、神戸市地方自治研究会訳『アメリカの地方自治―州と地方団体―』勁草書房、1986年、99ページ）。たとえどんなに低い投票率であったとしても、住民提案は1票でも多い意思に従う多数決制により賛否の判断が下される。

(27) Shelley, A History of California Initiatives, December, 2002, pp. 5-8.
(28) 他州では、施行までに5日から90日の期間を置いている（Simmons, *California's Statewide Initiative Process*, p.15）。
(29) Simmons, *California's Statewide Initiative Process*, p.6.

同年の住民提案186号（カナダと同様に、個人払いの医療サービスをカリフォルニアに導入しようとするもの）に反対する側は、巨額の資金提供を行なう利益団体と対抗するため、保険会社などから約800万ドルの資金を集めた（Nina Munk, "Lobbyists' New Toy: California's Ballot Initiative Process," *Forbes*, vol. 154, no. 12, November 21, 1994, p.62）。

(30) 賀川真理「草の根からの異議の申し立て」および「逆差別の主張」明石紀雄・川島浩平編著『現代アメリカ社会を知るための60章』（明石書店、1998年）、43-44、134ページ。

なおアメリカの司法制度では、合衆国憲法や連邦法に基づく裁判は、まず全米に94ヵ所ある地方裁判所（Ninety-four district courts）で審議されることが多い。その上に、上訴裁判所（U.S. Courts of Appeals）が全米に13ヵ所あり、これは巡回裁判所（circuit courts）とも呼ばれる。さらに最高決定機関として、連邦最高裁判所（the Supreme Court of the United States）が存在する。

(31) カリフォルニア選挙資金委員会（California Commission on

Campaign Financing) のスターン (Robert Stern) 共同委員長 (codirector) は、「100万ドルあれば、ほぼどのようなイニシアティヴでも投票にかけることができる」と語った (Munk, "Lobbyists' New Toy," p.62)。

(32) 同時期に審議されるために署名を集める場合でも、それぞれの提案によって注入される金額には相違がある。例えば1996年11月の住民提案209号 (アファーマティヴ・アクションの撤廃) では、約175万ドルかかったのに対し、住民提案208号 (選挙運動資金改革) では、署名を集める人についてボランティアと金銭で雇われる人を半々にした結果、45万ドルで収まった (Simmons, *California's Statewide Initiative Process*, p.9)。

(33) Gerber, *Interest Group Influence in the California Initiative Process*, p.2, footnote.

(34) Secretary of State, Financing the Qualification of Statewide Initiatives: California's 1994 General Election, August, 1994, p.11.

(35) California State Legislature, Senate Local Government Committee, Your Guide to Direct Democracy: Local Initiative, Referendum, and Recall Campaigns (Sacramento, California: Senate Local Government Committee, 1996), p.10.

(36) 署名集めを専門とする政治起業家の起源は、1920年にサンフランシスコのロビンソン (Joe Robinson) が、投票資格を得るためにダイレクトメールによる運動を展開したことに求められるとされている。彼は1932年には、金銭で雇われる署名収集者を雇うことが、最も効率的であると考えていた。しかし、本格的な「イニシアティヴ産業」の到来は、1968年以降のことである (Susan Rasky, "Direct Democracy," *California Journal*, vol. 229, no. 5, May, 1998, p.8)。

(37) Simmons, *California's Statewide Initiative Process*, p.9.

(38) 期限が迫っていること以外に、巨額な資金が投入される場合にも単価は跳ね上がっている。例えば、1994年の住民提案188号に至る

署名活動では、フィリップ・モリス（Philip Morris）社はひとつの署名集めに付き、2ドルを支払った。また、1998年6月に住民提案（二言語併用教育の廃止を掲げ、後に住民提案227号となるもの）を行なうため、約50万ドルが署名活動を行なうためだけに用意された（Pete Wilson,1994）。

(39) Munk, "Lobbyists' New Toy," p. 62.
(40) Gerber, *Interest Group Influence in the California Initiative Process,* p. 15.
(41) 政治問題などに対する一般の反応を予測するために、司会者の下で集団で討議してもらう少人数からなるグループのこと。
(42) California State Legislature, Senate Local Government Committee, p.18.
(43) Simmons, *California's Statewide Initiative Process,* p.11.
(44) *Ibid.,* pp.15-16.
(45) *Ibid.,* pp.19-22.
(46) 『朝日新聞』1997年6月23日、1、3面、2001年5月28日、34面。
(47) http://www02.kani.or.jp/~tn54tm90/jyourei.htm
(48) 1996年4月、日米両国政府は米軍の普天間飛行場の移設に関して合意に至った。5年後の2001年4月の段階では、沖縄県名護市辺野古沿岸域への移設は既成事実となり、すでに工法決定の段階にある。
(49) http://kobe.kazamidori.net/airport/pdf/981118.pdf
(50) 2004年12月現在、神戸空港は8割が完成し、開港日は2006年2月16日で調整が進んでいる。
(51) 『朝日新聞』2001年4月25日夕刊、3面、同年5月28日、1面、同年5月29日、38面。東京電力柏崎市刈羽原発でのプルサーマル計画とは、ウランと使用済み核燃料から取り出したプルトニウムとの混合酸化物燃料を、通常の原発（軽水炉）で使用する計画のこと。
(52) http://www.city.hiroshima.jp/shimin/siminkatsudou-suishin/juumi

n. html

　そのほか、手続きの流れについて記されたところには、署名期間は1ヵ月以内であることとされている。

(53)　執筆者は、2000年4月21日（放送大学神奈川学習センター「現代アメリカの政治」出席者38名）と5月21日（神田外語大学「米国史概論」出席者55名）に履修学生に対して、アメリカの住民提案の仕組みを概説したのち、それぞれの時点で住民提案を行なうとしたら、どのような提案を行なうつもりがあるのかを尋ねた。

　前者は、主に社会人を対象にした授業であるが、提案のなかにはすでに実際に問題となった（なっている）ものもあり、現実味を帯びていた。なかでも履修者にとって関心が高かったものとして、三浦半島沖に関東地方で3番目となる国際空港の誘致に反対する提案や、道路拡幅に伴なって市民が長年親しんできた桜の木を伐採する計画に反対する提案、子供の交通事故における補償金に対する性差別をなくすべきとする提案などがあった。

　後者では、道路の改善（横断歩道の設置や道路の拡幅、街灯の設置など）を求める声が最も多く（18件）、ついでごみ問題（不法投棄やポイ捨て、ダイオキシンの発生など）(15件)、駐輪場や駐車場の設置（7件）、公共の交通機関の利便性を高める（6件）、このほかに歩きタバコの禁止や図書館の時間延長など、より身近な問題を挙げた者が多かった。

第 2 章

不法移民問題

1. はじめに

 近年のアメリカ政治において、保守派の台頭という潮流が見られるようになった。その顕著な例として、1994年11月の中間選挙の際、連邦議会上院において民主党が1986年以来の優位を明け渡し、下院においては何と40年ぶりに共和党が多数を占め、連邦議会上下両院で共和党が支配的地位を独占したことが挙げられる。また民主党のクリントン（Bill Clinton）（第42代、1993－2001年）は、1992年の大統領選挙に際して国民に盛んに変化を求め、左派的立場よりも白人中産階級を対象とした中道的な政策を掲げるなど、それまでの民主党路線とは一線を画すことによって躍進を遂げたとされる。

 本章では、カリフォルニア州における保守派の台頭について、1994年11月の選挙と同時に州民に審議された住民提案187号にその具体的な起源を求め、その成立経緯に焦点を当てて考察していきたい。

 カリフォルニア州における住民提案187号とは、第1に、不法移民が公的社会サービスと緊急時以外の医療サービス、公教育を受けることを禁止するものであり、第2に、州と地方の関係機関（福祉事務所や学校の職員、医師など）が、州司法長官とアメリカ合衆国移民帰化局（U. S. Immigration and Naturalization Service: 以下、INS[(1)]）に報告することを義務付け、第3に、市民権や居住に関する偽造書類を製造もしくは販売した場合、重罪となることなどが盛り込まれた。「我が州を救え（Save Our State: 以下、SOS）」提案とも呼ばれ、カリフォルニア州知事および連邦議員選挙の争点ともなり、全米諸州で投票に付された78件の住民提案の中でも、最も関心が集まるものと

なった。

　そもそも主要な提案理由のひとつとして、カリフォルニア州の財政問題との関連が取り沙汰されていることに注目したい。このように、本書で扱う住民提案のうち、少なくとも1990年代に審議されることになる住民提案187号と209号は、提案者によって州財政の節約がひとつの目的とされていた。そのため、ここで1990年代のカリフォルニア経済について言及しておきたい。アメリカ全体が景気回復基調に乗る中で、カリフォルニア州では1980年代後半以来、航空宇宙産業やその関連産業における生産規模の縮小が見られた。これに伴って従業員数が減らされたり、州の要請によって生産コストのより低い産業への転換を余儀なくされたりする企業も出た。その影響はホワイト・カラーに多く出て、これがカリフォルニアの失業率の増加につながったとの分析がある。このように、カリフォルニア州においてホワイト・カラーや熟練労働者の雇用が減少し、サービス産業および製造業の雇用が増加したことがメキシコ人移民への攻撃につながったとされている[2]。

　また、別の分析としては、次のようなものがある。カリフォルニア経済は、1975年から1990年の長期にわたる経済発展を遂げ、その国内総生産（gross domestic product: GDP）は1990年に7,000億ドル、1995年には9,000億ドルに達し、この時点でカリフォルニア州1州だけで、世界の6つの国に続く第7番目の経済規模に成長した。こうした長期的な繁栄により、550万の新規雇用が創出され、1990年における雇用は1,400万にまで上った。さらに、1980年から1990年までの1人当たりの平均収入は倍増した（実質所得は18パーセント）。南カリフォルニアでは、1988年に製造業における雇用のピークを迎え、125万以上の雇用を生み出したが、これはシカゴを抜き、ロサ

ンジェルスを全米で最大の産業の中心地に仕立てた。

　しかし、1990年から1994年にかけて、カリフォルニアには大恐慌以来の試練が待ち構えていた。不動産価値は、25から30パーセント目減りし、1991年から1992年にかけての全米における破産件数のうち、約20パーセントをカリフォルニアの企業が占めた。なかでも、南カリフォルニアにもたらされた影響が最も深刻であった。冷戦後の軍需産業の縮小により、防衛関係の仕事に従事していた25万から40万もの人々が雇用を喪失した。ロサンジェルスだけで、失われた雇用の4分の1を占め、そのうち製造業における労働力が4分の1から3分の1であった。日本からの投資も、1990年には年間に30億ドルあったものが、1994年には1,600万ドルにまで激減したとされる。1991年から1993年までの失業率は、10パーセント近くあり、1995年には8パーセントになったものの、それでも全米平均より2ポイント上回っていた。こうした経済状況に呼応して、1990年以降、アメリカにやって来る移民は減少し、アメリカを去る移民が増加したという[3]。

　この提案の発起人となったのは、共和党および保守的な地域（オレンジ郡、ロサンジェルス郡）における住民が中心であった。もはや連邦政府の手ぬるい対策による解決を待っているのではなく、州が率先して不法移民に対する具体的な制限を求めようとしたものである。一方、教員組合や医療組合をはじめ、民主党も同提案には反対の立場をとり、提案の可否をめぐって大規模なキャンペーンが繰り広げられた。

　依然としてカリフォルニア経済が低迷していたことから、危機的状況にある州財政を再建することが急務であるとして提案されたのが住民提案187号となったのであるが、その矛先は合法・不法を問わ

ずまさしくメキシコ系移民に向けられた。表面上は、州民から徴収した州税や国税によって賄われている公立学校、医療機関、福祉手当てなどが不法移民によって濫費されることを阻止し、同時に不法移民を厳重に取り締まることが求められた。しかし、住民提案187号が対象とする不法移民の約8割がメキシコ出身者であるため、同提案はメキシコ人に対する侮辱であるとして、メキシコ大統領をはじめ同国民は反発した。

　住民提案187号に反対の立場を表明したのは、メキシコ人をはじめとしたヒスパニックだけではなかった。これをマイノリティへの挑戦と受け止めたアジア系アメリカ人は、不法移民に対する取締りの強化は合法移民への既得権の侵害につながる恐れがあるとして、当初、同提案に猛反発をしていた。このように住民提案187号は、単に一時的な財政難の解消策として提示されたものではなく、アメリカ社会にとってもはや不可欠な存在となっている低賃金労働者、とりわけ不法移民や移民の流入問題をめぐり、保守派の勢力が巻き返しを図ろうとしている側面が露呈している。

2. アメリカにおける不法移民問題

　さて、カリフォルニアにおける不法移民問題の現状を見る前に、まずアメリカにおける不法移民問題について触れておくことにする。

　ところで、そもそも不法移民とはどのような人々のことを指すのであろうか。広義での移民とは、新たに到着した人物を総称している。ここには合法移民、難民、亡命者、臨時入国許可者、その他を含んでいる。1990年の移民法では、1994年に入国を許可された移民は70万人以上に上る[4]。

第2章 不法移民問題

　合法移民とは、アメリカに合法的に移民し、永住することや働くことに対して許可を得た人のことである。難民とは、人種や宗教、国籍、政治的見解、またはある社会集団との帰属関係のために迫害（persecution）を受けたり、十分な根拠のある危険を感じたりしたために国を逃れる人のことを指す。亡命者とは、主として政治的な理由から亡命を求め、その人物が滞在許可を申請する時に既にアメリカにいる人のことである。1990年代初頭には亡命を求める人々が急増し、その数は1993年には14万4,000人に上り、予備軍は37万人いると見積もられている。

　このほかには、司法省がアメリカに緊急に入国、または公益を優先させるためにやって来る人々もしくは団体を許可する権限を一任された臨時入国許可者がいる。臨時入国の許可は、人道主義、合法、または医学上の理由により認められる。こうした入国者は一時的な居住が認められるが、連邦による特別な利益を求める資格はなく、あらかじめ一定の永住資格が付与されるということはない。臨時入国許可者は、個人的な事情により委任された仕事をする資格がある。1992年には、約13万7,000人が臨時入国した。

　一方で非移民とは、特別な目的を持ち限られた期間アメリカに入国することを許可された外国人のことを指す。たとえば、旅行者や学生、仕事上の訪問者らが挙げられる。1992年には、約2,100万人の非移民がアメリカに入国した。

　これに対して、不法移民とは、アメリカに公式な許可なく入国もしくは住んでいる者で、INSによる検査を受けていないか、もしくはビザの期限が切れたか、ビザの条件に違反して入国した人々のことを指す。INSでは、約30万人の正式な書類を持っていない人々（undocumented persons）が毎年アメリカに入国し滞在していると見

積もっている。具体的には、単に国境を越えて密入国した人々だけでなく、観光ビザや商用ビザで入国した後、その目的や滞在期限を過ぎてもアメリカに居続ける人々も不法移民とみなされるのである。

アメリカにおいて、不法移民に対する対策を講じる必要性が出てきたのは、1965年以降のことである。同年に出された1965年移民法では、西半球からアメリカに入国する移民数に初めて制限が加えられた。これにより、一国からの移民受け入れ総数を2万人、そして西半球全体からの移民数を12万人としたのであった。1960年代を通じて、メキシコからアメリカに入った合法移民は44万人であったが、その数が半数以下に抑えられることになったのである。したがって、それまではブラセロ（bracero）（メキシコ人季節農場労働者）協定によりアメリカ政府の保護の下、特に南西部の農場で働いていた短期のメキシコ人労働者らは、帰国しても雇用がない以上、やむなく不法移民という形でアメリカに滞在を続け、生活の糧を求めなくてはならなくなった。

不法移民は、非合法的にアメリカに入国もしくは滞在しているため、給料や労働時間といった労働条件は雇用者に委ねられていることが多い。仮に雇用者と対立するようならば、いつでも仕事を失い、強制送還されかねない立場にある。したがって雇主は、彼らを合法移民よりも安く雇い、労働者災害補償にも加入せず、その他の待遇も改善することなしに仕事を依頼できるのである。

こうしたアメリカ社会の現状に対し、連邦政府がはじめて本格的に動いた結果成立したのが、1986年の移民法であった。移民改正取締法（the Immigration Reform and Control Act of 1986：以下、IRCA）と呼ばれる移民法によって、1981年12月31日以前にアメリカに入国し、それ以降も居住し続けていることを証明できる不法移民は、申請を

することにより合法移民となることができるとする画期的な対策であった。同時に雇用者が、グリーンカードや他の労働許可証を持たない者を雇うことを違法としたものであった[5]。

ところが、不法移民の中には、この申請をすることによって、処罰の対象となったり、本国へ強制送還されたりするのではないかとの懸念を持つ者があり、また2名以上のアメリカ人から推薦状を取り付けることができないなどの理由から、実際に申請をしたのは全米で160万人に過ぎなかった。そのため、1986年移民法の制定以降も不法移民は地下に潜り続けており、不法移民を阻止する策とはならなかった。

3. カリフォルニア州における不法移民問題

(1) カリフォルニア州における不法移民問題の現状

さて次に、カリフォルニア州における不法移民問題の現状を取り上げることにしたい。同州には、不法移民が全米で最も多く集まっている。その理由は、メキシコと国境に接していることもさることながら、路上生活を余儀なくされても凍え死ぬことのない穏やかな気候、そして何よりも雇用が期待されるからである。

ただし、こうした環境は不法移民にだけ魅力的なものという訳ではない。アジアからアメリカに難民や亡命者としてやって来る者のうちの70パーセントがカリフォルニアに定着した結果、1980年から1990年にかけて、カリフォルニアのアジア系の人々の数は、カリフォルニアのメキシコ系の人々の割合よりも2倍に増大した。また、IRCAによって合法移民となった者のうち、54パーセントがカリ

写真1　アメリカからメキシコへ向かうために国境検問所を通過しようとしている車列

国境付近では、朝晩にいつもこのような長蛇の列ができる（カリフォルニア州サンディエゴにて）。

写真2　メキシコのティファナに立てられている国境を示す看板

メキシコからアメリカに向かう際には、この先入念な入国審査を受ける必要がある。その手前の歩道で、手錠を掛けられて連行されるラティーノとすれ違った。

フォルニアに居住することになったが、その資格を得た者の88パーセントはメキシコからやって来た移民たちであった(6)。

周知のように、そもそもカリフォルアはメキシコ領であったが、米墨戦争（1846-1848）の結果、1848年のグアダルーペ・イダルゴ（Treaty of Guadalupe Hidalgo）条約によってアメリカ領となり、ゴールド・ラッシュの影響で急速に人口が増えて都市化し、1850年に州に昇格した。アメリカ領に組み込まれて以来、現地の白人たちはメキシコ系の人々をインディアンと共に差別し、当初は鉱山から追放したり、投票権を付与しなかった。

住民提案187号が提案された背景には、州財政悪化の折、排他的な考え方を持つネイティヴィスト（nativist）たちが、アメリカ社会における「よそ者」としてメキシコ系の人々をス

第 2 章　不法移民問題

ケープゴート（scapegoat）に見立てたことからはじまっているとする見方がある[7]。カリフォルニアにいるメキシコ系の人々に対して、ネイティヴィストたちはステレオタイプ的な視線を向けている。すなわち、第 1 に、メキシコ人移民はカリフォルニアにおいてただ乗りする、すなわち公共の費用で生活するためにやって来る、第 2 に、メキシコ人移民はアメリカ人労働者の職を奪う、第 3 に、メキシコ人移民はアメリカに永住することに関心を持っていない、とする見方である。しかし、アグァイヤー（Adalberto Aguirre, Jr.）による研究結果では、カリフォルニアにいるメキシコ人移民は、アメリカ人労働者が望まない仕事をこなし、生計は社会福祉に頼っておらず、アメリカに永住する意図を持っているといった具合に、これら 3 つの前提はいずれも該当しないと言明している。

　しかしアメリカ社会において、実際にはメキシコ人労働者とアメリカ人労働者との間には職業上の格差が生じている。1960年と1980年の間に、アメリカ生まれの労働者がホワイト・カラーの職業につく割合は39パーセントから51パーセントに増加したのに対して、メキシコ人移民労働者は12パーセントのままである。また同じく1960年と1980年の賃金は、アメリカ生まれの男性労働者が時給 2 ドル77セントから 9 ドル45セントへと3.4倍、アメリカ生まれの女性労働者が時給 2 ドル50セントから 7 ドル48セントへと3.0倍にそれぞれ上昇したのに対して、メキシコ人移民男性労働者の時給は 1 ドル97セントから 6 ドル75セントへと3.4倍、メキシコ人移民女性労働者の時給は 1 ドル95セントから 6 ドル43セントへと3.3倍にそれぞれ上昇したものの、依然としてアメリカ生まれの労働者とメキシコ人移民労働者との間には賃金格差が見られる[8]。メキシコ人移民労働者がこうした状況に甘んじざるを得ない理由は、主として英語力

図 ロサンジェルス近郊の移民が多く集まる居住区

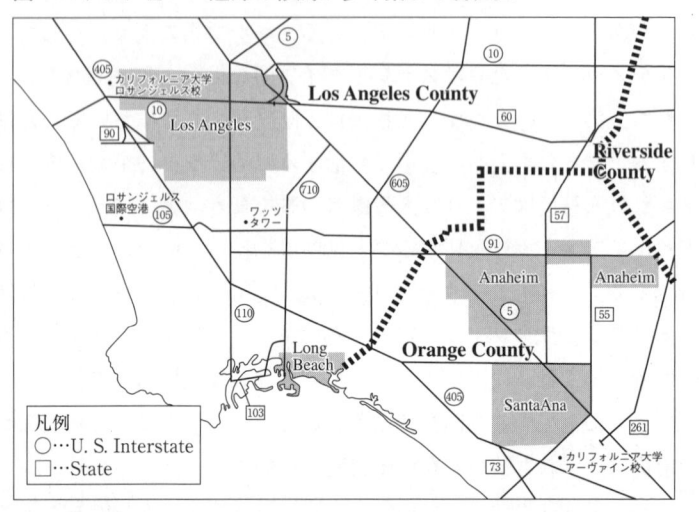

の欠如にあると見られており、中等および高等教育への進学率も影響を及ぼしている(9)。

ところで、1980年の時点ではカリフォルニアの住民のうち、6人に1人が外国生まれであったが、10年後の1990年の時点では4人に1人が外国生まれ(後述する投票者用のパンフレットでは、5人に1人以上と記されている)となった。そして、これらアメリカに居住する合法移民(the legal immigrants)および非合法移民(the undocumented immigrants)移民の半分以上が、カリフォルニアに定住していると推測されている。1992年には、カリフォルニアに33万6,663人の合法移民が、そして約180万人もの非合法移民が定住していた。さらに、カリフォルニアに到着した移民のうちの60パーセント近くが、ロサンジェルスとロング・ビーチ、サンタ・アナ、アナ・ハイムといっ

た都市部の一帯に定着している(10)。

メキシコ系を中心とする不法移民関連の支出が州財政に与えている負担は、州予算の7パーセントに相当する25億ドルと見積もられた(11)。不法移民の場合、その人数と生活実態を正確に把握するのは非常に困難である。不法移民の数は、1992年の時点においてアメリカ全体で480万人と見積もられていたが、その子供たちの初等・中等教育に費やされる費用は39億ドルと推計された。同年、ロサンジェルス郡にいる64万1,000人の生徒の半分以下しか、英語が流暢に喋れないとされた(12)。むしろ、スペイン語が半ば公用語化してきているとささやかれはじめたのである。

またある調査では、カリフォルニア州における不法移民の生徒数は約30万人（全体の7パーセント）であり、このうちサンディエゴにおける不法移民の生徒数は1万1,000－1万3,000人（サンディエゴ郡では年間6,060万ドルの支出）おり、こうした不法移民の子供たちに対してカリフォルニア州の納税者が支払うコストは、年間36億ドル（ロサンジェルス郡では年間3億6,790万ドル）に達したとされる(13)。

さらに、ロサンジェルス郡保健局による統計では、1990－1991年に郡の病院で出生した65.52パーセント（2万8,829件）が不法移民の母親から生まれ、これに2,831万ドルの税金が使用された。ロサンジェルス郡では、1年間に不法外国人にかかる医療費は1億9,610万ドルに上るとされ、またサンディエゴ郡では、1992年6月末までに緊急医療を受けた患者の36パーセントが不法外国人、24パーセントが外国人で、市民は半分以下であった。ロサンジェルス郡において、州および連邦政府の支払いによる医療サービスを使った不法外国人の数と費用は、**表1**のようになった。これによれば、人数は5年間に1,257パーセント増加し、費用は1万8,035パーセントも増加

表1 州および連邦政府の支払いによる医療サービスを使った不法外国人の数と費用

年度	人数(人)	費用(ドル)
1988-89	23,750	472万5,000
1989-90	92,830	2億9,935万
1990-91	172,180	4億9,468万
1991-92	254,980	6億5,817万
1992-93	322,400	8億9,944万

出典：State of California, Department of Health Services, 1994

したことがわかる。

さて、こうした不法移民を雇う雇用者に対する罰金は、不法外国人1人につき250ドルから1万ドルと定められているが、実際にはあまり効力を発揮していない。

ところで大学に進学する不法移民の数は、最大で大学全体の1パーセントにも満たないのであるが、不法移民の中には州の居住者として授業料を申告し、本来払うべき金額よりも安くしか支払っていないケースが報告されているという。カリフォルニアの公立大学における授業料は、**表2**のようになっている。すなわち、例えばカリフォルニア大学（University of California：以下、UC）では、1人当たり実際には1万2,168ドルの授業料がかかるが、主として州の税金によって運営されている大学なので、同州に居住している者は納税者であるため3,044ドルを支払いさえすればよいことになる。しかし、州民でない者が本人の申請により居住者と同額の授業料しか支払わなかった場合、大学側は少なくとも州外学生が支払う費用との差額、もしくはそれ以上を負担しなければならなくなる。カリフォルニア州立大学（California State University：以下、CSU）の場合、

第2章　不法移民問題

表2−1　1991-92年度における大学の授業料　　　(単位：ドル)

公立大学	1人当たりの実費	居住学部学生	州外学生
カリフォルニア大学	12,168	3,044	10,743
カリフォルニア州立大学	7,551	1,456	8,856
カリフォルニア・コミュニティ・カレッジ	3,178	100	様々

表2−2　1991-92年度における大学の授業料と実際に支払われる授業料との差額　　　(単位：ドル)

公立大学		居住者	州　外
カリフォルニア大学	授業料（実費）	12,168	12,168
	支払われる授業料	3,044	10,743
	差　額	−9,124	−1,425
カリフォルニア州立大学	授業料（実費）	7,551	7,551
	支払われる授業料	1,456	8,856
	差　額	−6,095	+1,695
カリフォルニア・コミュニティ・カレッジ	授業料（実費）	3,178	様々
	支払われる授業料	100	
	差　額	−3,078	

出典：表2−1、2−2 Richard L. Mountjoy, "Should Californians Finance College Educations for Illegal Aliens? What Do You Think?" Richard L. Mountjoy Paper, n. d. より作成。

1992年9月9日現在、約800人の不法移民学生が在籍していたが、これは本来彼らが支払うべき金額との差額6,095ドル×800人＝約500万ドルの授業料が未納であり、その分は州税から充当されることになる。カリフォルニア・コミュニティ・カレッジ（California Community College：以下、CCC）の場合には、1992年5月14日現在、約1万4,000人の不法移民学生がいるとされ、同様に3,078ドル×1万

表 3 − 1　不法移民にかかる費用の概算　　(単位：100万ドル)

プログラム	財政年度1988-89年	1995-96年	1996-97年
犯罪者の監禁	122	511	563
医　療	21	385	395
教　育	822	1,814	1,949
小計(A)	965	2,710	2,907

表 3 − 2　不法移民の子供（アメリカ国籍）にかかる費用

プログラム	財政年度1988-89年	1995-96年	1996-97年
医療	8	60	61
AFDC*	45	283	290
教育	82	625	629
小計(B)	135	968	980
合計(A+B)	1,100	3,678	3,887

＊AFDC（＝ Aid to Families with Dependent Children）とは、要扶養児童家族手当のこと。

出典：State of California, Department of Finance, 1996.

4,000人＝約4,400万ドルの損失と見なされる。

　表 3 − 1、**3 − 2** は、不法移民およびアメリカで生まれた不法移民の子供にかかる項目別費用の推移を示したものである。ここ10年のうちにいずれも増加し、特に犯罪者の監禁は4.6倍、医療は18.8倍、そして教育は2.4倍もの費用が必要になっている。

　住民提案187号が提案された頃は、エスニック・グループ上のマイノリティの数が白人を上回ることはなかったが（**表 4** 参照）、それでもラティーノの増加には目を見張るものがある。

　カリフォルニアの公立学校に在籍する生徒は527万人に上るが、その内訳は**表 5** のようになっている。INSの調査によると、カリ

第 2 章 不法移民問題

表4 エスニシティ別カリフォルニアの人口 (1990年)

エスニシティ	人口(人)	人口(%)
ヒスパニック以外の白人	17,093,961	58
ラティーノ	7,557,550	25
アフリカ系アメリカ人	2,110,700	7
アジア系	2,747,780	9.2
その他	250,030	0.8
合計	29,760,021	100

出典：U. S. Bureau of the Census, 1990.

表5 カリフォルニア州の公立学校に在籍する生徒数 (1994年)

	生徒数(人)	生徒数(%)
白人	2,227,652	42.3
ラテンアメリカの人	1,951,578	37.2
アフリカ系アメリカ人	455,954	8.7
アジア人	588,634	11.2
生徒数合計*	5,267,277	100

＊ネイティヴ・アメリカンを含む

出典：State of California, Department of Education, 1993, in Tomas Rivera Center ed., *California School District Administrators Speak to Proposition 187* (California: Tomas Rivera Center, October, 1994, p.49).

フォルニアには約140万人の不法外国人の子供が住んでいるが、その数は州人口の5パーセントに相当する。学校に在籍する不法移民の数は、5歳から17歳で29万7,209人となっており、これを5歳から19歳までとすると30万7,024人となる[14]。ただし、その数はカリフォルニア州財務局の見積もりでは、1994年から1995年に学校に在籍する不法移民の数は39万2,260人とはじき出しており、その差は9万5,051人に上った。

表6　1992年1月1日現在のロサンジェルス郡における移民集団

	（人）	（％）
合法移民	630,000	6.9
1986年の移民法により認められた合法移民	720,000	7.8
不法移民	700,000	7.6
不法移民の子供（アメリカ市民）	250,000	2.7
小　計	2,300,000	25.0
移民以外の人口	6,890,000	75.0
合　計	9,190,000	100.0

出典：Rafael Alarcon, *Proposition 187: An Effective Measure to Deter Undocumented Migration to California?* (San Francisco, California: A Report Prepared for Multicultural Education, Training and Advocacy, Inc., October, 1994), p.11.

表7　1991-1992年のロサンジェルス郡における移民集団の教育費用

	（単位：ドル）	（％）
合法移民の子供	331,100,000	5.1
1986年の移民法により認められた移民の子供	123,500,000	1.9
不法移民の子供	367,900,000	5.7
アメリカ生まれの不法移民の子供（市民）	662,300,000	10.3
小　計	1,484,800,000	23.0
その他の子供	4,972,700,000	77.0
合　計	6,457,500,000	100.0

出典：Rafael Alarcon, *Proposition 187*, p.12.

　カリフォルニア州の中でも、不法移民が多く集まっているロサンジェルス郡の移民の内訳は**表6**のようになっている。このうち、1986年の移民法(IRCA)により認められた合法移民とは、同法によっ

て不法移民から合法移民となった人々を指す。この表から、不法移民がかなりいることがわかる。

表7は、合法・不法移民の子供に対する教育費用の比較である。合法移民と1986年の移民法によって合法移民となった子供を足した教育費用は、不法移民とアメリカで生まれたアメリカ市民である不法移民の子供の教育費用の、2分の1以下であることに気付かされる。

（2） 州議会におけるマウントジョイ議員の試み

こうした事態に対して立ち上がったのは、カリフォルニア州議会のマウントジョイ共和党下院議員であった[15]。彼は、1993年に不法外国人に費やされる州税の流れを食い止めるため、州議会に幾度にもわたって提案を行なった。こうした提案をした背景には、アメリカに不法に入国する人々に関して大変深刻な事態に直面しており、このことに注意を向けることが大切であると考えており、アメリカに合法的に移民する人々を対象としたものではないとしている。彼の考え方は、後の住民提案187号の基礎となり、同提案に賛成する人々の立場を代表するものであるため、ここで紹介しておく[16]。

まず1993年1月14日、マウントジョイ議員はカリフォルニア州議会に対し、他の共和党下院議員15人との連名で、不法移民を教育するために州の教育基金を充当することを禁止した下院法案第149号を提出した[17]。同案では、州法にはあらゆる公立学校に在籍する生徒数に応じ、州の制度として公立学校制度を補助する規定があるが、ここでは不法移民の教育のために州の教育基金の歳出を充てることを禁止するため、教育令第42230項を補足するという内容であった。しかし、採決の結果は、財務委員会のみが賛成で、他の委

員会は反対であり、民主党多数の本会議の場において同法案は否決された。

これ以後1994年1月3日までに、不法移民とその子供たちに対する各種行政サービスを中止もしくは制限しようとする法案を延べ20回提出するがいずれも否決された。そのためマウントジョイ議員は、独自に以下の6点についての疑問を投げかける形で見解をまとめ、それまでの州議会下院における各議員の表決動向と共に、州民に訴えた[18]。

第1に、不法外国人がカリフォルニア州の学校に通うべきか、という点である。カリフォルニアが財政危機に直面している以上、不法外国人とその子供の教育に対して税金（ある調査では、36億ドルに上る）を使用することは、州民に対するサービス供給を減少させることになる。現況では、州の行なっている無償教育は、不法外国人を引き寄せるマグネットのひとつとなってしまっている。しかし、州議会下院に選出された議員は、党派による投票の結果、不法外国人の教育に税金を投入することを抑制する機会が数多くあったにもかかわらず、その度に拒否してきたと批判している。

具体例として掲げられた数字を見てみると、ロサンジェルスの郡政執行局による調査では、同郡で不法外国人の教育のための費用は、3億6,790万ドル、これに不法外国人の子供の教育にかかる費用を加えるならば、10億ドル以上になる。また新聞報道の数字では、カリフォルニアの生徒の7パーセントに相当する約30万人、ロサンジェルス郡の生徒の20パーセントが不法外国人である。サンディエゴ郡の不法移民の影響に関する会計検査官の調査では、同郡のおよそ1万1,000人から1万3,000人の不法外国人が教育を受けるのに6,060万ドルの支出があることを示している。ライス大学（Rice

University)の経済学者ハドル（Donald Huddle）教授は、アメリカにいる不法外国人の数を480万人と見積もっており、初等および中等教育に費やされる費用は39億ドルに上るとしている。さらにアメリカの国勢調査局は、不法外国人の半分はカリフォルニアに住んでいると推定し、最近の『ニューズウィーク（The Newsweek）』の記事によると、1992年にはカリフォルニアに10万人の不法外国人が定住しており、ロサンジェルス郡にいる64万1,000人の生徒の半分以下しか英語を流暢に話せないということである。

1982年に連邦最高裁判所は、テキサス州におけるプライヤー対ドウ判決（Plyer v. Doe）で、不法外国人には無償で初等および中等教育を受ける権利があるとした[19]。これに対してマウントジョイ議員は、この判決は5対4という僅差によるものであり、ネルソン（Alan Nelson）INS前長官によれば、不法移民を国外追放にすることを阻止するものではないとしている。そして、今こそ最高裁において、プライヤー対ドウ判決を見直す時期が来たのではないか、と訴えた。

第2に、不法外国人は労働者災害補償の恩恵に預かるべきか、という疑問である。雇用状況が悪化し続ける中で、労働者災害補償費用の引き下げにより、雇用者がカリフォルニアから離れる傾向にある。これは本来、仕事でけがをした人々を救済するために設けられたものであるのだが、実際には偽の疾病支払い請求がなされており、こうした「けが」を評価するための医者と弁護士は、本人が本当にけがをしていてもいなくても報酬を受けるので、いい加減な判定を下すケースが後を絶たないとしている。そしてこれらの評価にかかる費用が、合計何千ドルにも上り、保険料を高騰させていると結論付けている。

第3に、無償の医療手当ては不法外国人にとって魅力的か、ということが挙げられている。連邦法の定めにより不法外国人は緊急時の医療および胎児検診を無償で受けているが、これを止めることがカリフォルニアへの侵入を思いとどまらせることになる。ロサンジェルス郡の保健局がまとめた統計では、1990－1991年に郡の病院で出生した65.52パーセントは不法外国人の母親であった。不法外国人の子供であっても、アメリカで生まれる限り自動的に市民権が付与されるので、公的援助を含めて合法的な市民の子供と同じプログラムを受ける資格が発生する。このように、不法外国人が受ける医療手当てとその子供たちが市民として受ける費用を合計すると、その総額は相当なものになる。1992年8月、会計検査官はサンディエゴ郡における影響は、郡の総費用の内2,660万ドルであると見積もった。また1992年の最初の6ヵ月間に、サンディエゴ郡で緊急医療を受けた人の36パーセントが不法外国人であった。

　カリフォルニア保健サービス局 (California Department of Health Services) がまとめた統計では、州および連邦政府の支払いにより行なわれた医療サービスを使った不法外国人の数は、1988年から1993年までの5年間に1,257パーセント増加し、納税者によって支払われた費用は、1万8,035パーセントも増加したとされる。そして、200万人の不法外国人が自分たちの家としてカリフォルニアを選び、さらに毎日4,500人が国境を越えて来ているのは、寛大な納税者がこうした勘定を払っているためであるとしている。

　第4に、カリフォルニアの人々は不法外国人が大学教育を受けるための財源を支払うべきか、という点である。不法外国人はカリフォルニアの納税者に毎年約50億ドルもの費用を負担させている。不法外国人を引き寄せるもののひとつとして、カリフォルニアの公

立単科大学および総合大学によって施されている立派な教育がある。問題点の第1番目として、カリフォルニア・コミュニティ・カレッジやカリフォルニア州立大学、カリフォルニア大学が、不法外国人を認めていること、第2番目として、雇用者が不法外国人を雇うことは連邦法に違反するのに、カリフォルニアの納税者は彼らに大学教育の資金を提供しなければならないこと、を挙げている。

ここ数年、公立単科大学および総合大学に通う合法的なカリフォルニア州民が支払う費用がかなり上昇している。学生数の過剰は、教育の質に影響を及ぼし、二流の公立大学への入学を余儀なくされた合法的なカリフォルニア州民もいれば、教室への収容人数の関係で入学を1年以上見送らなければならないことさえある。カリフォルニア大学とカリフォルニア・コミュニティカレッジにおいて、不法外国人は州外授業料（out-of-state tuition）さえ支払えば入学でき、カリフォルニア州立大学では、不法外国人は、1年間在住した後には、居住者用授業料（resident tuition）を支払うだけでよいのである。

大学の授業料には、州税から学生が実際に支払う費用との差額が補助されており、州外授業料で大学教育を受けた場合よりも、居住者用授業料しか納めなかった場合の方が、より多くの州税による補塡が必要となる。こうした問題の根底には、大学当局が市民権を注意深く検査していないことがあり、志願する学生に市民かどうかを尋ねた際に「はい」と答えると、それ以上の質問をされたり、書類を要求されたりすることはない。1992年のある調査では、カリフォルニア州立大学には約800人が、カリフォルニア・コミュニティカレッジには1万4,000人の不法外国人学生がいるとの報告がある。

第5の不法外国人は我々の選挙に投票すべきか、ということについてであるが、これは、1993年5月20日に大統領によって署名され

たモーター・ボーター法（the Motor Voter law：運転免許取得・更新と同時に有権者登録を行なう法律。1995年に施行）（正式名称は、the National Voter Registration Act）が、不法外国人による不正投票を可能にしてしまうものであるとする立場である。同法では、市民権もしくは居住者の地位を十分に証明することなく、本人が断らない限り、運転免許証を発行する全ての人に有権者登録を行なうものであり、ここで不法外国人が敢えて、「私を登録しないで下さい。私は不法外国人です」と言わない限り、登録が行なわれてしまうとマウントジョイ議員は考える。そして、これではカリフォルニアが何百万人もの市民でない人々の住処になってしまうので、同法を阻止するために1993年5月27日に下院法案第846（AB 846）号に対する修正案を出したが、州議会において否決されてしまった。

最後に第6点目として、不法外国人は州の提供する奨学金を受けるべきか、とする点である。ここではカリフォルニア・コミュニティ・カレッジやカリフォルニア州立大学、カリフォルニア大学が、不法外国人のために、卒業後返済する必要のない州のプログラムであるカリフォルニア奨学金（Cal Grants）基金を歳出すべきではないとの文言を補足する下院法案第2227（AB 2227）号に対する修正案を出したが、これまた州議会において否決された。

こうして、マウントジョイが延べ20回にわたって提出した不法移民への公共サービスを停止もしくは制限しようとする法案は、すべて否決されてしまった。そのため、1994年1月3日までに、独自のパンフレットを作り、州民に訴える作戦に出た。そしてこの頃、マウントジョイは、移民の増加に危機感を覚えていたカリフォルニア州オレンジ郡の住人とともに、1994年11月の中間選挙における住民提案に持ち込むことにしたのである。

第2章　不法移民問題

(3)　SOS委員会の立ち上げ

「現代の南カリフォルニアで最も強力な社会運動は、家の価値を守り地域住民を排他的にすることである」[20]。州の財政再建のために、住民提案187号を1994年の住民投票に確実に持ち込む運動を展開する上で中心となったSOS委員会は、このような価値観を共有するオレンジ郡の市民団体が中心となった。この組織の委員長となったプリンスは、かつて不法滞在のカナダ人契約者に不動産投資をし、50万ドルを失ったことがあり、同様に不動産投資をして失敗した白人のカリフォルニア住民の多くは、上院議員に不平の手紙を書いていた。

こうした経験などから、不法者の侵入に対してして具体的な対策を講じる必要性を感じ、オレンジ郡出身の「身なりのきちんとした、口調の柔らかな」そして「隠れた」会計士であると評されるプリンスが、旧友で共和党の政治コンサルタントをしているライリー（Robert Riley）と共に立ち上がったのである。ライリーは、その地区の最も経験と影響力のある移民叩き屋として知られたINSの前南西地区長官エゼル（Harold Ezell）と、レーガン（Ronald Reagan）政権期（第40代、1981－1989年）にINS長官を務めたネルソン（Alan Nelson）と共にSOS委員会を作った。1980年代の後半に公務を辞職した後、2人は私的な政治活動を開始し、全国的なネイティヴィスト、環境保護主義者、特にアメリカにやって来る移民に英語だけでの立法を求める保守的なシンクタンクの傘下で、「移民改革運動（immigration reform movement）」と称した行動の先頭に立った。エゼルとネルソンの指導の下、プリンスは反移民団体SOSを作り、州の見積もりでは150万の不法移民に対する、公的教育と医療サービスを含む全て

の社会サービスを削減するための市民提案を起草した。

この後、移民の増加に危機感を覚えたオレンジ郡の住民が立ち上がり、1994年11月の中間選挙で住民投票にかけることをめざして署名活動をはじめる。プリンスを中心とした SOS 提案のボランティアが11月の投票に必要な約40万の請願署名を得るのにわずか100日しかかからなかった。4ヵ月以内に、プリンスの個人的で強力な改革運動はカリフォルニア州全体の選挙運動になった。そして、カリフォルニア中の反移民感情をとらえながら、1年におよぶ中傷合戦が続くことになる。

SOS 委員会の方針は、アメリカで最も悪名高い右翼の基金と1994年の選挙戦に何十万ドルもの資金を注ぎ込む人物による財政的支援がなければ、このように急速には広まらなかったとする見方がある。資金提供者には、保守的なパイオニア財団 (the Pioneer Fund) から80万ドル以上を受け取ったゼロ・ポピュレーション・グロス (Zero Population Growth) という環境団体や、SOS 委員会への上位6番目の資金提供者の1人であり、1992年の州レベルの選挙戦に300万ドルを注ぎ込み、公職に保守派15人を就けた人物で、PAC 系列の仕事を行なうサンタアナ選出の億万長者の州議会上院議員や、パームスプリングス郊外選出の州議会上院議員であり、2万ドル以上を寄付し、また白人至上主義のクリスチャン・アイデンティテイ (Christian Identity) 運動の支持者としても知られているロジャース (Don Rogers) らが名を連ねている。

さらにマウントジョイは、ロサンジェルス東部選出の保守的な州議会下院議員で、過去には住民提案13号 (多くの経済学者たちがカリフォルニアの景気後退の実質的な原因であるとみなすことになる、1978年の反財産税を掲げるイニシアティヴ) の最も強力な提案者であった。

第2章 不法移民問題

彼は、実際には不可能とされているプエルトリコ（アメリカの自治領）からやって来るアメリカ国籍の「不法移民」を削減するとした法案を含む、いくつかの不成功に終わった反移民法案の起草者である。またプリンスの「個人的で強力な改革運動（crusade）」を支持する者の協力なしには、カリフォルニアの財政上そして社会上の問題を、非白人のせいにする何百万人もの強力な改革運動とはならなかったと考えられている。

　ところで、この提案を起草するに当たって中核になったオレンジ郡とは、どのようなところであろうか。1980年の国勢調査では、同郡は190万人の人口の内87パーセントが白人であったが、1990年までには人口240万人のうちの4分の1に相当する約60万人が移民（この内半分以上が10年またはそれ以下の年数しかアメリカで過ごしていない）によって成り立つまでになっていた。それまで圧倒的に白人、中産階級、保守的なコミュニティであった地域において、他の南カリフォルニア同様、人口学的な変化を生じていたのである。

　その結果、1991年には後に提案者の1人となるコーが、いつものようにオレンジ郡の社会サービスセンターを訪れた時、そこには世界中から集まってきた多くの人々、赤ん坊、小さな子供たちなどが一杯で、だれも英語を話していないといった状況になっていた。特に高齢の友人が公的サービスを受けようとした際に断られた時には、不満が募った。なぜなら、そこでは大勢の不法外国人が列を作っていたからである。この時の怒りが、何か行動に移さなければならないと思ったきっかけであったとされる。

　長年の住人である納税者が、十分なサービスを受けられないといった状況に対して共感した何百万ものカリフォルニアの人々は、11月の住民投票によって生活を変えることができると期待して投票

を行ない、法制化することを目指したのであった。コーは、カリフォルニア移民改革連合（California Coalition for Immigration Reform）という市民グループを作り、移民を減らすよう主張した。同グループは、レーガン政権期の移民担当官と数名の政治専門家の助言を得て、この問題を扇動するためにある考えを思いついた。それは、不法移民が基本的な公共サービスを受けることを拒否する住民提案を投票に持ち込むことであった[21]。

こうして、移民の増加に危機感を覚えたオレンジ郡の住民らが立ち上がり、1994年11月の中間選挙で住民投票にかけることをめざして署名活動をはじめたのは、1994年2月21日のことであった。カリフォルニア州法では、イニシアティヴの手続きを経てプロポジションとして番号が与えられ、実際に選挙にかけられるためには、郡もしくは市に請願する意図を告知し、投票内容の題目と要約を提出してから180日以内に、実質的には少なくとも有権者の10パーセントに相当する署名を集めなければならない。

同年5月9日付の『サンフランシスコ・クロニクル』によると、連邦政府による移民政策への根強い不満から、従来、移民に寛容であったとされていた湾岸地帯の住民のうちの3分の2までもが、提案されている法案に賛成しているとの調査が報告された。そのような中で、SOSキャンペーンのスポークスマンをしているオールトマン（Rick Oltman）は、11月の投票に持ち込むのに必要とされる38万5,000人分の有効な署名をまもなく獲得すると自信を見せた。

SOS委員会は5月16日、郡の選挙管理委員会に約60万人分の署名を提出した。郡の選挙管理委員会はこれらの署名を数えた後、選挙管理委員会文書局長（Secretary of State's Office）に知らせ、さらに30日間、署名の確認作業が続けられるため、1994年11月の選挙にかけ

るためには同年6月30日までに確認を終えなければならない。実際には、プリンスを中心としたSOS委員会の有志が11月の投票に必要な請願署名を得るのに、100日間もかからなかった。その後、次第に提案内容が州民に明らかになるにつれて、SOS提案とも呼ばれるようになり、カリフォルニア州全体を興奮させる選挙運動に発展した。

1982–1989年までINSのコミッションをしていたネルソンは、「1982年のプライヤー対ドウ判決以後、状況が変化したにもかかわらず、新たな判決が何も出されていない」と語っていた。住民提案187号は、批評家からは強い批判が出ていたが、全ての人種、民族、政治分野において支持が上回っていて、カリフォルニア州の有権者の60パーセントが支持していることが投票日直前の調査でわかった。投票結果は1995年の連邦議会で移民問題をどのように取り扱うかを決定し、1996年の大統領選挙で取り上げる問題設定を何にするかに大きく影響することが予想された。

プロポジションとなったことによって火がついた人々は、ロサンジェルスから20マイル郊外にあるブエナパークにおける夕べの集いに集まった。大統領候補者にも名を挙げたペロー（Ross Perot）の支持者、約3,000人である。彼らは「アメリカを立ち上がらせよ」というスローガンの下に結束した。このキャンペーンのリーダーであるペローの前に演説した、INSの元職員であるキング（William King）は、「不法移民は強盗と同じである。強盗があなたの家に入り財産を奪うのと同様、不法移民は当地にやって来て仕事を奪い、資産や財産を奪うのである」と語り、この提案の勝利を予言すると、群衆からはスタンディング・オベーションが起きた。こうした不法移民に対する恐れが、経済の悪化や文化の混乱に対する恐怖と重なり、

1992年におけるペローの大統領選を活気づけたとの見方もある。

(4) 住民提案187号と不法移民への公共サービスの停止

さて、実際の住民提案187号とはどのようなものなのであろうか。その内容について、カリフォルニアでは州政府（具体的には州務長官）が有権者に、投票用パンフレットというわら半紙で綴られた小冊子を配布している（巻末の資料3を参照）。これは、有権者登録を行なった住民の自宅に郵送されるものである。この中の提案に賛成する立場の主張や、賛成する立場の主張への反論、反対する立場の主張や、反対する立場の主張への反論などは、いずれもそれぞれの立場に立つ人々の主張がそのまま掲載されているもので、州政府公認の客観的な見方であるとは言えない。ただし、この住民提案が審議されるに至った背景や、住民提案が可決された場合に州財政に与える影響など、有権者が賛否を判断する上での情報がかなり盛り込まれている。有権者は、このパンフレットを目にしたり、新聞・テレビ・ラジオといったマスメディアによる報道を見聞きしたり、提案賛成者や反対者による街頭演説に耳を傾けるなどして投票行動を決定する場合が多い。

住民提案187号は、不法移民が公的社会サービスと緊急時以外の医療サービス、公教育を禁止するものである。その上、州と地方の機関が、不法移民の疑いのあるものについて州司法長官と INS に報告することを要請している。州司法長官は記録を保持し、連邦機関である INS に報告することが求められている。現行の州法で違法とされる、偽造した市民権や居住に関する書類を製造、配布もしくは売買した場合は、具体的な罰金もしくは服役期間を定めて重罪になると規定されている。

第2章　不法移民問題

　提案の財政的影響力は、以下の3点が考えられると州議会アナリストは見積もった[22]。第1に、州と地方政府は、市民権もしくは合法的な移民であることを文書で証明することのできない人物に対して、ある種の利益やサービスを拒否することによって節約を実現できる。その額は、INSの見積もりによれば年間2億ドルに上る。しかしながら、第2に、州と地方政府、学校は、生徒や両親、医療サービスや社会サービスを受けようとする人、逮捕される人の市民権や移民の地位を確認するためには、かなりの費用を負担することになる。これは年間に、何千万ドルにも上り、初年度はかなり高く、場合によっては1億ドルを超える。最後に、連邦政府の出す条件との衝突により、教育資金、医療・社会福祉プログラムのために支払われている年間およそ150億ドルにも上る連邦資金が得られなくなる可能性がある。

　この住民提案187号に対するカリフォルニア州民の関心度は、1994年7月において他の住民提案184号（三振即アウト）、住民提案186号（州による公共医療の充実）、住民提案188号（公共の場所での禁煙の廃止）と比べて最も低かったが、その後、特に提案内容を記したパンフレットが配布された9月以降、反対の立場を唱える組織の動きが活発になるにつれて、多くの議論を呼んだ。

　ではここで、住民提案 187号の主たる論点を掲げてみよう[23]。

《住民提案187号への賛成論》
・我々は不法移民を阻止できる。もしカリフォルニア州民と納税者が、連邦政府のあるワシントンや州議会のあるサクラメントの政治家が不法移民の流れを止めるのを待っていたとしたら、カリフォルニアは政治的社会的に破綻を来すであろう。我々は今行動を起こさなけ

ればならない。
- 不法移民は、年間に50億ドルを超える金額を納税者に負担させている。我々市民と合法的住民自身が困窮する中で、不法にやって来る人々は、カリフォルニアの納税者が費用を負担することで最高の待遇を受けている。これを阻止する時期が来たのだ。社会福祉や医療、教育のサービスは、国境を越えてやって来る不法移民を引きつける「マグネット」となっている。こうしたサービスを打ち切るべきである。
- 一体なぜ当地に不法にいる人々が、納税者の費用で大学も含む公教育を受けるのか。高齢者の市民が、不法外国人の費用を補助するメディカル（Medi-Cal）のせいで十分なサービスを拒否されなければならないのか。当地に不法にいる人々が、罰則無しに偽造された文書を買ったり売ったりすることができるのか。一体なぜ税金で雇われている官僚が、我が国に不法にいる人々に対して避難所を与えることができるのか。
- 連邦政府と州政府は国境警備を行なう義務において怠慢であり続けた。世界中から我が国へ不法に入って来る人々に対してサービスをやめることは、我々政府の役割である。我が政府は実際のところ彼らを誘惑しているのだ。

賛成の立場をとるのは、主として共和党員であり、彼らは住民提案187号が不法外国人の侵入を終わらせ、最終的には州を救うと主張している。SOS委員会や、マウントジョイ・カリフォルニア州議会下院議員、ウィルソン（Pete Wilson）州知事（第36代、1991－1999年）のほか、中間選挙により下院でも多数を占めるようになった共和党主導の連邦議会では、下院議長のギングリッチ（Newt Gingrich）（1994－1998年）が移民制限を強く求めていた。民主党ウエストヴァージニア州選出のバード（Robert Byrd）議員が、不法移民に費やされた州の資金を連邦政府が弁償することに反対する票を投じた

ことに対して、賛成派は「州は自分たちのことは自分たちでしなければならない」と述べた。

　論点を整理すると、以下のようになる。賛成派は、住民提案187号はカリフォルニアのやり方であるとし、特に連邦政府と州政府は国境警備を行なう義務において怠慢であり続けたことを強く批判し、世界中からアメリカへ不法に入って来る人々に対してサービスを止めることは、我々政府の役割であると主張する。また、この提案に反対しているのは、公共の組合（public unions）や医療クリニックといった、不法移民にサービスを提供することによって利益を得ている特別な関係者たちであるとしている。何よりも、政府が国境警備に対して無責任であったので、カリフォルニア州では、政治家たちによる職務の怠慢にもはや我慢ができないとする強力なメッセージを、州が発信することを考えついたとされる。

《住民提案187号への反対論》
・不法移民の流れを食い止めるために何かをしなくてはならないが、残念なことに、住民提案187号は国境を強化するという点では何も役立たない。不法移民を雇い入れる雇用者に対する取締りを厳しくすることもない。真の解決策ではない。
・提案は単に現存する問題を一層大きくし、多くの新たな、費用がかかる問題の原因となるだけである。提案は結局納税者に100億ドルもの費用を負担させる。なぜなら住民提案187号は、貧弱な草稿だからである。いくつかの主要な連邦法に抵触し、その結果カリフォルニアは連邦基金を何十億ドル失うことになる。
・提案は、我々の学校を移民局にするであろう。公立学校の職員には、1,000万人以上に上る全ての子供とその親の市民権を確かめることが求められる。この悪夢のような事務処理を引き受けることにかかる

コストと時間は計り知れない。
- 住民提案187号は学校から40万人の子供たちを追放し、路上に追いやるのであるが、国外追放にすることはない。したがって40万人の子供たちをただ路上にたむろさせるだけである。学校を卒業していない彼らに何が起こるかは想像に難くない。
- 提案では公務員に、合法的な住民ではないと疑いを持った人に対する極めて重要なサービスを拒否するよう強要している。しかし住民提案187号は、その嫌疑の根拠を定義していない。話し方やラストネームの響き、肌の色から判断するのか。
- 住民提案187号はカリフォルニアの人々全ての健康を脅かす。医者や看護婦が、不法移民であるとの疑いのある人に対する予防接種や基本的な医療を禁じている。毎日、何十万人もの不法労働者が畑やレストランで我々の食料を扱っている。基本的な医療の拒否により、我々のコミュニティ中に伝染性の病気が広がり、我々を危険な状態に置くことになる。
- 不法移民の多くは、豊富な雇用機会を求めてアメリカにやって来るのであり、公的サービスを制限することでは不法移民はアメリカを去らない。
- 不法移民は、公的サービスを受ける以上に経済や税金に貢献しており、提案により下層階級を固定化し、ラティーノに対する差別を助長することになる。
- 住民提案187号と極めて類似したテキサス州における州法について、1982年に連邦最高裁判所は、「アメリカに居住している全ての子供には、法的地位にかかわらず教育を受ける資格がある」として、違憲判決を出している。

　住民提案187号に反対の立場をとるのは、主としてアメリカ市民自由連合（American Civil Liberties Union）、サンフランシスコ法曹協会（Bar Association of San Francisco）、カリフォルニア医療連盟

(California Medical Association)、カリフォルニア教員連盟 (California Teachers Association)、全国教育連盟（National Education Association)、カリフォルニア・ラティーノ市民権擁護ネットワーク（California Latino Civil Rights Network)、アメリカヒスパニック商工会議所 (U. S. Hispanic Chamber of Commerce)、婦人投票者連盟（League of Women Voters)、住民提案187号に反対する納税者の会 (Taxpayer Against 187) など少なくとも40団体であり、これに民主党が加わった。

　反対意見を集約すると、住民提案187号は、カリフォルニアの歴史で最も貧弱な草稿の提案のうちのひとつであり、「提案は、多くの点で州と連邦法、州と合衆国の憲法上の保護規定、州と連邦裁判所の規定と抵触する」(カリフォルニア上院調査局)上、納税者に新たに100億ドル以上もの費用を負担させる。不法移民問題に対する扱いは、彼らに対する公共サービスの提供をするかしないかということではなく、むしろ国境をどのように強化すべきかが大切なことであると主張する。ただし反対者も、不法移民の存在が重大な問題であることについては一致しているのであるが、住民提案187号が解決策ではないと考えている。必要なのは、国境の強化と不法移民を雇う雇用者への取り締まりを厳重にすることであるはずが、提案にはそのことが盛り込まれていないとしている。

　財政的には、不法移民に対するサービスの減少により2億ドルが節税できるが、新たに身分証明書などの資格の確認を実施する措置を講じることにより最低1億ドルが必要となるほか、カリフォルニアに与えられている連邦資金のうち、教育分野に34億ドル、医療に90億ドル、社会サービス30億ドルもの補助金が得られなくなく危険性をはらんでおり、その差額を考えると1ドルを節約するのに、154億ドルを危機にさらすことに等しくなると見積もる。また、不

法移民に対して伝染病を予防するために必要な予防接種などの基本的なサービスを拒否することは、公衆衛生上の危機にもつながると指摘する声も上がった。そして反対者は、この提案では犯罪や落書きを減らすことができず、単に精神的な警察国家を作ることになるだけであると主張した。

連邦からの援助について、アメリカ教育省ライリー（Richard W. Riley）長官は、「住民提案187号に従うためには、学校区は家族の教育権とプライバシー法（the Family Educational Rights and Privacy Act：以下、FERPA）に違反して、教育記録から情報を明らかにすることが求められる。その結果、学校は連邦教育基金を受け取ることができなくなるであろう」と発言したほか、「SOS提案の要件は、州と連邦政府が共同で行なう低所得者や身障者のための医療扶助制度であるメディケイド法に違反する。したがって、州の全てのメディケイド・プログラムは、通常のメディケイド基金全てを失うという危機にさらされることになる」、「70億ドル以上もの連邦基金の損失を埋め合わせるために、州がメディケイドに費やす費用は、倍以上になるに違いない」と見なしていた。カリフォルニア上院調査局は、カリフォルニア州の公立学校と大学への損失は30億ドルを超えると見積もった。

(5) 住民提案187号と選挙への影響

1994年にカリフォルニア州での選挙戦がはじまる前、有権者は少なくとも知事選挙では、統治能力があり、経験があり、公職での実績がある候補者を選ぶと予測されていた。しかし現実には、全国的な反現職熱の潮流に流されたカリフォルニアの有権者によって、その動向は微妙なものとなった。その際、住民提案187号は、州知事選

挙戦および連邦議会上院議員選挙戦の展開において重要な争点となった。

共和党現職のカリフォルニア州知事ウィルソン[24]は、連続して28年間様々な公職に携わっており、当初安泰であると見られていたが、対抗馬である民主党のブラウン（Kathleen Brown）との差が縮まってくると、知事選挙の争点として、序盤戦には何ら言及していなかった住民提案187号を持ち出し、これを強く支持することによって選挙戦を乗り切ろうとする作戦に出た。

ウィルソン州知事の主張は以下の通りである。カリフォルニアの人々は寛大であるがもはや受け入れには限界があり、不法移民は我々に負担をかけている。その費用は30億ドル以上になり、さらに増え続ける傾向にある。ここ数年間にわたり、不法移民の危機について議論してきたが、連邦政府はこの危機に対処するために必要な手段を講じることを拒否してきた。ブラウン候補は、昨年行なった演説の中で、不法移民は誤ってカリフォルニア州の諸問題の原因として見られていると演説した。我々が非難すべきは、ワシントンにいて不法移民対策に責任を持っている役人たちである。毎日何千人もの人々が不法にやって来ている。カリフォルニア州には現在200万人近い不法移民がいる。ロサンジェルス郡の公立病院では、赤ん坊の3分の2が不法移民の母親から生まれている。私は不法移民に対する州のサービスを制限するための行動を取っているが、重要なことは、不法移民から国境を確保することと景気を回復することである。ブラウン候補は、不法移民に対する納税者負担のサービスを減らすことに反対している。不法移民に対する論点をぼやかしている。彼女は私を移民叩きと呼ぶが、それは正しくない。私は不法移民に対する納税者負担のサービスを制限する必要を認識しているが、

ブラウン候補はこの常識的な改革に反対を続けているのである。

一方のブラウン候補は、カリフォルニア州財務長官 (Treasurer of California) を務めたことがあり、父親 (Edmund G. Brown, Jr.) (民主党) はかつてカリフォルニア州知事 (第35代、1975－1983年) であった人物であるが、彼女の住民提案187号に対する見解は、以下のようである。すなわち、不法移民に対しては、良識と公正さ、責任のある解決策を考えなければならない。ウィルソン知事は、解決策を用意する代わりに、軽率な、州全体に及ぶ、反不法移民提案を支持している。不法移民への対策としては、第1に国境警備を強化する、第2に雇用者に対する厳重な制裁を行なう、第3に不法入国をした犯罪者の国外追放を行なう、第4にワシントンからの公正な分担金を要求する、第5に住民提案187号を拒否することなどが重要であると考える。

法案を成立させるために連邦政府の援助を求めているウィルソン知事によれば、毎年不法移民を教育したり、投獄したり、緊急医療を施すのにカリフォルニアは23億ドルもの費用を払っているとの数字をはじき出した。ただし、この数字には疑問があると移民擁護団体やサンフランシスコの移民と難民の権利とサービスのための連合 (the Coalition for Immigrant and Refugee Rights and Services) では見ている。

一方、カリフォルニア州連邦上院議員選挙は、改選1議席を争う選挙であった。民主党現職のファインスタイン (Dianne Feinstein) 連邦上院議員は、住民提案があまりにも多くの制限を設けていて非現実的なものであり、むしろ、より多くの不法移民をひきつけるマグネットとなりうる提案を支持することはできないとして反対の意を表明した。対立候補である共和党のハフィントン (Michael Huffington) はテキサス州の出身で、カリフォルニアに居住してから

第2章 不法移民問題

まだ3年にも満たない47歳の新人で、争点としては犯罪の規制と節税、そして住民提案187号への賛否となった。

(6) 選挙結果とその後の動向

1994年11月8日に行なわれた住民提案187号に対する投票結果は、賛成59パーセント対反対41パーセントで可決され、また同提案を強く支持したカリフォルニア州知事選挙における共和党現職のウィル

表8 カリフォルニア州知事および連邦議会上院議員選挙の結果

1 カリフォルニア州知事選挙

投票者全体に占める割合（％）	ウィルソン（共和党）55% （435万7,713票）	ブラウン（民主党）40% （319万1,428票）
白人　　　　75	64	32
黒人　　　　10	21	75
ヒスパニック　10	28	69
アジア系　　4	56	43

2 連邦議会上院議員選挙

投票者全体に占める割合（％）	ファインスタイン（民主党）　47%	ハフィントン（共和党）45%
白人　　　　75	41	51
黒人　　　　10	77	14
ヒスパニック　10	58	30
アジア系　　4	46	47

3 住民提案187号への賛成

白人	63%
アジア系	47%
黒人	47%
ヒスパニック	23%

出典：*The New York Times*, November 10, 1994.

ソンは、民主党ブラウン候補を抑え、連邦議会上院議員選挙においても共和党ハフィントン候補が、民主党現職のファインスタインに対して45パーセント対47パーセントと、2パーセント差にまで迫った(**表8**参照)。

ファインスタインの勝因は、特に女性からの支持を受けたほか、リベラル派と民主党票を死守し、さらに穏健派と無党派層そして共和党票の一部にさえ食い込んだ。エスニック・グループ別では黒人とヒスパニック票を獲得した点で、住民提案187号に対する姿勢が勝敗を分けたと考えられる。逆にハフィントン候補は、大掛かりな広告費用の大半をネガティヴ・キャンペーンに費やしたことから、思うほどには票が伸びなかったとされる。選挙戦の終盤になって、両者とも過去に不法移民をメードとして雇っていたことが発覚するなど、不法移民問題は大きく影を投げかけた[25]。

カリフォルニア州全体の投票率は58.2パーセントと、前回の選挙と比べて2パーセント低い結果となった。住民提案187号の対象となるヒスパニックの人々が多く住むロサンジェルス郡でも、52パーセントと票が伸びなかった。また、リベラルの砦とされるサンフランシスコでは、住民提案187号に対する反対票が71パーセントにまで達したが、それでも投票率は51.8パーセントに過ぎなかった。もう一方のリベラル地帯であるアラメダでも、投票率は52.7パーセントであった。

その一方で、多くの起草者が住むオレンジ郡では61.5パーセントの投票率となった。メキシコと国境を接するサンディエゴ郡では、投票率そのものは52.7パーセントと低かったが、投票者は圧倒的に白人と共和党員で占められていることが明らかになった。こうした現象は保守的な山脈地帯についても当てはまり、投票率はおおむね

60パーセント代後半から70パーセント前半にまで達した。

カリフォルニア州全体では、住民提案187号に対して49の郡で賛成多数、リベラルな9つの郡（サンフランシスコのベイ・エリア一帯）で反対多数となった。ヒスパニックの人々の投票行動が注目されたが、実際にはそれまでと比べて特に活気づくことはなかった。出口調査によると、彼らの票は住民提案187号に対して3対1の割合で反対票に多く振り向けられた[26]。

全米における1994年の選挙の争点は、犯罪、税金、移民といった内政に絞られたとされる。その共通点は、反ワシントン、反福祉国家、反連邦制、そして反現職だった[27]。カリフォルニア州で審議された住民提案187号は、まさしくこれらのキーワードをすべて網羅しているといってよい。クリントン大統領が選挙戦の最後の週末をカリフォルニアに費やし、演説の焦点を住民提案187号に絞って強く反対表明を行なうなど、1994年の選挙において住民提案187号が巻き起こした旋風は、州レベルだけでなく連邦レベルにおいても大きなものとなった。それは概して、共和党の政治家にとって明らかに追い風となったことがわかる。

しかし、1994年11月9日、連邦地方裁判所バーン（Matthew Byrne）判事により提案の施行がひとまず1週間停止されることになった。さらに、ただちに多くの全国的なあるいは地方のグループ、例えばメキシコ系アメリカ人法的擁護および教育基金（Mexican American Legal Defense and Education Fund：以下、MALDEF）、統一ラテンアメリカ市民連盟（League of United Latin American Citizens：LULAC）、アメリカ市民的自由連合（American Civil Liberties Union：以下、ACLU）が、提案の合憲性をめぐる訴訟を起こすため、州と連邦裁判所に向かった。住民提案187号は、移民の資格にかかわらず全ての生徒が公教

育を受ける資格があるとした、1982年のプライヤー対ドウ判決と、カリフォルニア州憲法の教育に対する基本的な権利の保障の両方に違反していると考えられたからである。

その結果、1995年3月、サンフランシスコ上訴裁判所判事は、係争中の住民提案187号における不法移民の子供たちに対する学校教育を否定した規定についての施行を阻止した。その後同年11月20日、連邦地方裁判所フィルツァー（Mariana Phaelzer）判事は、住民提案187号の主な規定、すなわち不法移民に対する公共の費用での教育、医療、社会福祉サービスを否定する部分を覆し、移民政策は連邦政府の問題であると断言し、提案の施行を差し止めた。この規定により、不法移民の子供が公立の小学校や高校などから排除されることはないとの判断が下されたが、州が不法移民に対するある種の医療、社会サービスを拒否することができる可能性を残したものとなった。そして1997年11月15日、最終的に連邦裁判所判事によって違憲判決が下され、住民提案が可決してから3年の年月を経て、無効が確定した。

その間に、ミネソタ、ミズーリ、ニュージャージー、ヴァージニアの4州の議員たちは、カリフォルニア州の住民提案187号に類似した法律を提出するなど、同提案の影響は他州にも波及した。またアリゾナとワシントン、フロリダの市民団体は、1996年の州における住民提案で有権者に審議されるための手段を取った（フロリダの団体は、カリフォルニアと同様、「我が州を救え（Save Our State）」と自称した）。その上、連邦議会においても共和党によって反移民キャンペーンが取り上げられるようになり、連邦レベルでの住民提案187号を設けることが提案された。具体的には、全国的なIDカードを作り、家族の団結を解体し、合法移民に対する社会的サービスを否

定し、不法移民を両親に持って生まれてきた子供はもはやアメリカ市民ではないとして、市民の定義を変えることを狙った法案もあった。このように、カリフォルニア州のSOS提案は、アメリカで生まれた人々だけに州の社会サービスを制限するといった、保守的な考えを助長するものとなった。

『ロサンジェルス・タイムズ』は、一連の移民に厳しい態度を示す傾向を最も容易に説明する際に、アメリカのネイティヴィズム (nativism)、レイシズム (racism)、スケープゴート、景気後退といった言葉を用いている。選挙後の特集で、同紙はラティーノが多数を占める地区においても、投票者のうちラティーノはわずか8パーセントだけであり、80パーセントが白人であったと報じた(28)。不法移民の約8割がメキシコ系で、約1割がプエルトリコ系であり、彼らの将来が案じられる内容の提案であったにもかかわらず、ラティーノにとってこの問題が論議を呼んで、市民権の取得手続きが飛躍的に進み、投票率を上げることにはつながらなかった。

ラティーノの有権者の投票率がこのように低いのは、ひとつにはSOSとカリフォルニア移民改革連合 (CCIR) が、投票所の外で「市民だけが投票できる」と書いた飛行船を飛ばす計画を立てていたことにも関連があるとされている。カリフォルニア州の人々にとって、こうした選挙妨害とも受け取られかねない手法は、州における残忍なジム・クロウ (Jim Crow：人種隔離政策) 時代に採用されていた恐るべき方策を彷彿させ、多くのラティーノの市民が投票を思い止どまるのに十分な影響力を象徴するものになったとされている。

今回の住民提案は、白人が急速に少数派となっている地区におい

て、移民全体が経済的社会的不満の原因であるとして、白人の攻撃の対象となったと考えられる。『ロサンジェルス・タイムズ』によると、住民提案187号は白人のうちの63パーセントが賛成し、アジア系アメリカ人の中では47パーセント、アフリカ系アメリカ人では47パーセント、そしてヒスパニックは23パーセントが賛成にまわった。カリフォルニア州全体にわたり、さらに悪化する経済状況に州民が直面して緊迫した知事選挙の間、オレンジ郡とロサンジェルス郡の住民は、差し迫った市政の崩壊という事態に備え、保守派は「犯罪と移民問題」を取り上げ、潜在的な有権者の反乱を引き出そうとした。

実際に住民提案187号の通過は、世論がカリフォルニア経済の衰退を移民のせいにし、かつ犯罪と移民を密接に結び付けたことによって盛り上がったためであると考えられる。保守的な政治家たちは有権者に、全ての移民がカリフォルニアにとってよい影響をもたらすとは限らないと主導し、合法移民に対する風当たりまで強くさせてしまった。加えて、住民提案187号が州と連邦裁判所で支持されたならば、不法移民のうちおよそ40万人の子供たちが教育と医療サービスを断られることになっていた。この提案の通過以前は、不法移民が社会サービスを受ける資格はなかったものの、市民権を持つ子供たちにはその資格があったが、同提案では、こうしたサービスを市民権の有無にかかわらず、不法移民の全ての子供たちに対して拒否するものであった。

(7) 結 び

カリフォルニア州において、本来は連邦政府の管轄事項である移民問題が住民提案に持ち込まれたことは、ひとつの時代の象徴であ

ると考えられる。すなわち、カリフォルニアではそれほど経済に行き詰まりが感じられていたのであった。

幸いにも、裁判所が住民提案187号について施行を停止したため事なきを得たが、こうした事態が州主導で展開するようになると、おそらくある特定の移民全体に対する集中攻撃が行なわれてしまうことが容易に想像できる。今回、保守的な地域における住民が中心となり、不法移民に対する具体的な制限を求める声が高まり、さらに知事選挙や連邦議会上院議員選挙の争点ともなったことで、住民提案187号に対する関心が強まり、その結果、ウィルソン州知事の狙いどおり、下院でも多数を占めるようになった共和党主導の連邦議会においても不法移民対策が急がれ、1997年4月1日の移民改正法へと動いたと言える。

近年、カリフォルニア州を中心として、保守化がますます強まっている。今回の住民提案187号だけでなく、1996年11月にはアファーマティヴ・アクションの廃止を目的とした住民提案209号が州民の審議の末に可決し、裁判所により一時施行が停止されたが、結局裁判所によって施行差止請求は受理されなかった。

現在カリフォルニアでは、再び住民提案187号の主要な協力者であったマウントジョイ議員が中心となって、2006年の選挙の際に投票に付すための署名集めが行なわれている。それは、アメリカに不法に滞在する外国人に対する運転免許や政府発行の身分証明書、大学の授業料免除、政府による奨学金や契約・貸付、専門的もしくは商売上の免許、その他連邦法によって要請されていない公共の利益を得ることを禁じるというものである[29]。住民提案187号が可決されてから10年が過ぎたが、本来は州に管轄権のない不法移民問題に対して、独自に制約を設けて取り締まろうとする姿勢は現在も崩れ

ていない。

　かつてアメリカは、多くの移民の来訪を歓迎していた。しかし、その受け皿となってきたカリフォルニア州では今、マイノリティに対する寛容さよりも、州民として応分な負担を求めるといった公正さを求める声が高まっていると考えられる。

4. 連邦政府による不法移民政策

(1)　クリントン大統領による不法移民政策

　1994年にカリフォルニア州で不法移民への公共サービスの停止を求める住民提案が可決されたことで、連邦政府は一段と不法移民対策に力を入れざるを得なくなったと言えよう。1995年1月24日、クリントン大統領は一般教書の中で、同政権ではこれまでにない数の国境警備員を雇用してきた述べ、さらに、雇用者が職探しをする人物の身分を照合することを可能にする全国的なデータ・ベース作りを行なうよう提案し、同時にメキシコに対してアメリカにやって来る移民を阻止するよう依頼すると語った[30]。

　同年2月に入ると、連邦議会も動きを見せた。2月5日、ギングリッチ（Newt Gingrich）連邦議会下院議長は、同1995年の夏に不法移民が国境を越えてアメリカに入って来るのを阻止するために、カリフォルニア、ニューメキシコ、アリゾナ、テキサス各州の国境警備兵と州警察の協力を得て、国境地帯の警備を固めるよう提案した。この翌日、クリントン大統領はメキシコとの国境警備を強化し、不法移民と戦うために、予算を10億ドル増額させ、1996年には36億ドルになるよう提案を行なった。この中には、移民関連予算として、

外国人の囚人がアメリカで服役する際にかかる費用が含まれている。クリントン政権では、この後の不法移民対策として毎年4億ドルが増額されるとの見通しを示した。

クリントン政権期における一連の不法移民政策の集大成が、共和党主導の連邦議会により1996年5月2日連邦議会下院を通過し、1997年4月1日に施行された、不法移民と移民に対する責任法 (the Illegal Immigration and Immigration Responsibility Act) と呼ばれる移民改正法である。これは、アメリカに居住する移民の下に外国から家族を呼び寄せようとする際に、初めて収入の検査を課すことにより、既にアメリカにいる貧しい人々が家族と再結合することをより困難にする狙いがあるとされる。さらにINSが、正式な書類なしにアメリカに入国しようとする人物を、より簡単に国外追放することができるようにし、国外追放となる犯罪リストを大きく広げる。これによって不法移民が、何年間もアメリカに不法に住むことを難しくするというものであった。

(2) ブッシュ大統領による新移民政策

2004年1月7日、ブッシュ (George H. W. Bush, Jr.) 大統領 (第43代、2001年-) はホワイトハウスにパウェル (Colin L. Powell) 国務長官やアッシュクロフト (John Ashcroft) 司法長官らヒスパニックの指導者を招待し、不法移民に対して3年間という期限付き (ただし、1度に限り更新を認めるというもの) で合法的な労働者 (guest worker) としての地位を与える用意があると発表した。

これは2003年1月15日、ミシガン大学 (University of Michigan) でのアファーマティヴ・アクション論争に対する最高裁判決を前に、ブッシュ大統領が「ミシガン大学の方針は、学生を人種にのみ基づ

いて有利にしたり不利にしたりする実質的な割当て制度である」として批判し、同政権が最高裁に対してミシガン大学におけるアファーマティヴ・アクションに基づく入学方針は違憲であることを促す摘要書を提出すると述べた[31]。その際、マイノリティを軽視した発言を行なったため、共和党内部においても強い批判が出た。2004年は再選を目指すブッシュ大統領にとって重要な大統領選挙の年であった。したがって2004年の新移民政策は、その批判をかわす具体的な政策であったと言える。

大統領補佐官によると、2000年にゴア（Al Gore）民主党大統領候補と大接戦となった大統領選挙において、ブッシュはヒスパニック票を35パーセント獲得したが、再選をかけた2004年の選挙で勝つためには、40パーセントのヒスパニック票が必要であると見積もられた[32]。すなわち、不法移民に対して条件付きながら合法的な労働資格を付与することによって、単に選挙資格のある市民権を持ったヒスパニックに対するアピールだけでなく、連邦政府が具体的な移民対策を講じていることを保守派の人々に示す、絶好の機会となった。

ブッシュ演説による、不法移民政策とは、およそ以下のようなものである。

　移民を尊重し、移民に頼っている国家として、アメリカは実際に機能し、誇りの持てる移民法を持つべきであるが、目下のところそのようなものがない。そのため、不法労働者に頼る雇用者があちらこちらに見られる。大勢の勤勉な労働者が、このような大量の認可を受けていない経済に恐れや不安を抱いている。我々の国境を越えて不法に入国する者の存在は、祖国の安全を確保するという緊急の任務を遂行す

第2章 不法移民問題

る上でより支障を来たしている。我々の国家には、アメリカ経済に役立ち、アメリカン・ドリームを反映した移民制度が必要である。常識や公正さという観点から、我々の法律では我が国に入国し、アメリカ人によって満たされていない仕事を満たす労働者を進んで認めるべきである。移民法をより合理的に、より人道にかなったものにしなければならない。

この改革の趣旨は、4つの基本的な原理に基づいている。第1に、アメリカは国境を制御しなければならない。2001年9月11日の攻撃以降、連邦政府によるこの責務はより緊急課題となった。第2に、新移民法では、我が国の経済の要請に応えるものでなくてはならない。アメリカ人の雇用者が、アメリカ市民が進んで引き受けることのない仕事を提供するのであれば、そうした仕事をする人が我が国へやって来ることを歓迎すべきである。第3に、我々は市民権を付与するという点について、不法移民に対して不公平な報酬を与えるべきではないが、その一方で、アメリカに合法的にやって来る者や、そうした意図を持ってやって来る者に対して不利益を与えるべきではない。第4に、新法では、一時的な外国人労働者が、アメリカにおける労働期限が過ぎた後、祖国に永住帰国できることを奨励すべきである。

このプログラムは、現にアメリカで仕事を持ち、雇用者がその仕事をするアメリカ人を見つけることができないことを認めた場合に、何百万人にも上る不法移民に対して3年間の労働ビザを与えるものである。同時にこの計画では、雇用者がアメリカ人労働者で満たすことができない仕事に就く労働者を、新たに呼び寄せることを可能とするものである。申請が認められれば、労働者は正規雇用者としての手当てを受け取ることができ、自由に祖国とアメリカとの間を往来することができ、政府が外国人労働者に与えるグリーンカードの取得を申請する権利も得られるというものである。

2004年1月12日、ブッシュ大統領はメキシコを訪問してフォック

表9　不正移民推計数——主要州，出身国別：2000年1月現在。
単位1,000人。

居住州	数	出身国	数
合衆国、計[1]	7,000	計[1]	7,000
カリフォルニア	2,209	メキシコ	4,808
テキサス	1,041	エルサルバドル	189
ニューヨーク	489	グアテマラ	144
イリノイ	432	コロンビア	141
フロリダ	337	ホンジュラス	138[2]
アリゾナ	283	中国	115
ジョージア	228	エクアドル	108
ニュージャージー	221	ドミニカ共和国	91
ノースカロライナ	206	フィリピン	85
コロラド	144	ブラジル	77
ワシントン	136	ハイチ	76
ヴァージニア	103	インド	70
ネバダ	101	ペルー	61
オレゴン	90	韓国	65
マサチューセッツ	87	カナダ	47

　なおこの統計における不正移民とは、外国生まれで、入国審査なしに入国した者、または規約を侵害した者と法的永住権を得ておらず、移民給付を受けることで退去をまぬがれている者をいう。推計値は残余法から得ている。すなわちセンサスに基づく外国生まれ人口から合法的な居住者数を引いた数である。推計は主に2つの資料から得ている。(1)年次INS統計（許可移民，強制退去された移民，許可された非移民居住者）と(2)2000年センサスによる外国生まれ人口数である。推計値は以下の2つを別々に導出している。(1)1990年代に入国した不正居住者、(2)1990年以前に入国し2000年1月現在でも不法に滞在している者。
注：1　個別に明示しないその他を含む。
　　2　1998年12月に保護された10万5,000人を含む。
原著：U. S. Bureau of Citizenship and Immigration Services, *Estimates of the Unauthorized Immigrant Population Residing in the United States: 1990-2000*（2003年1月刊行）(http://www.immigration.gov/graphics/shared/aboutus/statistics/III_Report_1211.pdf)．
出典：アメリカ合衆国商務省センサス局編、鳥居泰彦監訳『現代アメリカデータ総覧2003』（東洋書林、2004年）、10ページ。

ス (Vicente Fox) 大統領と会見したが、フォックス大統領はこの不法移民についての新提案を歓迎すると表明し、今後の成り行きが注目されることになった。

ただし、この提案は現在不法労働者を雇用している大企業を支援することになるだけで、勤勉に働く移民に対して市民権を確保する道のりをつけることにはつながらず、第二級の地位にいるサービス業の労働者を永久に最下層階級にしてしまうであろうとする民主党による批判がある。また、同提案では労働者に対して一時的に合法的な地位が与えられたとしても、のちに強制送還させられる危険を避けるために、機能しないであろうとの批判も出ている[33]。

2000年現在、アメリカには700万とも800万とも見積もられる不法移民がいる。**表9**（この統計では不正移民という言葉が用いられている）によると、全米にいる不法移民の31.56パーセントがカリフォルニア州におり、その数は次に多いテキサス州の2倍となっている。また、不法移民の出身国の68.69パーセントがメキシコであり、この数字は他国を凌駕している。ブッシュ大統領によるこの提案が、連邦議会でさらに審議され、実施された場合には、不法移民労働者の処遇について、大きな変化が見られるのか、あるいは1986年の移民改正取締法と代わり映えのないものと終わるのかが注目される。

注
(1) INSでは、アメリカを北部、南部、東部、西部の4つの地域に区分している。それぞれの地域には、地区長官 (Regional Commissioner) がいて、アメリカの移民法を施行する責任者となる。また、それぞれの地区はINS地区 (INS Districts) と国境警備地区 (Border Patrol Sectors) に分かれていて、それぞれに地区司令官 (District Director)

がいる。各地区ごとに、当該者を国外追放にしたり、起訴したりとする決定権がある。

　不法移民の解決策のひとつとして、連邦の移民に関する官僚制度、特に INS を変えることが求められている。大抵の制御の利かない官僚制と同様に、INS は複雑な階級制度と構造を抱えている。貧弱な支配構造、欠陥の多い会計制度、不正確な情報制度と長期にわたる失敗の記録は、INS を主要な連邦機関の中で最も厄介なものとしたとされる。そのため、INS を廃止して真新しい機関を立てるべきであるとする議論がある。新たなより効率のよい連邦の移民機関によって、移民法の施行をより徹底させ、不法移民をアメリカに入れないという最も基本的な手段を取ることができる。その上で、議会は現行の移民法をより強固なものへと修正すべきである（Jeffrey A. Rabkin, "Closing the Doors to the Land of Opportunity," *Inter-American Law Review*, University of Miami, 1995, p. 391）。

(2)　Adalberto Aguirre, Jr., "Nativism, Mexican Immigrant Workers, and Proposition 187 in California," Charles F. Hohm ed., *California's Social Problems* (New York and London: Longman,1996), p.149.

(3)　Richard Walker, "California's Collision of Race and Class," in Robert Post and Michael Rogin eds., *Race and Representation: Affirmative Action* (New York: Zone Books, 1998), pp. 284-286.

(4)　The Fiscal Letter, 1994, vol. XVI,no.5.

(5)　一般的には、この法律は十分に機能したとは言えない。雇用者に対する具体的な罰則規定が盛り込まれなかったことから、雇用者は引き続き不法移民を雇っていたからである。その結果、かえって社会福祉の恩恵に引き寄せられる不法移民を助長したとされる。

(6)　Aguirre, Jr., "Nativism, Mexican Immigrant Workers, and Proposition 187 in California," p.146.

(7)　*Ibid*, pp.144-145. アグァイヤーは、メキシコ人移民に対するネイティヴストたちの反応は、非白人移民を攻撃していたかつてのものとは異なり、アメリカ社会における「よそ者」であることに目を向

第2章　不法移民問題

けられたものであると分析している。
(8) *Ibid*, p.147.
(9) 詳細は第3章図1を参照のこと。2000年には、カリフォルニアのマイノリティの失業率は低かったにもかかわらず、4人家族で世帯収入が2万ドル以下の貧困家庭の割合は、仕事を持つアフリカ系アメリカ人の場合で白人の4倍、ラティーノの場合で白人の13倍と、依然として格差が大きいことがわかっている。これについて、ラティーノが雇用増加の波に乗れないのは、他のグループと比較して、高校卒業もしくは大学進学率が低いためであるとの指摘がある（*The San Francisco Chronicle*, September 5, 2000）。
(10) Aguirre, Jr., "Nativism, Mexican Immigrant Workers, and Proposition 187 in California," pp.145-146.
(11) 『読売新聞』1995年11月10日。
(12) *The Newsweek*, May 17, 1994.
(13) マウントジョイ州議会下院議員発行（1994年1月）のペーパーによる。
(14) Urban Institute, 1994.
(15) マウントジョイは、カリフォルニア州ロサンジェルス生まれ。地元アルカディアとモンロヴィアで公立学校教育を受けた。朝鮮戦争に従軍した退役軍人である。1978年に州議会下院議員（第59地区）に選出された後、1994年11月に行なわれた選挙において州議会上院に選出されたため、これ以降上院議員（第29地区）を務める。下院規則委員会に仕えた後、1982年には共和党のコーカス（党大会）委員長に選出され、1984年まで務める。こののち8年間、再度規則委員会のメンバーとなる。そして上院議員になった後は、上院歳出委員会、上院エネルギー・施設・コミュニケーション委員会、上院産業関係委員会副委員長などを歴任した（http://sen.ca.gov/htbin/senator_profile/mountjoy#home）。
(16) マウントジョイ州議会下院議員のペーパーによる。各提案内容のほか、実際に州議会において各議員がそれぞれの提案に賛成もし

くは反対(あるいは欠席)したのかといった態度表明が一覧表にされている。
(17) Assembly Bill no.49, Introduced by Assembly Members Mountjoy, Hoge, Allen, etc., Jaunary 14, 1993, California Legislature 1993-1994, Regular Session.
(18) マウントジョイ州議会下院議員のペーパーによる。
(19) プライヤー対ドウ判決とは、1982年に連邦最高裁判所が、不法移民の生徒に学校教育を受けさせるべきではないとした住民提案がテキサス州で賛成多数で可決したものを覆し、アメリカに居住している全ての子供たち(all resident children)は、法的な資格にかかわらず、教育を受ける資格があるとしたものである(*California Journal Weekly*, July 4, 1994)。Plyer v. Doe, 457 U. S.202, 210(1982)では、移民法の下でその人物の資格がどうであろうとも、その外国人は確かに通常の感覚を持った人格(person)であり、合衆国憲法修正第14条の下で保護を受ける資格があるとされた。すなわち、アメリカにいる外国人は、憲法の下である保護を主張できるのである。無償の公共教育を不法外国人に拒否することは法の下の平等(equal protection)とそのプロセスという点に関して違憲であるとの判決が下された。さらに裁判所は、この提案ではテキサス州における不法移民の数を減らすことにはならず、不法外国人は教育制度に対して合法的移民がそうでないのと同様、重荷を課していない。そして大抵の不法移民の子供たちは、住民提案の規定にもかかわらず、州に踏み止どまるとの結論にも達している (Rabkin, "Closing the Doors to the Land of Opportunity," pp.396-397)。

なお、1982年の連邦最高裁判決は、現在にも当てはまるとされる。ブレナン(William Brennan)判事は、たとえ州が都合よく子供の意思に反して大人の行動を制御したとしても、法律では両親の誤った行動についての責任を子供には問えないと記している。「これらの子供たちに対する基本的な教育を拒否することにより、我々は彼らに対し、市民の施設という枠組みの中で生活をする可能性を拒否する

ことになり、彼らが我々の国家の進歩にとって、たとえ小さなことであっても貢献するという現実的な可能性を妨げてしまうことになる」(*The San Francisco Chronicle*, June 13, 1994)。

(20) Mike Davis, "City of Quartz," in Alejandra Marchevsky, "The Empire Strikes Back : Globalization, Nationalism, and California's Proposition 187," *Critical Sense* (Spring, 1996).

(21) *The Washington Post*, September 29, 1994.

(22) Ballot Pamphlet, Secretary of State, California, 1994.

(23) *Ibid.* なお、投票用パンフレットに掲げられている住民提案187号の内容については、本章末に日本語訳をつけた。

(24) ウィルソンは、1933年8月23日、イリノイ州生まれ。エール大学卒業、カリフォルニア大学バークレー校修了。弁護士。プロテスタント。サンディエゴ市長(1971－1983年)、連邦議会上院議員(1985－1990年)を経て、1991年にカリフォルニア知事となる(鹿島平和研究所編『アメリカ政治経済ハンドブック1987－1988年版』時事通信社、1987年、18ページ、および James D. Hart, *A Companion to California*, Berkeley and Los Angeles, California : University of California Press, 1987, p. 562 ; http://www.governor.ca.gov/govsite/govsgallery/h/biography/governor_36html)。

(25) *The New York Times*, November 10, 1994.

(26) *The Oakland Tribune*, November 10, 1994.

(27) 『朝日新聞』1994年11月10日。

(28) *The Los Angeles Times*, November 10, 1994.

(29) California Secretary of State Kevin Shelly, Elections & Voter Information (http://www.ss.ca.gov/elections/elections_j.htm). 署名期限は2005年3月4日、必要署名数は59万8,105となっている。

(30) *The Washington Post*, January 26, 1995.

(31) *The New York Times*, January 16, 2003.

(32) *The New York Times*, January 8, 2004.

(33) *Ibid.*

1994年の投票用パンフレットに掲載された住民提案187号に関する情報

□ 背　　景

1990年の国勢調査によれば、5人に1人以上のカリフォルニアの人々はアメリカ以外で出生している。外国生まれのカリフォルニア住民の総数は、現在700万人である。最近では、毎年新たに約30万人が外国からカリフォルニア州にやって来る。移民は連邦法によって統治されることになっており、移民帰化局（INS）が法律を運用している。

□ 不法移民

ＩＮＳは、1994年4月の時点でカリフォルニアにおける外国生まれの人々の中には、約160万人の非合法移民が含まれており、さらに毎年その数は約12万5,000人ずつ増加していると見積もっている。カリフォルニア州にやって来る多くの不法移民は、何の許可も得ぬまま入国してきているが、不法移民の少なくとも3分の1は、もともとは観光や学生など一時滞在ということで合法的に入国し、それから、出国期限後も残っているといった場合である。不法移民は、INSから一時的ないしは永住民として国にとどまる許可を得ることによって「合法」になり得る。1986年移民改正取締法（IRCA）による恩赦（amnesty）で、カリフォルニア州において不法移民であった者のうち、160万人が合法化された。

□ 社会福祉手当て

一般的に不法移民は、福祉給付金を受ける資格がない。しかし不法移民は、カリフォルニア州の人ならば全員受けることができる、ある社会サービスとヘルスケアプログラムを受ける資格は持っている。例えば、必要に応じて、どの子供も児童福祉サービスまたは里子の養育を受けることができ、また不法移民は、他の貧しい人々が受けることのできるヘルスケア・サービスのうちのいくつかを受けることができる。

□ 公　教　育

カリフォルニアに在住する子供は皆、高等学校まで公立の学校に通うことができる。連邦最高裁判所は、プライヤー対ドウ判決において、公

立学校から不法移民である子供を排除することは、合衆国憲法に違反するとの判断を下した。しかしこの決定は、公共の資金で運営されている高等教育（大学教育）には当てはまらない。一般に、不法移民は公立の大学に通うことはできるが、カリフォルニア大学（UC）、カリフォルニア・コミュニティ・カレッジ（CCC）では、通常、不法移民として認知された学生は、非居住者の学生として、より高い授業料を支払うことが要請される。カリフォルニア州立大学（CSU）では、一般的には学生の法的地位に基づく高い授業料は課されない。

□ **アメリカ国籍の子供たち**

アメリカ合衆国憲法では、アメリカで生まれた不法移民の子供たちは、ほかの子供同様にアメリカ国籍を保有する。多くのカリフォルニアの不法移民の家族は、アメリカ国籍の子供たちを持ち、他の市民同様の権利や給付を受ける資格を有する。

□ **法的地位の確認**

アメリカには、一般的かつ全国的な身分証明書がなく、市民権もしくは合法的移民であることを示すには、複数の書類、例えば市民権の拠り所を立証する出生証明書と本人であるとわかる写真のついた運転免許証が必要である。しかし、多くの人々、特に子供たちは運転免許証や他の正式な写真証明を持っていない。こうした人々が市民権を示すには、例えば子供の両親の身分を確認するといった特別の手段を取る必要がある。

合法的移民の多くは、彼らの身分を証明する、アメリカへの永住を認められた移民であるとして発行された「グリーンカード」など、INSの出した身分証明を持っている。INSは、政府機関や雇用者が大抵の移民に関する書類の有効性を確認するために使用することのできるコンピューターシステムを整えてきた。しかし何千ものアメリカ中の地方機関が発行する出生証明の有効性を確認するための、全国的で自動化した制度は存在しない。

□ **連邦によるプログラムの必要性**

州と地方官憲は、多くの教育、健康・福祉プログラムなどのための連邦基金を受け取るために、種々の連邦法に従わなければならない。これ

らの法律には、しばしばだれがプログラムの資格を有するのか、利益やサービスを認められる上での手続き、機密書類を保管する要件などが定められている。例えば、家族の教育権とプライバシー法（FERPA）では、一般的に連邦基金を受けている学校が、両親の同意なしに生徒の記録に関する情報を公にすることは禁止されている。

□ 提　　案

　一般的にこの提案は、州と地方政府官憲が、アメリカ国民もしくは合法的にアメリカへやって来たことが確かめられない人々に対し、公的費用で教育、医療、社会福祉、そして社会サービスを提供することを禁止するものである。さらに同提案では、州および地方当局がINSと特定の州官憲に、不法移民の疑いのある者を報告することも要請している。

□ 資格の確認

　この提案は、どのようにしてアメリカの市民権もしくは合法的存在を確かめるのかという点について、特定の要求を出してはいない。その結果、各公的機関が様々な確認方法を採ることになる。なかには、出生証明書もしくはINSの書類だけでよしとするものもあれば、さらに運転免許証や他の公的な写真の添付された身分証明を必要とすることになるかもしれない。より完全な確認方法を採るために、移民の書類の有効性と恐らく関係機関の出した出生証明書を確認する必要がある。

□ 不法移民の疑いのある者の公立学校からの退学

　1995年1月1日から、提案では全ての学校区において、初めて学区内に在籍することになる全児童の法的地位を確認することが求められる。1996年1月1日までに、各学校区はその地区に既に在籍している子供たちと、全生徒の両親もしくは保護者の法的地位を確かめなければならない。提案は、もし生徒、両親、もしくは保護者が理性的に考えて疑いがあると判断した場合に、学校区に対して以下の手段を取ることを要請している。

・45日以内に、INSと公的指令を出す教育長、カリフォルニア州の司法長官、生徒の両親もしくは保護者に対して、その人物を報告する。
・さらに90日の間に、不法移民の疑いのある移民の生徒に対して、そ

の生徒が生まれた国の学校にきちんと転校できるように付加的な指示を与える。90日の期間を過ぎた後、その生徒はもはやカリフォルニア州の公立学校にいることはできない。

不法移民の疑いのある子供たちを公立学校から退学させることは、連邦最高裁判所が、アメリカの全ての子供たちが公教育を受けることを保障するとしたプライヤー対ドウ判決と、真っ向から対立するものである。結果として、この提案の規定は、効力がないものとなるであろう。プライヤー対ドウ判決を受け、この提案では学校区が学校から生徒を退学させなかったとしても、学区に対して、市民権や法的地位を確かめ、不法移民の疑いのある生徒を報告することが要請させるかもしれない。あるいは裁判所は、確認や報告を行なうことが「恐ろしい影響をもたらす」として受け入れなくなり、それゆえこれらの要件を無効とする判決を下すことになるかもしれない。

☐ **不法移民の疑いのある者の公立の単科大学および総合大学からの退学**

提案は、公立の単科大学および総合大学ではアメリカに合法的に認められずに通学する学生の入学を禁止している。影響を受ける大学には、UC、CSU、CCC が含まれる。提案は、公立単科大学と総合大学が、1995年1月1日以降、各学期のはじめにそれぞれの学生が市民権もしくは法的地位を確認することが求められている。もし公立単科大学と総合大学が、学生もしくは入学志願者が不法移民であるとの十分な疑いを持ったときは、45日以内に、INS と公的指令を出す教育長、カリフォルニア州の司法長官、学生の両親もしくは保護者に対して、そのことを報告しなければならない。

☐ **不法移民の疑いのある者に対するヘルスケアおよび社会サービスの制限**

提案は、公共機関と公共の費用で運営されている医療施設に対して、連邦法によって定められている緊急時の治療を除き、社会サービス(社会福祉を含む)もしくは医療サービスを施す際に、その人物がアメリカ市民もしくはアメリカで法的に認められた人物かどうかを確かめること

を要請するものである。もしその機関や医療施設が、利益やサービスを受けようとしている人物が不法移民であるとの疑いを持ったならば、適宜、INSとカリフォルニア州の司法長官、州の社会サービス局もしくは医療局、関係者に対して、そのことを報告しなければならない。報告を受けた機関や医療施設は、他の機関が要請する付加的な情報を出さなくてはならない。

□ 不法移民の疑いのある者の逮捕

提案は、各州と地方の法執行機関に対して、アメリカに不法に存在していた疑いのある全ての逮捕者の法的地位を確かめるよう要請している。その機関は、不法移民であると嫌疑をかけられた逮捕者を、INSとカリフォルニア州の司法長官に報告しなければならない。また提案は、司法長官にこうした報告記録を保管しておくことも要請している。

□ 偽造書類を作成もしくは使用するといった新たな犯罪について

提案は、本当の移民や市民権の地位を隠すための偽造書類を作成もしくは使用するといったふたつの新たな犯罪を生み出す。こうした犯罪に対する刑罰は、偽造書類の作成の場合、5年間の服役か最高7万5,000ドルまでの罰金刑が、偽造書類の使用の場合、最高2万5,000ドルまでの罰金刑が課される。移民もしくは市民権の偽造書類を作成もしくは使用することは、目下のところ連邦の犯罪である。

□ 財政的影響

提案の財政的影響力については、以下の3点が考えられる。

・この提案による節約―州と地方政府（主として郡）は、市民権または合法的な移民であることを文書で証明することのできない人物に対して、ある種の利益やサービスを拒否することによって節約を実現できる。不法移民によって利用された利益やサービスに基づく最近の見積もりによれば、これによる節約額は、年間2億ドルに上る。

・確認のための費用―州と地方政府そして学校は、生徒や両親、医療サービスや社会サービビスを受けようとする人、逮捕される人の市民権や移民の地位を確認するためにかなりの費用を負担することになる。これは年間に、何千万ドルにも上り、初年度はかなり高額

になる（もしかすると1億ドルを超える）であろう。
- 連邦基金喪失の可能性—この提案では、連邦政府の出す要件との衝突により、教育、医療、社会福祉プログラムのための連邦基金である年間150億ドル以上が得られなくなる危険性にある。

☐ 医療の節約

連邦法では、収入や法的地位に関わりなく、医療施設に対して必要な場合、緊急治療を施すことを要請している。この提案では、こうした治療を制限してはいないが、公共の費用で施される非緊急時における治療を制限しようとしている。

- メディカル—メディカル・プログラムでは、貧しい高齢者や身体障害者と同様、子供のいる貧しい家族に至るまで、あらゆる範囲の人々に対する医療サービスを施している。このプログラムには、州と連邦政府が共同で基金を出している。一般的に、不法移民は緊急時においてのみメディカルのサービスを受ける資格があるが、カリフォルニアでは、不法移民である妊婦に対する胎児検診と高齢者に対する老人ホームでの世話、身体障害者に対する看護に対し、州の基金のみを使用してサービスを施すことをしてきた。提案では、こうしたサービスを削減することにより、年間に州の基金のうち、約1億ドルを節約する結果となる。
- 郡による困窮者に対する医療—郡では、他の保険や例えばメディカルなどの別のプログラムによる補助を受けていない貧困住民に対する基本的な医療サービスを行なっている。提案では、アメリカの市民もしくは合法的な住民であると確認できない人に対し、郡が緊急時でない医療サービスを行なうことを禁止している。不法移民に対するこうしたサービスを拒否することにより、郡と州にとって費用の節約につながる。しかし、病院に対する特別な連邦報酬（special federal payments）の減額により、郡が節約できた大部分—恐らく半分は—相殺されるであろう。病院は、報酬（compensation）なしに多くの貧しい人たちの世話をするため、これらの連邦報酬を受ける。この連邦報酬の減額分を考慮に入れた後における、年間の総節約分

は、郡にとっては何千万ドル、州にとっては数百万ドルとなるであろう。
・あるサービスを拒否することにより将来的な費用の負担を増加させる—不法移民に対する幾つかの医療サービスを拒否することは、結果的に将来、州と地方の医療費用を増額させることになる。例えば、不法移民の女性に対する胎児検診サービスを削減することは、結果的に市民となる子供に対する医療費を高いものにしてしまう。さらに不法移民に対し、例えば結核などの深刻な伝染病に対する取り扱いを失敗することで、一般の人にとって、病気への対応にかかる将来的な費用を押し上げることになる。

□ 社会サービス

目下のところ、要扶養児童家族手当（AFDC）により、必要な場合にはどの子供も、子供のための社会福祉サービスもしくは養育手当てを受け取ることができる。これらのプログラムは、連邦、州、郡の支援によって賄われている。はじめに、郡の財源から不法移民に対する養育手当てが出される。その後、INSは養育費用を支払われている子供が国外追放されないと判断した場合、州と連邦政府がその費用を分担することになる。提案では、郡と州が市民権や合法的な地位を確認できない子供たちに対するこうしたサービスや利益の提供を禁止する。こうしたサービスから撤退することによる年間節約額は、郡と州でおよそ5,000万ドルに上る。

□ 公立学校

カリフォルニア州における不法移民の合計に関するINSの見積もりに基づき、我々はカリフォルニアの公立学校における生徒数を合計530万人中およそ30万が不法移民であると見積もっている。公立学校から全ての生徒を排除することによって、年間に州は12億ドル以上節約することができる。しかし、連邦最高裁判所の出したプライヤー対ドウ判決では、不法移民に対する公教育を否定することはできないとの判断があったので、この節約は恐らく実現しないであろう。

□ **公立単科大学・総合大学**

UC では、不法移民として届け出た者には非居住者用の授業料を課している。CCC では、単位を取るためのコースの場合、非居住者用の授業料を課している。この授業料は、一般的にこうした学生を教育するための州の費用をカバーしている。したがって、これらの機関に属するこうした既に不法移民であると認めた学生を排除しても、何ら税金の節約にはならない。しかしこの提案により、より頻繁に身分の確認を行なった結果、現在は居住者用の授業料を支払っている学生の中に、多くの不法移民がいるとわかり、彼らが排除されれば、節約につながる。

CSU と CCC（単位を取る必要のないコース）の場合、学生の法的地位に基づく非居住者用の授業料は課されない。CSU の 1 人当たりの年間授業料は、居住者費用（resident fee）より約3,000ドル高い（筆者注・第 2 章、表 2 － 1 とは数字が異なる）。CCC の単位を取る必要のないコースを選択する学生の年間の授業料は、1,500ドルである。したがって、CSU と CCC の単位を取る必要のないコースの不法移民の生徒を排除することにより、税金の節約になる。

全体的に見て、この提案の公立大学における節約額は、年間に数千万ドル以上になる。

□ **連邦基金の喪失による潜在的危機**

提案では、学校区に不法移民であるとの疑いのある生徒を INS と州司法長官に報告をするよう要請している。これらの報告を両親の同意なしに行なうことは、FERPA に違反しているように思われる。FERPA に従うことは、カリフォルニア州の学校区に対する年間合計約23億ドルの連邦教育基金を受ける条件である。アメリカ教育長官は、この提案における報告要件は、カリフォルニアの学校区がこれらの基金を受諾する可能性を危うくすると指摘している。

カリフォルニアの公立大学では、FERPA を条件として、少なくとも11億ドルの連邦基金を受けている。これらの大学では、FERPA により学生の同意なしに学生の情報を公開することは禁止されている。提案の報告要件では、やはり連邦基金を危険にさらす。AFDC プログラムとメ

ディカル・プログラムについても、提案の報告要件により連邦基金を危険にさらす。現在の連邦および州法では、これらのプログラムによって提供される多くの利益やサービスを受ける資格を適切にするために、法的資格の確認を要請している。しかし連邦の規則では、州と郡が連邦基金を受け続けるために、志願者によって出された情報を内密にしておくよう要請している。AFDCプログラムでは約30億ドル、メディカル・プログラムでは90億ドル以上の連邦基金が危うくなっている。

提案のほかの規定も、連邦法との衝突を来すかもしれない。

・規定に従って手続き機関を創設することで、不法移民だけでなくだれに対しても、医療もしくは社会福祉上の利益が否定される可能性がある。

・正式には利益を受ける資格のない移民を新たに生み出すことになる。

全体的に、提案は約150億ドルの連邦基金を喪失する危険性をはらんでいる。こうした潜在的な損失の重要性を考えると、州と連邦政府はそれらを避けるもしくは少なくとも最小限の損失に止める方法を模索することになるであろう。しかしこれを解決するためには、州または連邦法を変える必要がありそうである。

□ 確認と報告にかかる経費

提案は、州と地方政府に身分の確認をするとした規定に応じるために、かなりの行政費用を課すものである。これらの費用は、その確認方法によってかなり開きがある。

・公立学校―学校区では全ての生徒と両親を確認するための提案の締切日である1996年1月1日に間に合うために、1995年には多くの費用を背負うことになる。この1度にかかる費用としては、何千万ドルから1億ドルを超すものまで様々である。現在進行中の確認費用は、年間に州全体で何千万ドル以下である。

・公立大学―これらの機関では、主に居住者用の授業料に該当する資格があるかどうかを決定するために、最近多くの学生の法的地位を見直すことにした。しかし提案では、各学期(セメスターもしくはターム)のはじめに、全学生(州全体で190万人)の法的地位を確

認するようこれらの機関に要請している。この要請は、恐らく公立大学に少なくも年間に数百（500－600）万ドルを課すことになる。

- 社会サービス機関—目下のところ、郡の社会福祉事務所では、AFDCまたは郡の一般的な援助プログラムにおいて社会福祉の恩恵を受けようと志願する人々に対して、法的地位を確認しなければならない。例えば子供の社会福祉サービスといった様々な小規模のプログラムにおける法的地位を確認するためには、恐らくさらに州全体で年間に数百（500－600）万ドルがかかることになる。
- 公的基金による医療施設—メディカルの受給者の法的地位は、（一般的に郡の福祉事務所もしくは社会保障局による）現行法によって確認されなければならない。提案では、例えば郡の困窮者に対する医療や様々な公的医療サービスといった、他の公的資金による医療サービスを求める人々に関する確認も要請する。郡とカリフォルニア大学病院におけるこうした確認手続きのための費用は、年間に数百（500－600）万ドル以上になる。

☐ **法律の施行**

地方の法律執行機関が不法移民の疑いのある者を司法長官に報告するためにかかる費用は、年間500万ドル以上に上る。地方の法律執行機関と他の報告機関（学校区など）からの情報を処理するのにかかる州の費用は、少なくとも年間に数百（500－600）万ドルになる。

☐ **新たな犯罪**

法的地位を確認するために偽造書類を作成したり使用するという新たな犯罪をもたらすことにより、この提案は、逮捕、起訴、違反者を投獄するために、州と地方の費用負担を増大させる。しかし、これらはすでに連邦の犯罪であり、現存する州法においても足りるものである。州と地方政府は、州法の下でこれらの犯罪により多くの人が逮捕され、起訴されるといった範囲においてのみ、新たな費用を負うことになる。しかし、囚人100人ごとにかかる州の費用は年間約200万ドルである。これらの費用は、部分的には罰金からの歳入により補われる。

1994年の投票用パンフレットに掲載された住民提案187号に関する情報

【1994年カリフォルニア投票者情報:住民提案187号に賛成する立場の主張】

　アリゾナ、テキサス、フロリダ州と同様、カリフォルニア州の納税者は打撃を受けている。住民提案187号は、尊大な官僚制度に対抗する人々の声として、歴史に残るものとなるであろう。我々は不法移民を阻止できる。もし我が州の市民と納税者が、ワシントンやサクラメントの政治家によって不法移民のとてつもない流れを停止させるのを待っているとしたら、カリフォルニアでは政治的社会的に破綻を来すであろう。我々は今行動を起こさなければならない。我々の選挙におけるこの提案は、不法移民の侵入を終わらせる上で究極的な最初の第一歩となるであろう。

　不法移民は、年間に50億ドルを超える金額を納税者に負担させていると見積もられている。我々市民と合法的住民自身が困窮する中で、不法に我が国へやって来ることにした人々は、カリフォルニアの納税者が費用を負担して最高の待遇を受けている。これを止める時期が来たのだ。社会福祉や医療、教育のサービスは、国境を越えてやって来る不法移民を引き寄せる「マグネット」である。民主党ウエストヴァージニア州選出のバード議員は、不法移民に費やされた州の資金を連邦政府が弁償することに反対票を投じ、「州は自分たちのことは自分たちで行なわなければならない」と述べた。

　住民提案187号は、カリフォルニア州のやり方である。一体なぜ当地に不法にいる人々が、納税者の費用で大学も含む教育を受けるのであろうか。一体なぜ我々の子供たちの教室が、我が国に不法にいる人々によって窮屈にならなければならないのであろうか。一体なぜ高齢者の市民が、不法外国人にも補助されているメディカルのせいで、十分なサービスを拒否されなければならないのであろうか。一体なぜ当地に不法にいる人々が、罰則なしに偽造された文書を買ったり売ったりすることができるのであろうか。一体なぜ税金で雇われている官僚が、我が国に不法にいる人々に対して避難所を与えることができるのであろうか。もしこれらの質問に対するあなたの答えが「そうではない、できない」なら

ば、住民提案187号を支持すべきです。連邦政府と州政府は、国境警備を行なう義務において怠慢であり続けた。世界中から我が国へ不法に入って来る人々に対するサービスを止めることは、我々政府の役割である。我が政府は実際のところ、彼らを誘惑しているのだ。

住民提案187号の通過により、カリフォルニアはもはや、我々の政治家が職務怠慢であることに我慢ができないという強いメッセージを伝えることになるであろう。住民提案187号に「賛成」と投票してください。我が州を救え（SOS）連合は、民主党、共和党、独立派から成り立っている。共通の考えの下に、あらゆる人種、肌の色、信条の人々が支持している。我々は生まれながらに、あるいは帰化によるアメリカ人なのである。我々は、州議会が1994年7月5日に、歯科治療を医療行為からはずし、また高齢者の市民が支払う処方薬の費用を増大させる法案を採択したことに憤慨した。住民提案187号に「賛成」と投票してください。

 ディック・マウントジョイ（Dick* Mountjoy）（州議会下院議員、住民提案187号の起草者）　　　＊筆者注・Dick は Richard の俗称
 ロナルド・プリンス（我が州を救え委員会委員長）
 バーバラ・キリー（我が州を救え委員会共同委員長）

【1994年カリフォルニア投票者情報：住民提案187号に賛成する立場の主張への反論】

住民提案187号は、歴史に残るものになるという点については我々も同意する。

・住民提案187号は、カリフォルニアの歴史で最も貧弱な草稿の提案のうちのひとつである。「提案は、多くの点で州と連邦法、州と合衆国憲法上の保護規定、州と連邦裁判所の規定と抵触する」（カリフォルニア上院調査局）。

・住民提案187号は、納税者に100億ドルもの費用を負担させるということで記録に留まる。「SOS提案は、連邦のメディケイド（Medicaid）（州と連邦政府が共同で行なう低所得者や身障者のための医療扶助制度）法に違反する。州のすべてのメディケイド・プロ

グラムに必要な、通常のすべてのメディケイド基金を失う危機にさらされる」。

「70億ドル以上もの連邦基金の損失を埋め合わせるために、州がメディケイドに費やす費用は、倍以上になるに違いない」。「学校区は、FERPAに違反して、提案されている住民提案187号に従うために、教育記録から情報を明らかにすることが求められる。その結果、学校は連邦教育基金を受け取ることができなくなるであろう」（ライリー・アメリカ教育省長官）。

カリフォルニア上院調査局は、カリフォルニア州の公立学校と大学への損失は30億ドルを超えると見積もっている。住民提案187号が、歴史に名を残すという点はよしとする。もしこの提案が可決することになれば、住民提案187号は悪い状況をさらに悪化させ、100億ドル以上もの余分な支出をさせる提案として、長い間記憶に止められるであろう。住民提案187号は国境警備の強化や不法労働者の雇用に対する取締りを厳しくすることについては、全く何も提案されていない。住民提案187号に「反対」と投票してください。

パット・ディングステール（Pat Dingsdale）（カリフォルニア州PTA会長）

マイケル・ヒル（Michael B. Hill, M. D.）（医師）

ハワード・L・オーエンズ（Howard L. Owens）（州議会議長）

【1994年カリフォルニア投票者情報：住民提案187号に反対する立場の主張】

我々は国境を越えてやって来る不法移民の流れを食い止めるために、何かをしなくてはならない。不幸にも、住民提案187号は国境を強化するという点では何の役にも立たない。不法移民を雇い入れる雇用者に対する取締りを厳しくすることもない。不法移民は確かに問題であるが、住民提案187号は本当の解決策ではない。また、正しい方向に向かうきっかけですらない。

この提案では、現存する問題を一層大きくし、多くの新たな費用のか

かる問題の原因となるだけである。提案は、結局納税者に100億ドルもの費用を負担させる。教育・医療サービス関係者、法律の分析者は、みな同じ結論に至っている。なぜなら住民提案187号は貧弱な草稿だからである。いくつかの主要な連邦法に抵触し、その結果カリフォルニアは連邦基金を何十億ドルも失うことになる。教育省長官でさえ、住民提案187号はカリフォルニアの学校が連邦基金を失う原因となりうると結論付けている。我々の学校は、30億ドル以上も失うことになる。ヘルスケアの専門家たちは、カリフォルニアはさらに高齢者や他の合法的居住者のメディカルのための連邦基金70億ドルを失うことになると結論付けた。

提案は、我々の学校を移民局にするであろう。公立学校の職員は、1,000万人以上に上るすべての子供とその親の市民権を確かめることが求められるからである。この悪夢のような事務処理を引き受けることにかかるコストと時間は計り知れない。学校は、すでに予算削減の痛手を負っている。住民提案187号は、さらに多くの基金を教室から散らしてしまうであろう。住民提案187号は、学校から40万人の子供たちを追放し、路上に追いやるのであるが、国外追放にすることはない。学校を卒業していない彼らに何が起こるかは想像に難くない。この提案は犯罪や落書きを減らすのであろうか。提案は、精神的な警察国家を作るものである。公務員に、合法的な住民ではないとの疑いを持った人に対する極めて重大な（場合によっては生命の維持に関わる）サービスを拒否するよう強要している。しかし住民提案187号は、その嫌疑の根拠を定義していない。話し方やラストネームの響き、肌の色から判断するのであろうか。

住民提案187号は、カリフォルニアの人々全ての健康を脅かす。医者や看護婦が、不法移民であるとの疑いのある人に対する予防接種や基本的な医療を禁じている。毎日何十万人もの不法労働者が、畑やレストランで我々の食料を扱っている。基本的な医療の拒否により、我々のコミュニティ中に伝染性の病気が広がり、我々全員を危険な状態に陥れることになる。提案は、納税者に10億ドルもの費用を負担させるが、それで国境を越える不法移民の流れを阻止できるわけではない。不法移民は、

1994年の投票用パンフレットに掲載された住民提案187号に関する情報

違法である。今こそ法律を履行させるときではないだろうか。

住民提案187号は、国境を強化するものでもなければ、不法移民を雇い入れ続ける雇用者を厳しく取り締まるものでもない。政治家にメッセージを送ろうではないか。法律を履行しはじめるように言おうではないか。住民提案187号に、「反対」と投票してください。

シャーマン・ブロック（Sherman Block）（ロサンジェルス郡保安官）
D.A. ウェーバー（D. A. "Del" Weber）（カリフォルニア教育連盟代表）
ラルフ・オカンポ（Ralph R. Ocampo）（カリフォルニア医療連盟代表）

【1994年カリフォルニア投票者情報：住民提案187号に反対する立場の主張への反論】

住民提案187号に反対する主張は、感情的で思慮に欠けており、全く愚かな戯言である。反対者は、我々の提案に勝つことによって何百万ドルもの金額が保証されている特別な受益者らであり、現在の政策を続けることによって財政上の利益を多く得ているのである。思い起こしてほしい。不法外国人は、公共の組合やそれとつながりの深い公共機関にとって、大きな商売であることを。あなたの1票で、彼らは利益を得るのです。これらの金銭的受益者が、カリフォルニアの有権者に対して言うのは、不法移民を取り締まるために納税者の負担は急騰するということである。彼らは、気がおかしくなったのであろうか。

彼らの主張は、住民提案187号の通過によって、「雇用者を厳しく取り締まることにならない」（→連邦法では、すでに不法移民を雇うことを禁じている）、「住民提案187号は、結局納税者に100億ドル以上の負担をかけることになる」（→ナンセンスである。どうして現在不法移民にかかっている費用を削除することが、結局より多くの費用をかけることになるというのであろうか）、彼らは「住民提案187号は、よくできたものではない」というが、これはナンセンスである。住民提案187号を攻撃する特別な受益者の中には、カリフォルニア教育連盟（CTA）やカリフォルニア医療連盟（CMA）が含まれている。双方とも、我々に反対している州内最大の圧力団体である。彼らは、あなた方ではなく、自分たちの利益

を擁護しているのである。移民政策の失敗から得られる、貪欲で特別な受益者にだまされないでください。一体なぜ我々は、ひどく貧しい我々アメリカ国民よりも不法外国人に対して、より快適な場所や思いやりを与える必要があるのでしょうか。多くの年老いた、精神的に傷ついたアメリカ人に対して、政府からの十分な資金が届いていないのです。国民のことを考える時期が来たのではないでしょうか。現状の失敗を維持するために、何百万ドルもの運動資金を費やしている団体は、自分たち本位のことをしているだけなのです。住民提案187号に、「賛成」と投票して下さい。

　ディック・マウントジョイ下院議員（住民提案187号の起草者）
　ジェイ・キム（Jay Kim）（住民提案187号のアドバイザー）
　ジェシー・ラグナ（Jesse Laguna）（国境問題対策委員長）

第3章

アファーマティヴ・アクション論争

1. アファーマティヴ・アクションとは

著者が「アファーマティヴ・アクション」という言葉を最初に目にしたのは、「演習」という授業で発表をするための準備をしていた大学2年生の時であった。その際、手許の辞書ではこの成句に対する訳が掲載されておらず、「アファーマティヴ(肯定的)」と「アクション(行為)」を別々に引いたものの、何のことを意味しているのかまるで見当がつかなかったことを記憶している。今日では、「アファーマティヴ・アクション」という言葉は多くの辞書で取り上げられ、適切な説明が付けられるようになった。

その中でも、著者が説明する際に最もよく引用する際の定義は、「過去の差別や法律違反から生じた状況を緩和するために採られる積極的な措置[1]」というものである。焦点となるのは、現代社会における差別を問題としているのではなく、過去においてアメリカが行なってきた差別の結果としてある、現在のマイノリティの抱える諸問題を是正しようとしたところにある。

これは公民権運動(Civil Rights Movement)の結果として、1965年にジョンソン(Lyndon B. Johnson)大統領(第36代、1963−1969年)が行政命令11246号(Executive Order 11246)を発布して採られることになった措置である。ジョンソン大統領は、アメリカ社会に現存する差別は、単に黒人に対する差別を止めるだけでは効果がなく、より多くのマイノリティを雇用するといった更なる手段を講じなければならないと考えたのであった。すなわち、アメリカ社会においては単に法律で差別を禁止しているという事実だけでは、過去に行なわれてきた差別の結果を克服したとは言えない状況にあった。

当初は、エスニック・マイノリティが雇用面において不公平となっていた社会状況を打破するために、企業が連邦政府と一定金額以上の契約を結ぶ際、マイノリティの雇用を確保していることを条件とするといったものであった。例えば、全従業員が白人によって構成されている場合は、地域の実情に応じたマイノリティを雇わなければならないといったもので、これによってマイノリティの雇用を促進することが目的であった。

　アファーマティヴ・アクションは単に雇用だけにとどまらず、仕事に関連した給料、昇進、二次的な利益における不平等を是正し、予防する手段も含んでいる。これによって多くの雇用者は、マイノリティ（後に女性を含めることになる）の労働者を一定数以上雇い、昇進させる必要に迫られた。そして実際には、連邦政府や地方政府との雇用や契約を結ぶためだけでなく、訴訟を恐れ、また社会的な圧力をかわすためにも、官民を問わず多くの企業がアファーマティヴ・アクションを積極的に導入するようになった。

　さらに同措置は、1971年に高等教育（初等・中等教育に続く、大学以上の教育）にも適用されることが決定した。これはニクソン（Richard Nixon）大統領（第37代、1969－1974年）が、1960年代後半にアメリカの主要都市で人種暴動が拡大したことに対して、アメリカ政府として都市部における黒人の教育と雇用を確保することが急務であると考えるに至ったためである。ニクソン大統領は、マイノリティが積極的に大学に入学することによって、将来のアメリカ社会を担う人材を育成する必要があると説いた。これを受けて、州立大学だけでなく、連邦政府から補助金を得ている私立大学までもが、地域の実情を反映させてマイノリティを積極的に受け入れるようになった。

第3章 アファーマティヴ・アクション論争

　アファーマティヴ・アクションに賛成の立場の人々は、同措置がアメリカ社会における女性やマイノリティに対し、長期間行なわれてきた差別を打ち崩すために、特に労働市場や教育現場において必要であると説く。全米黒人地位向上団体（National Association for the Advancement of Colored People：以下、NAACP）の専務理事であるフックス（Benjamin L. Hooks）は、同措置はマイノリティにとって利益となるとする立場をとる。もしある社会において、何世紀にも亘り、黒人に対して奴隷化し、暴力を振るい、抑圧し、仕事や住宅供給、質のよい教育、政治への接近を否定するなどの差別が行なわれてきたとすれば、そこから救済する唯一の方法は、人々に平等な機会を与えることであると主張している。さらに、アファーマティヴ・アクションをめぐる議論においてしばしば取り上げられる、具体的な目標（goal）や実施計画（timetable）については、反対者からはしばしば割当て（quota）であるとして批判されているが、NAACPとしてはこれまでに割当ての概念を促したことはないものの、企業や役人の指導者が進んで法律の規定と精神に従おうとしないため、これらを掲げざるを得ないとしている[2]。

　一方で批判者は、アファーマティヴ・アクションを優遇策（preferential treatment）と見なしている。同措置では必然的に人種や性別による分類が行なわれるため、それまではマイノリティであることが差別を受ける理由とされてきたが、今度は逆に、ある人物が白人であるために、マイノリティよりも能力があるにもかかわらず採用されないといった逆差別（reverse discrimination）が発生していると主張する。すなわち、この措置で女性や非白人を優遇するのは、単に性や人種を基準にしたものであり、個人の能力を考慮したものではない。したがって、これは決して機会の均等ではなく、単なる

結果の平等を押し付けているに過ぎないとする立場である。

カリフォルニアにあるサンノゼ州立大学のスティール（Shelby Steele）教授は、アファーマティヴ・アクションはマイノリティに悪影響をもたらすとする立場をとる。すなわち、同措置は多くの支援を必要とする、主として低所得者層の黒人をはじめとしたマイノリティを手助けするものではなく、彼らが人種上の優遇策によって雇われるようになって以来、優遇措置を受けるということは、彼らが劣った存在であることを暗示するものとなっていると主張する。また、権威ある役職の地位が見えていながら、マイノリティであるためにそこにたどり着くことができないことをたとえてグラス・シーリング（glass ceiling：ガラスの天上）と呼ぶが、スティール教授は人種上の優遇策がこうした不明瞭な差別に対する保護にはならないばかりか、むしろそれを助長していると考える(3)。

アファーマティヴ・アクションの導入以来、官民ともに同措置を積極的に採用し、過去の差別の結果を改善しようとしてきた。しかし同時に、この法律が合衆国憲法第14条違反であるとして、全米で訴訟が起こされた。カリフォルニアにおいては、後述する1978年のバッキ判決（Regents of the University of California v. Bakke）が個人訴訟として有名である。その後、特に1990年代の景気回復の遅れに伴い、同措置に対する批判が急速に高まった。

さて、カリフォルニアにおけるアファーマティヴ・アクションの成果はどのように出ているのであろうか。実際には、同措置の成果が現状にどのように反映されているかを正確に見ることは難しい。なぜならば、各大学や企業はアファーマティヴ・アクションによって入った学生や雇用者、昇進した者の数を公表しておらず、ましてやこの措置を利用したエスニック・グループごとの推移を示す統計

第3章 アファーマティヴ・アクション論争

図1 黒人とラティーノは蚊帳の外―カリフォルニアにおける労働者間の格差

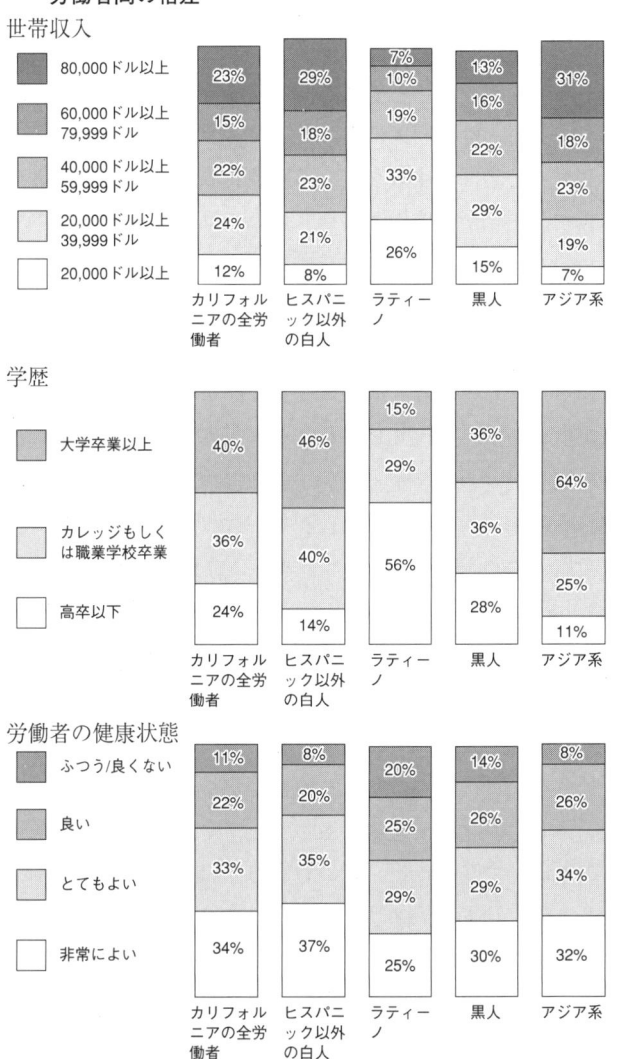

世帯収入

収入区分	カリフォルニアの全労働者	ヒスパニック以外の白人	ラティーノ	黒人	アジア系
80,000ドル以上	23%	29%	7%	13%	31%
60,000ドル以上79,999ドル	15%	18%	10%	16%	18%
40,000ドル以上59,999ドル	22%	23%	19%	22%	23%
20,000ドル以上39,999ドル	24%	21%	33%	29%	19%
20,000ドル以上	12%	8%	26%	15%	7%

学歴

学歴区分	カリフォルニアの全労働者	ヒスパニック以外の白人	ラティーノ	黒人	アジア系
大学卒業以上	40%	46%	15%	36%	64%
カレッジもしくは職業学校卒業	36%	40%	29%	36%	25%
高卒以下	24%	14%	56%	28%	11%

労働者の健康状態

健康状態	カリフォルニアの全労働者	ヒスパニック以外の白人	ラティーノ	黒人	アジア系
ふつう/良くない	11%	8%	20%	14%	8%
良い	22%	20%	25%	26%	26%
とてもよい	33%	35%	29%	29%	34%
非常によい	34%	37%	25%	30%	32%

出典：*The San Francisco Chronicle*, September 5, 2000.

は、少なくとも外部には公表されていないからである。

 図1は、2000年5月1日から7月9日にかけて、カリフォルニアの成人2,168人を対象にした電話での無作為抽出法による調査によって、カリフォルニアの労働者間の格差を示したものである。

 これによると、世帯収入においてはヒスパニック以外の白人と比較し、ラティーノは、4人家族の年間世帯収入が2万ドル以下の貧困層に属する割合が3倍以上おり、黒人では約2倍となっていることがわかる。一方で、同様にアジア系の場合、年間の世帯収入が8万ドル以上の割合が白人よりも2パーセント高く、黒人では約半分、ラティーノでは約4分の1であることがわかる。

 教育レベルにおいては、エスニック・グループによって、かなりの格差が出ている。やはりヒスパニック以外の白人と比較すると、大学を卒業した者の割合が、ラティーノは約33パーセント、黒人では78.3パーセント、アジア系は142パーセントとなっている。一方、高校卒業以下の割合は、同様にラティーノは400パーセント、黒人では200パーセント、アジア系は78.6パーセントとなっている。

 これらのことから、アジア系の場合ヒスパニック以外の白人と比較して、学歴も高く世帯収入も上回っているのに対して、黒人、ラティーノの順でいずれも下回っており、特にラティーノとアジア系およびヒスパニック以外の白人との格差が目に付くことがわかる。これを調査したカリフォルニア大学サンフランシスコ校とフィールド社によれば、カリフォルニアの労働力人口の3分の1を占めるラティーノとアフリカ系アメリカ人は、カリフォルニア州の工業部門における経済ブームにもかかわらず、貧困レベルの収入から脱することができず、むしろ仕事を喪失したり、健康状態が貧弱であったり、教育レベルも劣っているとの研究結果を発表した。

第3章　アファーマティヴ・アクション論争

　2000年の9月5日付の『サンフランシスコ・クロニクル』によれば、2000年におけるマイノリティの失業率は記録的な低さであり、アフリカ系アメリカ人で8.3パーセント、ラティーノで6.5パーセントなっているが（州雇用開発局調べ）、この調査結果では貧困レベルにあるアフリカ系アメリカ人やラティーノの割合は、それぞれ白人の4倍と13倍であり、州の経済ブームの恩恵を等しく受けているとは言えない状況にあるという。そして、ラティーノが経済ブームの波に乗れない理由は、彼らの中で高校を卒業したのちに大学に通う割合が低く、高度な技術を持たないために低賃金労働を強いられているからであり、白人と比べてコンピューターを使うことができる割合は約半分にとどまっていると分析している。

　また同じ記事において、2000年8月に、アフリカ系アメリカ人に対する人種上の中傷や昇進の拒否、より面白くない仕事を割当てるなどの雇用差別を行なったとして、全米で最大級のパン卸売業社に対し、1億2,000万ドルの支払いをサンフランシスコの陪審が要請したことを伝えている[4]。これは、未だに実社会において人種差別が行なわれている実例である。しかし同時に、それに対して社会は司法手続きを通じて、断固とした態度を取ることができると証明したことにもなる。

　ところで、アファーマティヴ・アクションが導入されてから2005年で40年が経とうとしているが、この措置はアメリカ社会において現在でも必要なものであろうか、それともすでに役割を果たし終えたと考えるべきであろうか。

2. 住民提案209号とアファーマティヴ・アクションの廃止

1996年11月5日の大統領選挙の際、カリフォルニア州では不法移民への公共サービスの停止に続いて、またもや連邦政府に挑戦する形でアファーマティヴ・アクションの廃止を求める住民提案209号が審議された。同提案は、アファーマティヴ・アクションが導入されて以来、全米でも初めて住民提案としての審判を受けることになった。

「州およびその他の公共団体による差別・優遇を禁止するイニシアティヴによる憲法修正」とする題目がつけられた提案は、カリフォルニア公民権発議 (California Civil Rights Initiative：以下、CCRI) と呼ばれ、カリフォルニア州法第1条第13項に、8項目の修正案を導入しようとするものである。具体的には、州・地方政府・行政区・公立大学・カレッジ・学校・その他の政府機関が、公的雇用・公共教育・公的契約において、いかなる個人や団体に対しても、人種や性別・肌の色・民族・出身国に基づいて、差別をし、優遇策をとることを禁止するといった内容である。すなわち、アファーマティヴ・アクションの撤廃を求めるものであった。ただし、連邦政府からの要請については例外とし、連邦基金の喪失を免れようとしている点に特徴がある。

カリフォルニア州では、仕事の契約額において、少なくとも15パーセントをマイノリティが所有する企業と結び、同様に少なくとも5パーセントを女性の所有する企業と結ぶことが目標とされてきた。また、公立大学には、マイノリティを対象とした奨学金や授業料、就職活動などのプログラムがあるほか、連邦政府が連邦基金を

出して州や地方に要請するプログラムがあった。

この提案が審議されるようになった時には、すでにカリフォルニア社会にアファーマティヴ・アクションをめぐる是非に関する議論が表面化していた。本章第3節に詳述するように、カリフォルニア州知事やカリフォルニア大学理事会（Board of Regents of the University of California）は学生らの反対の声が高かったにもかかわらず、1998年から同大学に関するアファーマティヴ・アクションの適用を廃止する決定を、1995年に下していた。

カリフォルニア大学は、この時、州財政の悪化を受けて、財政難に陥っていたことは事実である。カリフォルニアの公立大学は、9つのキャンパスを持つカリフォルニア大学（UC）と22のキャンパスを持つカリフォルニア州立大学（CSU）、そして各地域に密着した107のキャンパスを持つカリフォルニア・コミュニティ・カレッジ（CCC）から成り立っている。これら公立の高等教育機関では、1990年代を通じて州予算に占める比率が着実に減少するといった問題を生じていた。

具体的には、UCとCSUに対する一般財源予算に占める割合が、1990年から1991年度と1993年から1994年度を比較すると、9.62パーセント（38億4,000万ドル）から8.27パーセント（32億7,000万ドル）に減少した。その結果、同大学が支給する奨学金について、その金額が減額された上、さらに授業料が40パーセント値上げされたことにより、退学を余儀なくされる学生が大勢出ることになった[5]。

また、アフリカ系アメリカ人の教授が教える「アフリカ系アメリカ人の歴史」といったアメリカ人にとって貴重な科目であっても、受講者数が少ないといった理由で廃止されたり、廃止を免れた科目では一講座当たりの履習学生数が多くなったり、終身雇用の資格を

得た教授が解雇されるといった事態にまで発展していた。

しかし、カリフォルニア大学理事会がアファーマティヴ・アクションの適用を廃止する決定をした本当の理由は、こうした州財政の危機によるものではなかった。当時のカリフォルニア州知事ウィルソンは、共和党員であり、同州サンディエゴ市長時代から、カリフォルニア大学において採用されていた、人種に基づいた特別な優遇措置を認める入学選考を批判していた。また連邦議会上院議員として、1990年のいわゆる公民権法案に対して、雇用の際、業績よりもある人種グループもしくはその性別に属していることが優先されて採用が決定するといった新しい差別を強要することになるとして、異議を唱えていた。

さらにウィルソンは、州知事に就任した1991年に州議会下院から出された、高校における歴史的に見ても現状においても十分に代表されていないグループ（underrepresented groups）の在籍者の比率に基づいて、高等教育の在籍者数に割当て制度を採用する法案（AB 2150 by Brown, 1991）に対し、拒否権を投じた。その際知事は、こうした問題は、公立の高等教育において尊重されている、業績と達成度による伝統的な基準で、十分に満たされるとする見解を示した。

このほかにもウィルソン知事は、1991年に州によって任命される役人に対して割当て制を導入するとした、上院法案（SB 172 by Watson, 1991）に対しても拒否権を行使した。その理由として、割当て制は、実際に業績や高度な資格を持っているマイノリティおよび女性に対して不公正であると同時に、多くの資格を持つ志願者に対して全く不公正であると述べた。さらに、アファーマティヴ・アクションの達成目標を実現できたかどうかの評価を求める法案（AB 678 by Moore, 1993）に対しても、拒否権を投じたのである[6]。

第3章 アファーマティヴ・アクション論争

　さて、住民提案209号の起草者は、カリフォルニア州立大学ヘイワード校で人類学（特に人類言語学）専攻の教授カストゥレッド（Glynn Custred）と、カリフォルニアのキャンパスにおいてポリティカル・コレクトネス（political correctness：差別表現）と戦うカリフォルニア教授組合（California Association of Scholars：CAS）の常務理事ウッド（Thomas E. Wood）である[7]。しかし実質的な主導者は、住民提案187号の時とは異なり、当初から有権者向けのパンフレットにおいて提案に賛成する立場の代表者として名を連ね、当時アファーマティヴ・アクションに否定的な姿勢を持っていたウィルソン知事と、ビジネスで大成功を収めたコナリー（Ward Connerly）であった[8]。

　コナリーは、住民提案209号において、目につくそして明確な考えを持つ指導者であると評された[9]。同提案における彼の立場は、正式には選挙管理者（Campaign Management）であり、その筆頭に挙げられている。実際には、彼なしには住民提案209号は成功しなかったと言われるほど、重要な役割を果たしていた。当初コナリーは、カストゥレッドとウッドから依頼されていたCCRIの代表職を固辞していたが、1995年12月には、彼の支援なしにはこの運動が成功しないと考え、これを受け入れる決意をした。そして、彼の指示の下で100万人分以上の署名を集めることに成功し、1996年11月に向けた投票資格を得ることができた[10]。

　彼は、カリフォルニアの住宅コミュニティ開発局（Housing and Community Development Department）で、コミュニティの再開発を担うことによって貧困から脱出したとされるが、この時にウィルソンとの出会いがあった。1968年にサンディエゴ選出の州議会議員に初当選したウィルソンは、その後、都市問題と住宅に関する委員会を

143

新たに立ち上げ、その委員長となった。当時ウィルソンは、貧困者対策として、公共住宅における個人賃借権保有制度を推進していた。この制度とは、古い住宅を貧困者自身に払い下げるというものであるが、結局これは低所得の賃借権保有者をスラム街住宅の家主にしたことになる。賃借権保有者は、老朽化した建物の維持・補修の責任を負うことになり、彼らが賃借権を得ることによって市は税金を確保することができ、州政府は、低所得の貧困者に支払う義務のあるエンタイトルメント支出をなくすことができる仕組みをとった[11]。

コナリーが成功したのは、こうしたウィルソンの政策に負うところが大きい。実際には、彼がウィルソンによる一連の土地利用法の草稿を書く手助けをしていた。その後コナリーは、1993年に妻とコナリー・アソシエーツ（Connerly & Associates）と呼ぶコンサルタント会社を設立したが、ここが一連の土地利用法を施行する際に自治体を指南し、コンサルタント会社が儲かる仕組みを築き上げたのであった。コナリー・アソシエーツは、建設関連の企業を支配下においている。そして、この中の白人が所有する建設会社数社が、アファーマティヴ・アクションに反対の声を上げたのであった。さらにコナリーは、ウィルソンの選挙戦に向けて、10万8,000ドルの献金をし、ウィルソンが100万ドル以上の献金を得るのに尽力しただけでなく、カリフォルニア知事財団（California Governor's Foundation）の代表をも務め、この財団によってウィルソンのロサンジェルスとサクラメントにある自宅が維持されていたという[12]。

コナリーは、政治的には中道より右寄りのリバタリアンであると自称すると同時に、彼の周辺には多くの保守派やリバタリアンがいて、ある争点に関しては穏健派の人々が集まるという[13]。そして、

第3章 アファーマティヴ・アクション論争

少なくとも1996年には再選を狙っていたウィルソン知事の選挙参謀となっており、有力な選挙資金提供者となった。カリフォルニア州では、州知事がカリフォルニア大学の理事を任命する権限を持っており、ウィルソン知事は1993年にコナリーを任命したのであった。アファーマティヴ・アクションに対する両者の立場は一致していた。その後、コナリーが先頭に立ってカリフォルニア大学におけるアファーマティヴ・アクションを廃止に追い込んだだけでなく、前述のように住民提案209号のほかに、1998年の住民提案227号や2003年の住民提案54号にも影響を及ぼした。その上、ワシントン州において反アファーマティヴ・アクションを掲げる住民提案（I－200）についても、成功に導いたのである。

彼は黒人であるが、黒人の若者が直面している問題は、すべてのアメリカ人の若者が抱えているものと何ら変わりないと主張しており、黒人やラティーノの子供たちの将来にとって、何ら障害はないと明言する。また、「我々が憂慮する多くの黒人の子供は低所得者であるが、彼らの中には将来を案じる両親がいない者もいる。しかし、それは肌の色によるのではない。どの子供にも起こりうる問題なのである」、と突き放す。

また、1994年にサンフランシスコで開かれた会合の席で、「アファーマティヴ・アクションは優遇策であり、割当て制度となっている」と発言した際の会場の雰囲気は全く白けたものであり、同措置に挑戦しようとすること自体、考えられなかったと後に振り返っている[14]。

さて、有権者登録を行なった者に対して郵送される投票用のパンフレットには、住民提案209号が通過した場合にどのような影響が出るかについて、以下のように記されている[15]。すなわち、議会ア

ナリストによる州および地方政府への財政的影響に関する予測では、年間に1億2,500万ドルを超える現在の州および地方のプログラムに影響するとしているが、実際に節約できる金額は、将来の裁判費用や政府機関による実際の行動などによって異なるとの見通しが示された。

アファーマティヴ・アクションの例としては、第1に、女性やマイノリティを対象とした奨学金、授業料、就職活動などの公立のカレッジや大学によるプログラム、第2に、州政府の仕事において、地域の実情を反映した数を確保できないグループのメンバーを雇用することを奨励する目標と計画、第3に連邦基金を受け取るような連邦政府に要請された州および地方のプログラムが挙げられている。そしてこの提案では、州および地方政府が公的雇用や公立学校教育、公的雇用において実施されている、人種や性、肌の色、エスニシティ、出生地に基づいた「優遇策」であるアファーマティヴ・アクションを採用するプログラムを削除することが求められた。

ただし、提案では、以下の4つの理由によって必要とされる場合に、優遇策の禁止に関する例外を規定している。それは、州もしくは地方政府が、引き続き連邦政府から資金を受け取る資格のある場合、この提案が効力を発揮する日（選挙の翌日）として定められた裁判所規則に従う場合、連邦法や合衆国憲法に従う場合、公的雇用や公共教育、公的な契約を通常に行なう上で当然必要とされるプライバシーや性別に基づいた考慮をする場合である。

また、財政的影響を具体的に見てみると、次のようになる。第1に、提案では、州や地方政府が、雇用や昇進、職業訓練、就職活動などの決定において、性別や人種あるいはエスニシティを優先的な要因として、雇用や昇進の機会を増加させるために利用されている

第3章　アファーマティヴ・アクション論争

アファーマティヴ・アクション・プログラムを削除すること、さらに、公的な契約において女性やマイノリティが所有する企業を優遇するプログラムを削除することを目的としている。これらのプログラムを削減することによって、州や地方政府の節約になる。なぜなら、これらの計画を立てるための費用を節約でき、政府の契約において支払う金額が安くなるからである。入手可能な情報に基づいて見積もると、毎年の雇用および契約に関する計画において、何十万ドルもの節約になる。

第2に、幼稚園から第12学年までの公立学校やコミュニティ・カレッジの基金に影響を及ぼすことができる。ここでは、提案によって影響を及ぼすことができる差別廃止による支出として、「マグネット」学校（学校への入学に際し、人種やエスニシティによって優先権を与えている学校を指す）と「人種的に孤立したマイノリティの学校」（人種上、エスニック上のマイノリティの割合が高い地域にある学校を指す）に付与されている、特別な財政的支援を含んでいる。この提案によって、毎年、自発的な差別廃止プログラムに支出されている6,000万ドルまでの州および地方の財源に影響を及ぼすことができると見積もっている。

さらに、公立学校やコミュニティ・カレッジにおいて行なわれている、カウンセリングや個人指導、アウトリーチと呼ばれる福祉活動、生徒や学生への財政支援、そして、人種や性別、エスニシティ、あるいは出身国に基づいて、個人や学校に対する優先権を与えるプログラムを実施している、特別な地区にある学校への財政支援を行なうプログラムに対して支払われている、年間に少なくとも1,500万ドルの財源に影響を及ぼすことができる。このように、公立学校やコミュニティ・カレッジについて、合計7,500万ドルの財源を左

右することができる。

　第3に、カリフォルニア大学とカリフォルニア州立大学の入学およびその他のプログラムに影響を及ぼす。カリフォルニア州立大学では、人種やエスニシティを入学選考における決定要素として用いているが、この提案が通過すれば、もはやそのようなことはできなくなる。またカリフォルニア大学では、すでに1995年、同大学理事会が1997年から1998年度における入学政策を変更し、人種やエスニシティに関するすべての考慮を行なわないことにしていた。この提案が可決すると、新たな入学方針が前倒しで実施されるかもしれない。

　カリフォルニア大学とカリフォルニア州立大学は、学生や教職員に対して、性別や人種、もしくはエスニシティに基づいた様々な支援プログラムを行なっている。これらには、アウトリーチと呼ばれる福祉活動やカウンセリング、個人指導、財政支援を行なうプログラムが含まれている。したがって、この提案の通過によっておそらく影響を及ぼすプログラムは、これら2つの機関において毎年5,000万ドルを超えるであろう。

　以上のように、住民提案209号によって、年間に合計1億2,500万ドルをはるかに超す州と地方が行なっているプログラムに影響が出るであろうが、実際には以下の4つの理由から節約することができる金額はかなり少なくなると考えられる。すなわち、第1に、この提案によって影響が出る支出額は、活動家が「優遇策」と見なしているものに対する裁判規則や連邦法が、あるプログラムを継続するように要請してくるかどうかによって異なる。第2に、多くの場合、公立学校やコミュニティ・カレッジにおいて、現存するプログラムに使用することができなくなる財源は、これらの機関の他のプログ

ラムに使用される必要がある。第3に、この提案の結果として影響が出る金額は、現存するアファーマティヴ・アクションのプログラムに対して、合衆国憲法違反であるとの判決が下された場合に減少される。1996年現在、5つの州によるアファーマティヴ・アクションに対して、訴訟問題となっている。もしこれらのプログラムのうちのどれかが違憲であると判断されれば、今回の提案が有効になるかどうかに係わりなく、州は同措置に対する費用を支出することはできなくなる。そして第4に、我々が影響をもたらすと考えるプログラムのうちのいくつかは、この提案によって禁止されるもの以外に利用するため、変更されるかもしれない。例えば、カリフォルニア大学とカリフォルニア州立大学によって行なわれている高校のアウトリーチ・プログラムは、目下のところ、その対象としてエスニシティなどの要素を考慮しているが、代わりにカリフォルニア大学やカリフォルニア州立大学への入学志願者が少ない高校を対象とするように変更する可能性がある。

　登録済み有権者に配布される投票用パンフレットには、提案に賛成する立場として、正しいことをするべきだ、人種や性別に基づいた「逆差別」は明らかに誤りである、安易な手段を止めよ、正しい選択は支援を必要とする人だけを支援することであるといった小見出しが付けられている。冒頭には、「30年前、我々は正しい選択をした。差別を禁止する公民権法を通過させたのである。しかし、特別な利害関係によって、公民権運動は強要されることになった。平等の代わりに、政府は割当てや優遇措置、事前にある人数枠を確保することを強要したのである」とある。賛成派の主張によると、人種や性に基づく逆差別は、明らかに誤りであり、仕事を見つけようとしている人は、自分の人種が「目標」や「計画」と合わないために

拒否されている。資格のない人が優遇されることに対して人々は怒りを覚えており、もはや住民提案209号によって、我々国民を区分し引き裂いている恐ろしいプログラムを止めよう、本当に助けを必要としている人だけを助けようと呼びかけた。

　一方で、提案に反対の立場の人々は、女性やマイノリティに対する機会均等に悪影響を与える住民提案209号に反対票を投じようと主張する。カリフォルニア州法では当時、女性やマイノリティに対する機会均等を確保するために、個人指導や教育指導、アウトリーチと呼ばれる福祉活動、就職指導、カウンセリングが認められていたが、住民提案209号はこうしたプログラムを削除しようとすると批判している。すべての人々に対して公平な機会を提供するアファーマティヴ・アクションを改革する代わりに、住民提案209号は現状の問題を一層悪化させるものであるとも言っている。

　住民提案209号は解決策としては程遠いものであるとし、提案の文言は広義であり、機会均等を実現するプログラムを削減するような誤解を招いているとしている。その際のプログラムとしては、マイノリティと女性の学生に対する個人指導や教育指導、資格ある女性とマイノリティの雇用と昇進を奨励するアファーマティヴ・アクション、政府関連の仕事に応募することを奨励するアウトリーチと就職活動のプログラム、そして女学生に勉強を奨励し、数学と科学で身を立てることを模索するプログラムの4つを挙げている。また住民提案209号は、女性に対する差別に風穴を開けるものであると名言する。女性には性差別に対して大変強力な保護規定を持つカリフォルニア州憲法があるが、もはや州や地方政府が公的雇用や教育、州との契約の容認において、女性を区別することは難しくなると考える。さらに、住民提案209号は我々コミュニティの分裂をさらに

大きくするものであるとして、退役軍人であり、後に黒人で初めての国務長官になったパウェルらの見解を掲載している[16]。

ところで、住民提案の行方を考える際には、女性の動向が焦点のひとつとなった。女性はアファーマティヴ・アクションの対象者でもあり、住民提案209号に賛成する場合は、自分たちの利益に直接影響が出ると考えられていたからである。女性の投票行動は固いとされているが、実際には女性の中でもエスニック・グループによって賛否が大きく分かれたと言える。投票の1年以上前に当たる1995年3月に、725人の登録済み有権者を対象に行なったアンケートによれば、一般的に女性の多くがアファーマティヴ・アクションの廃止を求める提案に反対するのではないかと思われていたが、現実としては、女性全体の66パーセントが提案に賛成し、反対36パーセントを大きく上回った。ただし、その内訳を見てみると、白人女性で提案に賛成したのは66パーセント、反対28パーセントであったのに対して、白人以外の女性では、賛成34パーセント、反対65パーセントといった具合に、女性の中でもエスニック・グループによって考えが割れた。

このように、提案に対して白人女性の賛成者が多かった理由として、自分たちがアファーマティヴ・アクションのおかげで出世するとは考えていないこと、むしろ実力で出世したにもかかわらず、そのような目で見られることが彼女たちのプライドを傷つけること、そして白人女性は同じ白人の夫が、同措置のために職を奪われる可能性があることを嫌ったためであるとの見方がある[17]。

アファーマティヴ・アクションの廃止に反対した学生も多かった。カリフォルニア大学バークレー校では、アジア系学生が中心になってチラシを配るなどして反対運動を展開した。また、選挙の約1ヵ

月前である1996年10月9日には、ロサンジェルスにあるオキシデンタル・カレッジ（Occidental College）とウィルシャー・エベル劇場（Wilshire Ebell Theatre）の2ヵ所で、住民提案209号に反対する緊急集会が開かれた。その際には、特別ゲストとして、民主党の連邦上院議員ファインスタイン（Dianne Feinstein）とボクサー（Barbara Boxer）が招かれた。このほかにも、同年9月30日には女性やマイノリティに対するアファーマティヴ・アクションによる「夢を救済せよ」とするスローガンの下に、公民権運動家のジャクソン（Jesse Jackson）や全米女性機構（National Organization for Women：NOW）とフェミニスト・グループの代表者らを乗せたバス・ツアーが、ロサンジェルスとパサデナのいくつかの教会とカリフォルニア大学サンタバーバラ校に寄り、ロサンジェルス市長舎前で記者会見をした後、カリフォルニア大学ロサンジェルス校に向かった[18]。

アファーマティヴ・アクションの廃止をめぐる賛否は、またもや選挙戦の争点のひとつに利用されることになった。住民提案209号の支持母体と州の共和党は300万ドルを投じて、テレビコマーシャルなどを通じて逆差別に対する不平を訴える作戦を展開した。こうした資金的裏付けが十分であった賛成派に対して、反対派はその半額の資金しか投入できなかった。そして反対派は、提案が白人優越主義を支持するものであり、女性の産休や中絶の権利を奪い、女性のスポーツチームをなくすことにつながるといった具合に、ネガティヴ・キャンペーンに終始した。こうして、住民提案209号をめぐり、カリフォルニア社会の世論はまさしく二分されることになった。

それだけでなく、カリフォルニア州における住民提案209号が投げかけた波紋は連邦レベルにまで広がった。同時に行なわれた大統領選挙でも、共和党のドール（Bob Dole）候補は住民提案209号に賛

成の立場をとり、この当時現職のクリントン大統領は、現状のアファーマティヴ・アクションは全面的に受け入れられるものではなく、修正を必要とするものであるとしながらも、提案には反対の立場をとった。

1996年11月5日に行なわれた選挙結果は、提案への賛成者が55パーセント、反対者が45パーセントとなり、同提案は可決した。翌11月6日、ウィルソン知事は住民提案209号の通過に伴い、州政府がCCRIをはじめるための行政命令第136号（Executive Order W-136-96）を発布した[19]。その中には、1995年6月1日に出された行政命令第124号（Executive Order W-124-95）によって、すでに州の諸機関や部局、委員会において、人種や性別、信条、肌の色、宗教、民族、年齢、結婚の有無、肉体的・精神的な障害を基にした差別を禁止していること、1996年11月5日にカリフォルニアの人々が住民提案209号を通過させたこと、それを受けてカリフォルニア州知事であるウィルソンが、カリフォルニア州憲法と法律に基づいて、ただちに効力を発揮する命令をここに下すといったことが書かれている。

一方で、サンフランシスコの連邦地方裁判所のヘンダーソン（Thelton E. Henderson）判事は、1996年11月27日、提案は違憲の可能性があるとして、その施行を一時的に差し止める命令を下した。また同年12月23日には、差し止め期間をさらに延期する決定をした。同日、カリフォルニア州南部地区裁判所判事は、人種や性に関する格差を是正する措置を行なわなくなれば、合衆国憲法第14条に定める法の下の平等を保証できなくなるとして、同提案を州法として施行することに対し、予備的禁止命令を下した。これに対して、連邦第9巡回裁判所の3人の判事は、1997年4月9日、住民提案209号は合憲であるとの判断を示した。これを受けて反対派は、上訴裁判

所に再審理を求め、さらには最高裁への上告を辞さないとする構え を見せた。最終的に連邦最高裁判所は、同年11月3日、投票が行な われてから1年後に、住民提案209号に対する試訴請求を受理しな いと決めたことによって、カリフォルニア州でのアファーマティ ヴ・アクションの廃止が事実上決まった。これにより、すでに1995 年にカリフォルニア大学理事会が決定した、高等教育におけるア ファーマティヴ・アクションの廃止が追認された形となった。

　住民提案209号が出された背景としては、経済不況による財政難 と、マイノリティの増加が挙げられる。登録済み有権者に配布され る投票用パンフレットにもあるように、アファーマティヴ・アク ションを廃止することによって、1億2,500万ドルの州財政に影響 を及ぼすことにつながるとされた。

　ところで2000年の国勢調査によれば、カリフォルニアでは全米で はじめて民族的なマイノリティが、数の上でマジョリティになった。 2000年の国勢調査局によるカリフォルニアの人口の特徴は、ヒスパ ニック・ラティーノ（メキシコ人、プエルトリコ人、キューバ人、その 他）を白人の中に含めているため、白人が59.5パーセント（2017万 0,059人）となっている。また、カリフォルニア州の人口3387万 1,648人のうち、ヒスパニック・ラティーノは1096万6,556人（32.4 パーセント）、ヒスパニック・ラティーノ以外が2290万5,092人（67.6 パーセント）となっている。ヒスパニック系をのぞいた白人の人口 は、1581万6,790人（46.7パーセント）であり、これをもってヒスパ ニック・ラティーノ、アジア系、太平洋諸島の人々、アフリカ系ア メリカ人、アメリカン・インディアン、その他のマイノリティが、 数の上で上回ったことになった[20]。

　1990年における国勢調査の数字は、ヒスパニックを除く白人が

57.1パーセント、マイノリティが42.9パーセントであったのが、10年間で見事に逆転したことになる。サンフランシスコに至っては、77万2,100人の人口の内訳は、白人が37パーセント、アジア系37パーセント、ヒスパニックが16パーセント、黒人が10パーセントといった具合であった[21]。なかでも、ヒスパニックとアジア系人口の増加率が白人を凌駕しており、こうしたマイノリティの増加が今後も予測される中で、アファーマティヴ・アクションの廃止を求める提案が可決されたのであった。急速な勢いで増加するマイノリティに対する白人の危機感が、住民提案209号の背景にあったことは間違いない。

3. アメリカの高等教育におけるアファーマティヴ・アクション論争
―カリフォルニア州とミシガン州の比較考察―

(1) はじめに

アメリカの高等教育の入学選考において、アファーマティヴ・アクションの導入はもはや不要なのであろうか、それとも継続させるべきなのであろうか。

1971年にアファーマティヴ・アクションが高等教育へ導入されて以来、アメリカでは多くの州立大学や私立大学において、マイノリティを積極的に受け入れ、成果を上げてきた。しかし、今度は逆に、この措置によって白人が逆差別を被っているとして問題視されるようになる。なかでも、カリフォルニア大学デーヴィス校のメディカルスクールに入学を志願した白人男性であるバッキ（Allan Bakke）が、自分の不合格はマイノリティ学生のために設けられた特別プロ

グラムのせいであるとして、大学側を相手取って起こした個人訴訟が契機となり、アファーマティヴ・アクションを高等教育に適用すべきか否かが問われはじめた。

これ以降、大小さまざまな訴訟が起こるが、基本的には事前に入学枠を設けることは違憲であるが、入学選考に当たって人種をひとつの要因とすることは認められるとした、1978年の最高裁によるいわゆるバッキ判決が、同措置を高等教育における入学選考に当てはめる際の指針となったと言えよう。

やがて1990年代に入ると、新たな動きが見られるようになった。対立する大きな動きとして、全米で最も人口が多いカリフォルニア州にあるカリフォルニア大学理事会が1995年に下したアファーマティヴ・アクションを廃止する決定およびその後の住民提案209号に代表される立場と、1997年にミシガン大学およびミシガン大学ロースクール（University of Michigan Law School）を対象とする訴訟が起こされたにもかかわらず、アファーマティヴ・アクションを支持する同校の立場がその代表的なものである。すなわち高等教育の現場において、前者のようにアファーマティヴ・アクションの撤廃を打ち出す大学と、後者のように強く擁護する立場に分裂する状況が生じたのである。これらが契機となり、他州においても同措置に対する賛否が議論されることになる。

本節では、この相対立する2つの動きを例として、政治的にも社会的にも注目され、全米で論争を巻き起こしているアファーマティヴ・アクションについて、高等教育の現場において今なおその必要性があるのか否かを検討したいと考えている。特に同措置を導入以後、高等教育において様々な取り組みがなされ、アファーマティヴ・アクションが一定の成果を上げてきている中で、カリフォルニ

ア大学がなぜ廃止を決定したのか、その後今日に至るまでにどのような影響があり、大学側がどのような対策を示したのか、そして2003年6月にはミシガン大学に対して最高裁判決が下されたが、これ以降、同大学の方針に変化が見られたのかどうかという点についても考察を加えている。これらについて、各大学で調査された資料を下に分析を行なうことにより、アファーマティヴ・アクションを導入した当初の目論見どおり、本当の意味でグラス・シーリングのない平等な状況がアメリカ社会にもたらされているのかどうかについて、ひとつの結論が出されるものと考える。

なお、高等教育におけるアファーマティヴ・アクションとは、実際には大学および大学院レベルにおける入学枠、奨学金枠、教員や職員の雇用枠などが対象となるが、本節では新規学生の入学枠を主たる対象とすることとする。

(2) 高等教育とアファーマティヴ・アクション

アメリカの教育現場における社会的不平等を象徴する事例としては、1896年の最高裁におけるプレッシー対ファーガソン判決 (Plessy v. Ferguson) が挙げられる。これにより、アメリカ南部における教育は「分離すれども平等 (Separate but Edual)」主義が確立し、同様の施設さえ提供すれば、白人と黒人とが別々に教育を施されたとしても違憲とはみなされない立場が採られた。その後この立場が覆されることになるのは、約半世紀のち1954年のブラウン対教育委員会判決 (Brown v. Board of Education) においてである。しかし、特にアメリカ南部において実際に統合教育が本格化するまでにはさらに多くの時間を要し、現在においても完全に統合教育が実現したとは言いがたい状況にある。

アメリカでは、初等および中等教育における格差が生じ、実際には教育を受ける権利があるにもかかわらず、マイノリティに対する社会的偏見やいじめが見られ、高等教育を受けるまでに至らないいマイノリティを生み出してきたという事実がある。近年では、マイノリティに二言語併用教育を受ける機会が提供されているにもかかわらず、結局は英語の授業について行けず中途退学を余儀なくされる、あるいは貧困世帯では家計を助けるために仕事に従事する必要性が生じるなど、様々な意味で教育環境が十分に整っていないことが指摘されている。

ニクソン大統領がアファーマティヴ・アクションを高等教育に導入したのは、このように能力はありながらも、学費や家庭環境のために大学や大学院に入学することをあきらめざるを得なかったマイノリティを積極的に招き入れることによって、マイノリティの指導者を社会に輩出することを目的としたものであった。

ところで、連邦政府による措置が講じられる以前に、マイノリティを積極的に受け入れる方針を採った大学も見られた。例えば、ニュージャージー州にあるラトガーズ大学ロースクール（Rutgers University Law School）では、同州のニューアーク市が暴動により焼かれた1967年に、アファーマティヴ・アクションと同じ趣旨の政策が提案され、翌1968年からマイノリティ学生のためのプログラムが実施された。その背景には、当時、ニュージャージー州には約1万人の弁護士がいたにもかかわらず、同校を卒業した黒人学生は1960年の創設以来わずか12人に過ぎず、マイノリティ全体でもわずか98人にとどまっていたという現実があった。ラトガーズ大学のアスキン（Frank Askin）教授は、「法曹界においてマイノリティの弁護士を増加させることが社会的ニーズとして求められている」と語った。

第3章　アファーマティヴ・アクション論争

　ラトガーズ大学は、その後一世代をかけて、飛躍的な成果を遂げた。すなわち、1990年までにニュージャージー州の法曹界は2万1,000人（1960年代後半の約2倍）に増加したが、その中でマイノリティの弁護士は約2,000人（法曹界全体の7パーセント）に上ったのである。実際に弁護士になったマイノリティのうち、約40パーセントがラトガーズの特別プログラムを経たのであった。同校では、マイノリティの対象者として、黒人、ヒスパニック、アジア系、ネイティヴ・アメリカンを対象としており、クラスの25パーセントをマイノリティの有資格者のために留保しておいた。これに加えて1978年には、その枠組みは経済的に不利益を被っている白人にも拡大され、全体の30パーセント、240人中72人が対象者になった。その結果、このプログラムによる入学者の10人に1人が白人となった。さらに、同プログラムで入学した学生のうち90パーセントが卒業を果たし、一般入学プログラムで入学した学生の95パーセントと比較しても、遜色のない数値となった。ただしその一方で、司法試験の合格率は、特別プログラムの学生が70パーセント、一般のプログラムの学生が94パーセントといった具合に、かなりの差が出た。こうした具体的な結果も残せるまでに進展したのを受けて、ラトガーズ大学ロースクールは、「こうした特別入学プログラムがなかったら、すべての学生が白人になっていたであろう」との見解を示した[22]。

　アファーマティヴ・アクションをめぐる一連の訴訟の中で、1978年のバッキ判決はその後の同様な訴訟におけるガイドラインになったと言えよう。バッキ判決とは、カリフォルニア大学デーヴィス校のメディカルスクール（1968年設立）に入学を志願していた北欧系の白人男性であるバッキが、1973年とその翌年に同校を受験したものの不合格となったことに対して、大学側を相手取って起こした個人

159

訴訟である。

　同校の定員は100人で、アファーマティヴ・アクションが導入される前の入学年度とその翌年のマイノリティは、アジア系の3人だけであった。そして、全米医学部連合の勧告に基づいてマイノリティの入学を推進するために、正規入学プログラムのほかに、特別入学プログラムを設けることになった。特別入学プログラムは、1973年度には、経済的または教育的に恵まれない経歴の持ち主が、1974年度には、黒人、ヒスパニック、アジア系、アメリカン・インディアンである志願者が対象とされ、16人の枠が割り当てられることになっていた。

　実際には、特別入学プログラムに貧困を理由として白人志願者が応募しても、誰も入学を認められることはなく、1971年から74年の間に黒人21人、ヒスパニック30人、アジア系12人の入学が同枠によって許可された。一方、この間に正規入学プログラムで入学したマイノリティは、黒人1人、ヒスパニック6人、アジア系37人であった。

　1973年に特別入学プログラムで入学を許可された者の評定平均値（Grade Point Average：以下、GPA）は、平均で2.88、正規入学プログラムでの入学許可者の場合は3.49であり、バッキは3.51であった。もっともアメリカの場合は、日本とは異なり、入学前に行なわれる統一試験や学業成績だけで入学が決定されるのではない。メディカルスクールの正規入学プログラムの場合、GPA、大学進学適性検査（Scholastic Aptitude Test：以下、SAT）の得点、推薦状、課外活動、面接の合計点によって決定されるのである。しかしバッキは、特別入学プログラムで合格した志願者が、自分よりも少なくとも成績の点で劣っていたことを理由に、入学許可を求める訴えを起こしたの

であった。

原告は、同校が採用している特別入学者選考制度は人種割当てであり、合衆国憲法修正第14条の平等保護条項、および同種の州憲法の条項、連邦から資金援助を受ける事業において人種差別を禁止した1964年の公民権法第6編 (the Civil Rights Act, Title VI) に違反していると主張した。これに対して最高裁判決は、原告の訴えを認めた。その理由として、本件の特別入学者選考制度は、人種のみに基づいて一定の定員を別枠にしている点で、あからさまな差別の意図が明白であり、平等条項によって保護される個人の権利を無視していることが致命傷であるとされた。ただし、判事の考えは9人中4人が原判決全部破棄、4人が原判決全部容認、そして残りの1人が原判決一部容認一部破棄といった微妙なものであった。しかも、志願者の人種を一切考慮してはならないとの差止め命令は破棄するとされた。

すなわちこのバッキ判決は、「国の将来は、国民の多様性を反映した学生の考えと慣習を広く取り入れた教育を受けた指導者たちにかかっている[23]」と主審のパウェル (Lewis Powell) 判事が明言したように、大学の入学選考過程において、人種をひとつの要因として考慮に入れることを認めたことに意義がある[24]。そしてこの判決以降、「最高裁判所の審議はダンスのようだ[25]」と称されるように、判事9人の考えが一致することはなく、多くの場合、5対4といった具合に意見が二分し、1人の決断により判決が左右されることが頻繁に見られるようになった。

その後、アファーマティヴ・アクションの定義を揺るがしかねない画期的な判決が下された。1994年のポドブレスキー対カーワン判決 (Podberesky v. Kirwan) で連邦上訴裁判所は、メリーランド大学

161

(University of Maryland)が過去の隔離の歴史とそれに関連した継続問題を詳述したにもかかわらず、大学における黒人に対する特別な奨学金プログラムは認められないとした。これによって、たとえ過去の差別を除くためであっても、そしてその問題が現在も続いていたとしても、各機関においてアファーマティヴ・アクションを拒否することが可能となった。

テキサス州においても、1996年3月20日にホップウッド対テキサス判決（Hopwood v. Texas）で連邦第5巡回裁判所は、テキサス大学ロースクール（University of Texas Law School）が過去において行なってきた差別やテキサス州の初等・中等教育制度における差別の救済策であってとしても、また多くの要素のひとつとしてであっても、ロースクールのプログラムにおけるアファーマティヴ・アクションを正当化することはできないとした。同年6月には、連邦最高裁判所が3月の判決について再審理を拒否した。

すなわちこれらの判決によって、第1に、アファーマティヴ・アクションの前提として最初に定義した、過去における差別を是正するという目的を否定する事例が出たこと、第2に、バッキ判決で支持されていたアファーマティヴ・アクションの必要性が否定されたことになる。このように、アファーマティヴ・アクション本来の趣旨さえも否定する事例が出たということは、アメリカの司法部においてもアファーマティヴ・アクションに対する社会的なコンセンサスが明らかに崩れてきていることを意味する。

(3) カリフォルニア大学とアファーマティヴ・アクション

① カリフォルニア大学におけるアファーマティヴ・アクション

ところで、アファーマティヴ・アクションの導入前後では、実際

第3章　アファーマティヴ・アクション論争

図2　カリフォルニア大学バークレー校におけるエスニック・グループの変化——全学年に占める構成率

エスニック・グループ	1970-1971年	1993-1994年
白人	61%	32%
アジア系	12%	39%
黒人	4%	6%
チカノ、ラティーノ	3%	14%
ネイティヴ・アメリカン	0.4%	1%
その他、不明	20%	8%

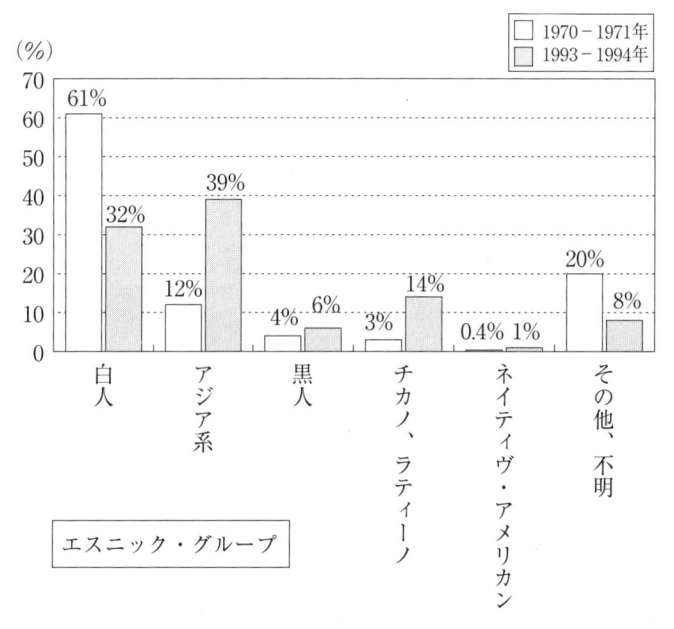

出典：*The San Francisco Chronicle*, May 16, 1995 に掲げられた数値から作成。

にアメリカ社会にどのような変化があったのであろうか。ここでは、9つのキャンパスがあるカリフォルニア大学のうち、入学志願者の競争率が高いバークレー校を例として取り上げる。**図2**を見ると、アファーマティヴ・アクション導入以前である1970－1971年度と1993－1994年度とでは、全学部学生に占めるエスニック・グループの構成がかなり変化したことがわかる。

この表から、20年間でアジア系が3倍以上、チカノ、ラティーノが4倍以上、ネイティヴ・アメリカンは2倍以上、黒人は2パーセ

ントの伸びを示す一方で、白人の割合は61パーセントから32パーセントにほぼ半減していることがわかる。そして、バークレー校の学部在学生で最大のエスニック・グループは、白人からアジア系へと変化した。

かつてはマイノリティとみなされていたアジア系であるが、6年以内に卒業する学生の割合は白人を凌駕しており、黒人やラティーノの学生も、学位を持たずに大学を去る割合はかなり減少してきた。1982年と1988年を比較すると、この6年間に学位を取得する割合は黒人で4割から6割に、アメリカン・インディアンで3割から6割以上へと伸びた[26]。

さて、こうしたエスニック・グループの推移から、どのようなことが言えるのであろうか。ここでは、単にカリフォルニア大学がマイノリティを高等教育に積極的に受け入れ、多様性を実現してきたということだけでなく、カリフォルニアの人口構成そのものが変化したことを見逃してはならない。すなわち、実際にはいわゆるマイノリティが数の上では多数派を占めるようになり、白人が数値的な

図3－1 カリフォルニアの人種・エスニック分布

- その他・不明・13.2%
- ネイティヴ・アメリカン・0.8%
- 黒人・7.4%
- アジア系・9.6%
- ヒスパニック・25.8%
- 白人・69.0%

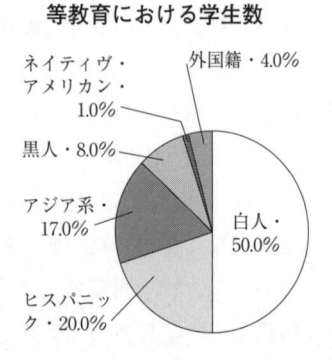

図3－2 カリフォルニアの高等教育における学生数

- 外国籍・4.0%
- ネイティヴ・アメリカン・1.0%
- 黒人・8.0%
- アジア系・17.0%
- ヒスパニック・20.0%
- 白人・50.0%

図3-3 カリフォルニア大学バークレー校における学部学生数

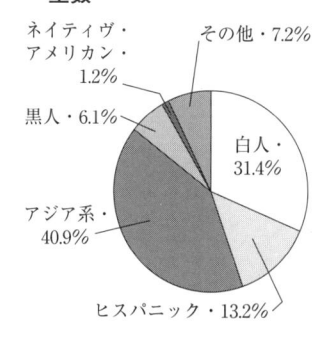

- ネイティヴ・アメリカン・1.2%
- その他・7.2%
- 黒人・6.1%
- 白人・31.4%
- アジア系・40.9%
- ヒスパニック・13.2%

少数派になった点である。しかし、注意しなければならない問題は、変化した人口構成と入学者とが比例していないことであり、特に急増したスペイン語圏のチカノ、ラティーノにこうした動向が顕著に見られる。

図3-1、3-2、3-3および**表1**は、カリフォルニア大学が提供したいずれも1997年のカリフォルニアの人種・エス

表1 カリフォルニアにおける人種・エスニック分布の現状（1997年）

(単位：パーセント)

	白人	ヒスパニック	アジア系	黒人	ネイティヴ・アメリカン	その他 ***
カリフォルニアの人種・エスニック分布*	69.0	25.8	9.6	7.4	0.8	13.2
カリフォルニアの高等教育における学生数**	50.0	20.0	17.0	8.0	1.0	4.0
カリフォルニア大学バークレー校における学部学生数	31.4	13.2	40.9	6.1	1.2	7.2

＊本欄は出典においても、合計100パーセントを超えており、重複回答が認められていたと考えられる。なお、2000年の国勢調査では、白人59.5パーセントのうち、「ヒスパニック・ラティーノでない白人」は46.7パーセントと過半数を下回った。このことから、本欄の白人にもヒスパニックが含まれていると推察される。

** カリフォルニアの高等教育における学生数の割合は、出典では小数点以下が未記入であるためすべて小数点第1位を0とした。
*** 図3に記したように、その他の項目の詳細は上からその他・不明、外国籍、その他である。
出典：**図3－1**、**3－2**、**3－3**、**表1** Regents of the University of California, Resource: A Reference Guide for New Berkeley Students, 1998/99 edition (Berkeley, California: New Student Services, University of California, 1998), p.7 より作成。

ニック分布、カリフォルニアの高等教育（2年制・4年制・大学院を含む）における学生数、そしてカリフォルニア大学バークレー校における学部学生数である。

　これらの図表からわかるように、カリフォルニア大学バークレー校における人種およびエスニック分布において、同州の人口構成と比較してほぼ同等もしくはそれ以上確保できているのは、アジア系とネイティヴ・アメリカンだけであり、白人、ヒスパニック、黒人はそれ以下となっている現状がある。特にアジア系は、4倍以上である反面、白人とヒスパニックは半分以下になっている。

　この調査が行なわれた1997年は、カリフォルニア大学がアファーマティヴ・アクションの適用を廃止する前年であったため、すでに入学志願者にはその心理的な影響があったかもしれない。こうした数値から考えられることは、第1に、同校におけるアジア系学生の増加が白人やヒスパニックの増加を相対的には阻止していること、第2に、アファーマティヴ・アクションの適用を受けていても、ヒスパニックと黒人は人口比より低い割合しか大学に在籍できていないこと、またネイティヴ・アメリカンについても、かろうじて人口比を確保している状況にあることなどがわかる。

　さて、学部学生についてはこうしたデータが得られたが、これを大学院学生と比較してみると興味深いことがわかる。**図4－1**、4

第3章 アファーマティヴ・アクション論争

図4-1 学部学生の構成分布（2万1738人中）

- ネイティヴ・アメリカン・1.12%
- 外国籍・3.72%
- その他・不明・6.93%
- 黒人・5.84%
- 白人・30.24%
- アジア系・39.4%
- ヒスパニック・12.75%

図4-2 大学院学生の構成分布（8552人中）

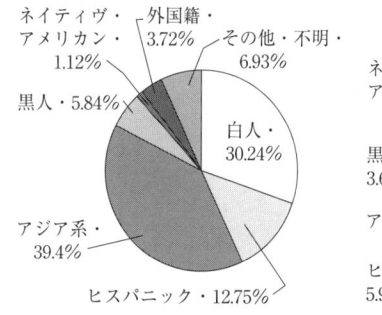

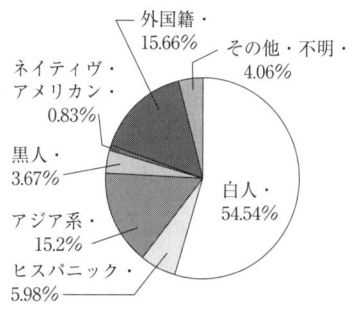

- 外国籍・15.66%
- その他・不明・4.06%
- ネイティヴ・アメリカン・0.83%
- 黒人・3.67%
- 白人・54.54%
- アジア系・15.2%
- ヒスパニック・5.98%

表2　学部学生（2万1,738人中）および大学院学生（8,552人中）の構成分布

（単位：パーセント）

	白人	ヒスパニック	アジア系	黒人	ネイティヴ・アメリカン	外国籍	その他、不明
学部学生	30.24	12.75	39.4	5.84	1.12	3.72	6.93
大学院学生	54.54	5.98	15.2	3.67	0.83	15.66	4.06

出典：図4-1、4-2、表2 Regents of the University of California, Resource: A Reference Guide for New Berkeley Students, 1998/99 edition, p.7 より作成。

-2および表2は、1997年秋学期にカリフォルニア大学バークレー校に在籍する学生のエスニック別構成を、それぞれ学部生全体および大学院生全体に占める割合で示したものである。

このように、学部から大学院へと進学するにつれて、いわゆるマイノリティの割合が大幅に減少する一方で、白人の割合が増加している。ここから、勉学を続ける家庭環境や学資の点で、白人が圧倒的に優位にあることがわかる。

また、この間に女性の大学進学率も飛躍的な進歩を遂げた。イン

ディペンデント・ウィメンズ・フォーラム（Independent Women's Forum）によれば、1960年に学士号を授与された女性は、全体の19パーセントに過ぎなかったが、1995年には55パーセントに上った。さらに同時期における経営学修士（MBA）や医学博士（MD）、法学博士（JD）といった専門分野では、女性の数が500パーセント増加した[27]。

1996年に行なわれた調査によれば、カリフォルニア大学バークレー校では2万5,104人の志願者のうち、9,020人の入学が認められ（志願者に占める割合は66パーセント）、このうち3,708人が新規登録を行なった（入学許可者に占める割合は41パーセント）。これら登録者のエスニシティは、アジア系（39.6パーセント）と白人が二大グループを形成しており、次いでチカノ（10.8パーセント）、黒人（6.5パーセント）、ラティーノ（4.4パーセント）、ネイティヴ・アメリカン（1.4パーセント）となっている。ここに出てくるアジア系には、中国系（39.6パーセント中の21.5パーセント）がかなりの割合を占めており、次に多い韓国系（5パーセント）を大きく引き離している。これら新規登録者の73.2パーセントは人文系もしくは社会科学系学部（Letters and Science）に所属し、これに次いで多い工学部（Engineering）の13.1パーセントとの間にはかなりの開きが見られる。

また、エスニシティごとに相違が見られるが、平均すると女性の割合は50.4パーセントになる。興味深いことは、女性の比率が最も高いのはネイティヴ・アメリカン（63.5パーセント）であり、次に黒人（60.5パーセント）、フィリピン系（59.2パーセント）である。これとは逆に男性の比率が高いのは、太平洋諸島系（66.7パーセント）、他国からの入学者（58.3パーセント）、白人（54.8パーセント）である[28]。

カリフォルニア大学バークレー校では、学業成績のほかに個人の

関心や社会活動などを考慮して入学を許可している。高校におけるGPAは、志願者の平均値で3.71、新規登録者で3.84であるが、4.00以上の志願者（全体の43.2パーセント）であっても、入学が許可されたのは69.3パーセント、新規登録者の61.4パーセントに過ぎない[29]。

ところで、大学の入学者におけるエスニック・グループごとの差異でもっとも顕著なことは、入学者の家庭環境である。新入生の両親の平均収入は、年間6万ドルであったが、25パーセントの新入生は年収2万9,000ドル以下の家庭であり、これとは逆に同じく25パーセントの新入生は年収10万ドル以上の家庭である。ここにもエスニック・グループごとの相違が現れており、主なエスニック・グループのうち、チカノ（平均年収3万5千ドル）と黒人（同4万ドル）が最も低い世帯収入であり、一方で、白人（同8万5,000ドル）とフィリピン系（同6万5,000ドル）は最も高い世帯収入の家庭であることがわかる。

新入生の両親の学歴を見ると、43パーセントの父親が大学院の学位もしくは大学院での教育を受けており、これに4年制大学の学位を持つ23.4パーセントを加えると、66.4パーセントは高等教育を受けたことのある父親を持っていることになる。逆に、高校卒業以下の学歴しか有さない父親を持つチカノは47.2パーセントに上り、次いで黒人は23.0パーセント、アジア系は19.0パーセント、白人は5.1パーセントであった。同様に母親について見てみると、37パーセントが大学院の学位もしくは大学院での教育を受けており、これに4年制大学の学位を持つ11.1パーセントを加えると、48.1パーセントの母親が高等教育を受けていた。さらに、47.4パーセントの新入生は、両親のうちどちらかが大学院の学位もしくは大学院での教

育を受けている一方で、両親とも大学教育を受けていない家庭は14.0パーセントに過ぎないこともわかった[30]。以上の結果、両親の学歴においてもエスニック・グループによる格差が顕著に見られることがわかった。

② 1995年におけるカリフォルニア大学理事会の決定とその余波

さて、依然として実際に大学生の家庭環境においてエスニックごとの違いが見られるにもかかわらず、1994年8月、黒人の富裕なビジネスマンで、カリフォルニア大学の理事でもあるコナリーは、州議会下院司法委員会での公聴会においてアファーマティヴ・アクションの公平性を疑問視する発言をした。当時彼は、「アファーマティヴ・アクションは優遇や割当てを制度化するものである」あるいは「黒人の直面している問題は、すべてのアメリカの若者が直面している脅威と何ら相違ない[31]」と考えていた。さらにコナリーは、翌1995年1月中旬に開催されたカリフォルニア大学の理事会においても、同じ趣旨の発言を行なった[32]。

ウィルソン・カリフォルニア州知事は、就任当初はアファーマティヴ・アクションを支持していたが、共和党の大統領予備選挙への出馬を目指した1995年2月にはその立場を覆し、州レベルの住民提案で同措置を撤廃するため、後に住民提案209号となるカリフォルニア公民権発議（CCRI）を支援するようになった。この頃はちょうど民主党のクリントン大統領が、連邦レベルのすべてのアファーマティヴ・アクションを見直すように指示した時期でもあったが、ウィルソン知事の方針転換は、州知事の最大の選挙資金提供者であったコナリーの影響が大きかったと考えるのが妥当であろう。

カリフォルニア大学理事会は、最終的には1995年7月20日、「入学に関する平等待遇を確保する政策（The Policy Ensuring Equal

Treatment Admissions : SP-1)」および「雇用と契約に関する平等待遇を確保する政策 (The Policy Ensuring Equal Treatment Employment and Contracting : SP-2)」を決議し、アファーマティヴ・アクションの採用を廃止する決定を下した。その際、教職員、学生はこれに反対の立場をとっていたにもかかわらず、カリフォルニア大学理事会が現場の反対を押し切る形で同措置の廃止を決定できたのは、彼らの多くが政治的任命によって選出されていることによる。当時の理事会は、26人のうち18人が知事によって任命されており、さらにこのうちの17人が現職のウィルソン知事をはじめ、歴代の共和党知事によって任命されていた（残りの1人は民主党前任者による任命）[33]。

理事会での投票を目前に控えた段階でも、12人がアファーマティヴ・アクションの廃止に賛成、12人が反対、2人が未定という拮抗した状態が続いていた。しかし、おそらくウィルソン知事とコナリーの説得を受けて、結局のところ、入学枠については24人の理事が投票に参加し、このうち賛成14、反対10で廃止が決定し、雇用に関しては25人の理事が投票に参加し、このうち賛成15、反対10で同じく廃止が決定した。この時点では、雇用については1996年1月1日から、入学については1997年1月1日（実際には1998年秋学期の入学者）からこの決定を反映させることになった。

そしてこの決定から5ヵ月後に、コナリーはアファーマティヴ・アクションの導入を禁止する州規模の住民提案を行なうキャンペーンの代表になることに同意している[34]。この住民提案209号が可決されるまでの一連の動きを見てみると、カリフォルニア大学理事会、特にコナリーがアファーマティヴ・アクションの廃止を決定する上で果たした役割が非常に大きいことがわかる。

ところでカリフォルニア大学では、アファーマティヴ・アクショ

ンを廃止した後、州内にある各高校の成績上位者4パーセントに同大学への入学を許可することにした(35)。これは4パーセント解決策(4％ solution)と名付けられ、マイノリティ学生が多く通う高校にも同じ条件が適用されるため、結果的にマイノリティ学生にも門戸を開くことになるというものであった。

では、カリフォルニア大学を志願する学生に、アファーマティヴ・アクションが適用されなくなったことによる影響は、どれほど出たのであろうか。カリフォルニア大学バークレー校の新入生について、1997年と1999年の黒人、チカノおよびラティーノ、ネイティヴ・アメリカンといった本来の割合に満たないマイノリティ (under-represented minorities) の数を比較してみると、それぞれ7.3から3.6パーセント、13.4から9.1パーセント、0.7から0.6パーセントに減少したことがわかる(36)。

同校の学部学生について、また別の調査では、アファーマティヴ・アクションを適用しなくなった初年度(1998年)における本来の割合に満たないマイノリティ学生の数は、前年の1,897人から818人と57パーセント減少し、翌1999年には前年の818人から1,056人へと29パーセント増加したが、それでも依然として1997年の入学レベルの56パーセントに過ぎない。エスニック・グループごとに見てみると、黒人で68パーセント、ラティーノで53パーセントにそれぞれ減少し、同大学ロサンジェルス校では、それぞれ43パーセント、33パーセントにまで減少した。その一方で、白人の新入学生もわずかに減ったが、アジア系の入学者は増加した。このように、カリフォルニアでは同措置を撤廃したことにより、アジア系学生の門戸はかなり広げられたことになった。

同様にカリフォルニア大学ロサンジェルス校でも、同じく学部学

生におけるマイノリティの数は、2,121人から1,358人と36パーセント減少し、この状況は1999年も続いていた。

また、同大学のロースクールにおいても、類似した影響が出た。すなわち、バークレー校では1996年には172人であったマイノリティが、1998年には96人に(44パーセントの減少)、同様にロサンジェルス校では222人から68人に(69パーセントの減少)となった。しかしその一方で、同じカリフォルニア大学でも競争倍率がさほど高くないリバーサイド校などでは、マイノリティの数は1997年と比べて61パーセント増加している。さらに興味深いことには、大学進学適性試験(SAT)の得点が同じ程度の場合、競争力のある大学に行っているマイノリティの方が、卒業できる割合が高くなったこともわかっている[37]。すなわち、アファーマティヴ・アクションを適用しなくなったことで、マイノリティが競争力の低い大学へと流れたが、こうした動向によって、実際には競争力の高い大学に通学したマイノリティ学生の方が学習意欲が向上し、卒業に至る割合も高まる結果になったと考えられる。

さて、2000年に行なわれた国勢調査によると、カリフォルニア州では、非白人(マイノリティ)がヒスパニックを含まない白人を僅差ながら上回るなど、人口動態に大きな変化が生じた。このように州人口における多様化が進んだにもかかわらず、前述のようにカリフォルニア大学バークレー校では、特に黒人やヒスパニック、ネイティヴ・アメリカンといったマイノリティの学生や、黒人の職員、女性とマイノリティの教員がかなり減少した。こうした事態を受けて、同校では2000年7月19日に、学長の下で多様性(diversity)に関する助言委員会による報告書を作成した。その中には、均衡と多様性を追求する副学長を設けることが勧告され、多様性を強化するた

めの具体的な手法が掲げられており、アファーマティヴ・アクションの重要性を改めて認識する形となった[38]。

そしてついに、2001年5月16日、カリフォルニア大学理事会は、1995年に決定したアファーマティヴ・アクションの廃止措置を、コナリーを含む全会一致で撤回することに踏み切った。理事会と大学当局は、このような政策の転換による実質的な影響について、次の2点を挙げている。すなわち第1に、大学当局としては、16日の投票によって、1995年以来、大学の入学においてマイノリティが歓迎されていないという認識が生じたものを取り除くことが期待できること、第2に、今回の投票によって、入学方針の変更に道筋をつける可能性が出て来ることである。1995年以降、カリフォルニア大学における入学者の選考は2本立てで行なわれてきた。各キャンパスでは、入学許可を出すすべての学生のうちの50から75パーセントを、学業成績のみに基づいて選考し、残りの50から25パーセントの学生については、運動競技上の能力から家庭の経済状況などの克服すべき逆境 (overcoming adversity) に至るすべてを含めたその他の要素を考慮して選考していた[39]。ここでは、4パーセント解決策による入学者は、後者に含まれる。

しかしその後2002年になっても、カリフォルニア大学ロサンジェルス校ロースクールに入学したマイノリティの数は、人種を考慮した最後の年には全体の22.5パーセントであったものが、13パーセントに減少するなど、あまり効果が見られていない[40]。

アファーマティヴ・アクションの廃止を撤回した2001年5月の決議によって、カリフォルニア大学理事会と大学当局との間には溝がなくなったかのように思われたが、入学方針をめぐる両者の対立は依然として続いている。2003年10月には、カリフォルニア大学の

ムーア（John J. Moores）理事長が、学部学生が所属する8つのキャンパスにおいて、2002年に入学した学生のうち400人近くが、SAT（1600点満点）に関して600から1000点（同年に入学を許可された学生の平均は1337点）というかなり低い得点であったにもかかわらず入学したとの報告書を理事会に出した。

それによると、このほかにも実際にはSATの得点が1400から1500点未満であった2500人に加えて、1500点以上を取った600人を超す学生までもが、入学を認められなかったと指摘されている。大学当局は、ムーア理事長の出した結論の一部には誤解があるとして反論する一方で、こうした理事長からの公然とした批判に落胆の色を隠せなかった。

バークレー校の当局者は、たとえSATの点数が高得点の学生であっても、極端に競争力の高い学部や他州の居住者は、GPAの値が低ければ入学を認められず、ましてやSATだけが入学を決定する最も重要な基準ではなく、個人の業績も考慮の対象になることを強調した。そしてバークレー校においては、SATで1000点以下であった学生全員が、学業と個人的な業績において目を見張るものがあったとしている。具体的には、これに該当する学生の約半分は、前述のように高校卒業時の成績がその高校で上位4パーセントに含まれているか、SATとは別の入学試験であるアメリカ大学入学学力試験（American College Test：以下、ACT）において好成績を収めていること、彼らはバークレー校の1年生としてよくやっており、誰ひとり学力不足の者はいないと断言した。

カリフォルニア大学では、2001年に入学選考について包括的な見直しを行ない、学業上の成績や試験の得点を主軸にしながらも、個人的な要因も考慮の対象とすることを認めた。また、各高校の成績

上位4パーセントの学生全員について、一部のキャンパスを除き自動的に合格を保証する制度を採ってきた。

この時点でムーア理事長は、カリフォルニア大学に入学を許可された者とそうでない者について、自分の出した仮の報告書では調査できなかった、学生の人種やエスニシティ、社会経済的な地位といった人口統計学上の要因、さらにはSATの得点が各キャンパスに合格した学生の平均値よりも低い学生の学業成績を含めた様々な事柄について、カリフォルニア大学の制度を検証するよう要請したところ、これについて同大学のダインズ（Robert C. Dynes）学長は、州全体の調査に乗り出すことに合意した[41]。

（4）ミシガン大学とアファーマティヴ・アクション

① ミシガン大学におけるアファーマティヴ・アクション

ミシガン大学では、黒人とヒスパニック、ネイティヴ・アメリカンを学業成績だけではある一定数を確保できない、アファーマティヴ・アクションの対象者としている。2001年にミシガン大学に入学した学生のエスニック・グループの割合は次のようになっている。白人が65.0パーセント（3,456人）、黒人が9.4パーセント（499人）、ヒスパニックが4.9パーセント（263人）、アジア系が13.0パーセント（692人）、ネイティヴ・アメリカンが0.9パーセント（50人）、その他・不明が6.8パーセント（360人）となっている[42]。

2000年の国勢調査によれば、ミシガン州の人口構成は、白人が80.2パーセント、黒人が14.2パーセント、ヒスパニックが3.3パーセント、アジア系が1.8パーセント、ネイティヴ・アメリカンとアラスカ・ネイティヴが0.6パーセントとなっている[43]。したがって州人口と比較した場合、ミシガン大学の学生の割合は、白人が15

パーセント、黒人が4.8パーセントそれぞれ少ないほかは、ヒスパニックが1.6パーセント、アジア系が11.2パーセント、ネイティヴ・アメリカンが0.3パーセント、いずれも上回っていることがわかる。

ミシガン大学では、大学を挙げてアファーマティヴ・アクションに取り組んでいると言える。学部学生を対象としたパンフレットには、「ミシガン大学非差別政策」の文言が至るところに書かれており、専門大学院であるビジネススクールにおいても多様性を重視していることが常に明記されている。また、ミシガン大学にはアファーマティヴ・アクションの実施に当たる専門の「大学の多文化を首唱する事務局（Office of Academic Multicultural Initiatives）」があり、ここが中心となって大規模なアンケート調査も行なっている。

図5－1を見ると、両親からの多額（年間8,000ドル以上）な経済的支援を期待できるのはアジア系アメリカ人（61パーセント）、白人（44パーセント）、であり、ラティーノ（29パーセント）、アフリカ系アメリカ人（18パーセント）と比べると、大きく差が出ている。これとほぼ比例して、大学4年生の時のアルバイトの状況について見てみると、アジア系アメリカ人は何もしていない学生が43パーセント、次いで白人の34パーセントとなっているが、アフリカ系アメリカ人では16パーセントと少なくなっており、逆に1週間に付き20時間以上アルバイトをしている学生は、アフリカ系アメリカ人が20パーセントと最も多くなっている（**図5－2**参照）。

図5－3は、入学時の知的目標についての質問項目であるが、幅広い教育と正しい認識を得ること、友人と意見交換をすること、授業以外に会って話すことのできる教員と知り合うこと、学業においてトップレベルの学生になることに重要性を見出すことのほぼすべ

て(第2項目のみ2パーセント差でアジア系アメリカ人が多い)において、白人ではなくアフリカ系アメリカ人がトップであり、大学に通う目的意識が高いことがわかる。

ミシガン大学に通学することは「正しい選択であった」と確信することに同意する学生は、4つのエスニック・グループともに60パーセントを超えているが、これに同意しない学生で最も多かったのがアフリカ系アメリカ人(31パーセント)であった(**図5-4**参照)。この理由の手掛りのひとつとして、図5-9の結果が考えられる。

図5-5は、学生に対して最も影響を与えた教員の人種もしくはエスニシティを尋ねたものである。全体的には、教員の構成で最も多い白人と答えた学生が多いが、注目すべきは、アフリカ系アメリカ人のうち38パーセントが自分と同じ肌の色のエスニシティを選択していることである。すなわちアフリカ系アメリカ人にとって、白人ではなく同じエスニシティの教員の存在が重要であることを裏付けている。

図5-6は、人種的な不公正に対する懸念をなくすための主要な責任は大学にあるとの質問項目に対して、同意すると答えた学生の数と、高等教育には引き続き人種やエスニック・グループに対する差別があるので、こうした不公平を助長する組織的な障壁を断固として取り除くことを大学に要請すると答えた学生の割合であるが、いずれも大変高い割合である。ただしこの質問項目に対しては、白人の回答割合が相対的に低いことが目に付いた。

次に、教育上の公平を促進するためのアファーマティヴ・アクション政策に対する支援についてであるが、**図5-7**では、AからDのいずれの質問項目においても、アフリカ系アメリカ人の回答割合が1番多く、白人が最も少ない回答をしている。アフリカ系アメ

第3章 アファーマティヴ・アクション論争

図 5 - 1　両親から期待できる経済的支援（入学時における調査）

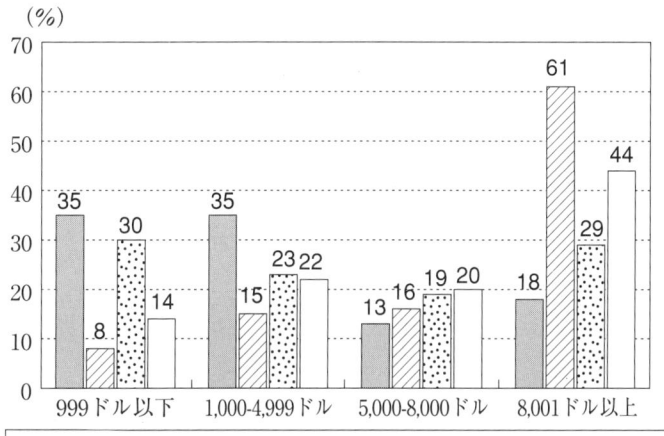

(%)

	アフリカ系アメリカ人	アジア系アメリカ人	ラティーノ	白人
999ドル以下	35	8	30	14
1,000-4,999ドル	35	15	23	22
5,000-8,000ドル	13	16	19	20
8,001ドル以上	18	61	29	44

図 5 - 2　大学 4 年次生のアルバイト状況（4 年次生に対する調査）

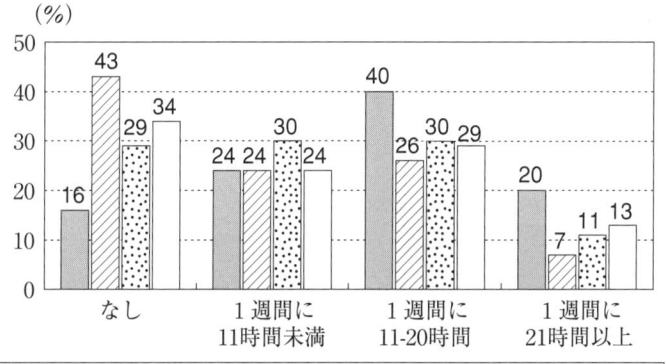

(%)

	アフリカ系アメリカ人	アジア系アメリカ人	ラティーノ	白人
なし	16	43	29	34
1週間に11時間未満	24	24	30	24
1週間に11-20時間	40	26	30	29
1週間に21時間以上	20	7	11	13

図5-3　入学した学生の学問的・知的目標における重要度（各目標において「とても重要」もしくは「決定的に重要」と答えた割合）（入学時における調査）

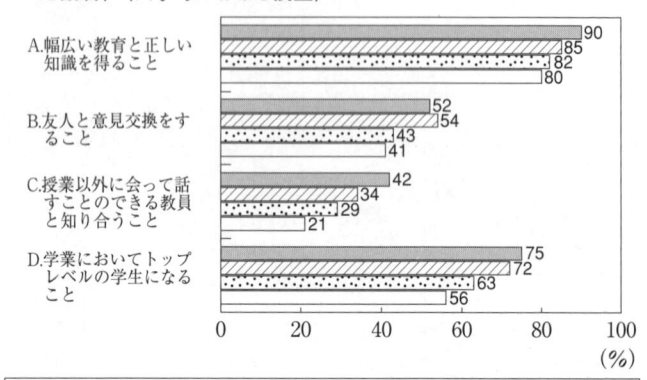

A.幅広い教育と正しい知識を得ること
- アフリカ系アメリカ人: 90
- アジア系アメリカ人: 85
- ラティーノ: 82
- 白人: 80

B.友人と意見交換をすること
- アフリカ系アメリカ人: 52
- アジア系アメリカ人: 54
- ラティーノ: 43
- 白人: 41

C.授業以外に会って話すことのできる教員と知り合うこと
- アフリカ系アメリカ人: 42
- アジア系アメリカ人: 34
- ラティーノ: 29
- 白人: 21

D.学業においてトップレベルの学生になること
- アフリカ系アメリカ人: 75
- アジア系アメリカ人: 72
- ラティーノ: 63
- 白人: 56

図5-4　ミシガン大学に通学することは「正しい選択」であったと確信することに同意するもしくは同意しない学生の割合（4年次生に対する調査）

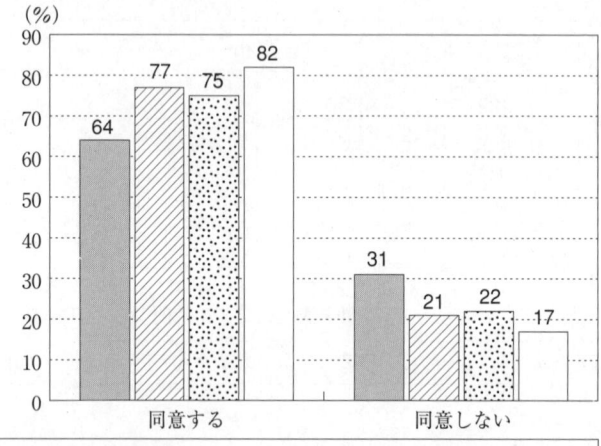

同意する
- アフリカ系アメリカ人: 64
- アジア系アメリカ人: 77
- ラティーノ: 75
- 白人: 82

同意しない
- アフリカ系アメリカ人: 31
- アジア系アメリカ人: 21
- ラティーノ: 22
- 白人: 17

第3章 アファーマティヴ・アクション論争

図5－5　最も影響を与えた教員の人種もしくはエスニシティ（4年次生に対する調査）

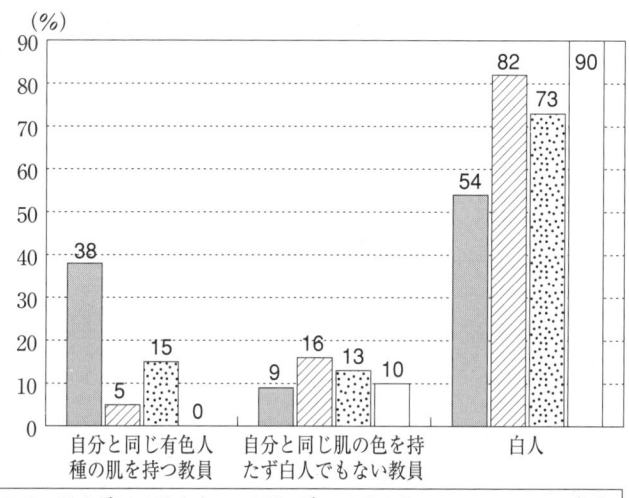

	自分と同じ有色人種の肌を持つ教員	自分と同じ肌の色を持たず白人でもない教員	白人
アフリカ系アメリカ人	38	9	54
アジア系アメリカ人	5	16	82
ラティーノ	15	13	73
白人	0	10	90

図5－6　教育上の公平を追求するための総合的な支援策（4年次生に対する調査）

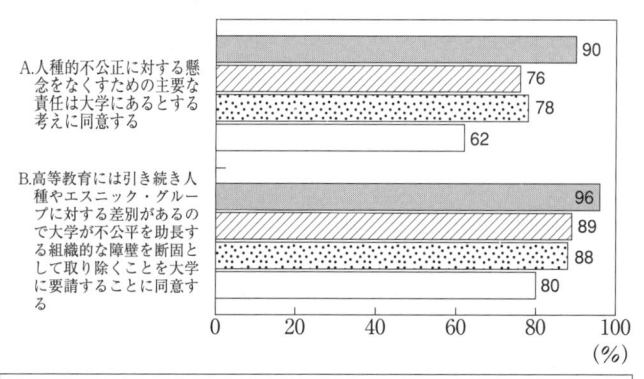

A. 人種的不公正に対する懸念をなくすための主要な責任は大学にあるとする考えに同意する
- アフリカ系アメリカ人: 90
- アジア系アメリカ人: 76
- ラティーノ: 78
- 白人: 62

B. 高等教育には引き続き人種やエスニック・グループに対する差別があるので大学が不公平を助長する組織的な障壁を断固として取り除くことを大学に要請することに同意する
- アフリカ系アメリカ人: 96
- アジア系アメリカ人: 89
- ラティーノ: 88
- 白人: 80

図5-7 教育上の公平を促進するためのアファーマティヴ・アクション政策に対する支援（4年次生における調査）

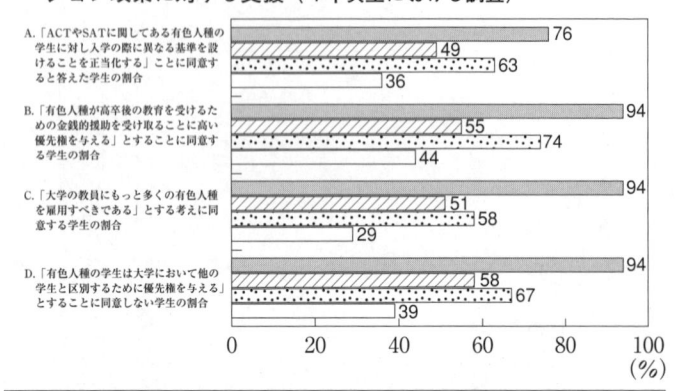

A.「ACTやSATに関してある有色人種の学生に対し入学の際に異なる基準を設けることを正当化する」ことに同意すると答えた学生の割合
- アフリカ系アメリカ人: 76
- アジア系アメリカ人: 49
- ラティーノ: 63
- 白人: 36

B.「有色人種が高卒後の教育を受けるための金銭的援助を受け取ることに高い優先権を与える」とすることに同意する学生の割合
- アフリカ系アメリカ人: 94
- アジア系アメリカ人: 55
- ラティーノ: 74
- 白人: 44

C.「大学の教員にもっと多くの有色人種を雇用すべきである」とする考えに同意する学生の割合
- アフリカ系アメリカ人: 94
- アジア系アメリカ人: 51
- ラティーノ: 58
- 白人: 29

D.「有色人種の学生は大学において他の学生と区別するために優先権を与える」とすることに同意しない学生の割合
- アフリカ系アメリカ人: 94
- アジア系アメリカ人: 58
- ラティーノ: 67
- 白人: 39

■アフリカ系アメリカ人　◨アジア系アメリカ人　⊡ラティーノ　□白人

図5-8 アファーマティヴ・アクション政策に対する支援態度の変化──「ある有色人種の学生に対し入学の際にACTやSATに関して異なる基準を設けることを正当化する」との質問に同意すると答えた学生の割合（入学時と4年次生における調査）

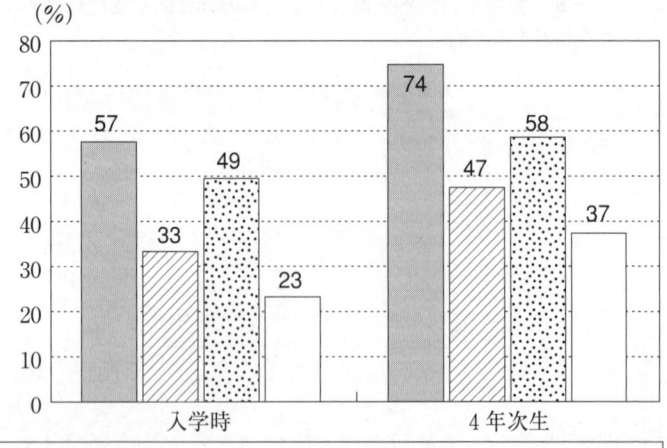

入学時
- アフリカ系アメリカ人: 57
- アジア系アメリカ人: 33
- ラティーノ: 49
- 白人: 23

4年次生
- アフリカ系アメリカ人: 74
- アジア系アメリカ人: 47
- ラティーノ: 58
- 白人: 37

■アフリカ系アメリカ人　◨アジア系アメリカ人　⊡ラティーノ　□白人

第3章 アファーマティヴ・アクション論争

図5-9 大学や個人に対する拒絶反応――「私にはここにいる権利がないと感じさせた教員もしくは学生に出会ったことがある」との質問に対する回答(4年次生における調査)

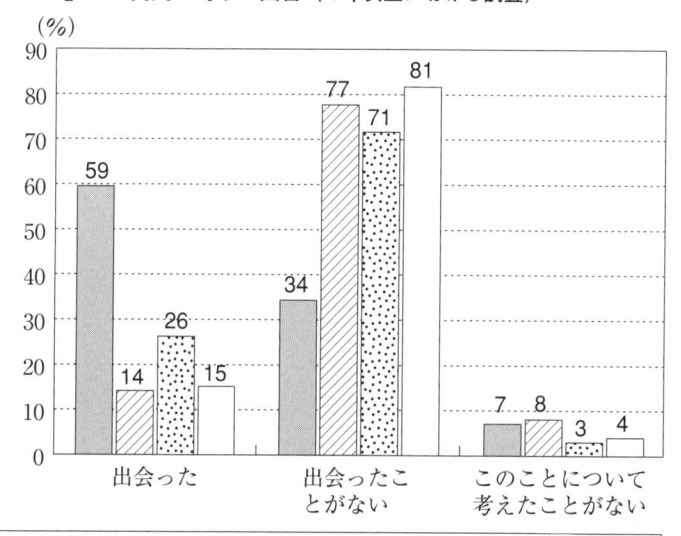

	出会った	出会ったことがない	このことについて考えたことがない
アフリカ系アメリカ人	59	34	7
アジア系アメリカ人	14	77	8
ラティーノ	26	71	3
白人	15	81	4

図5-10 分離された実態（入学時における調査）

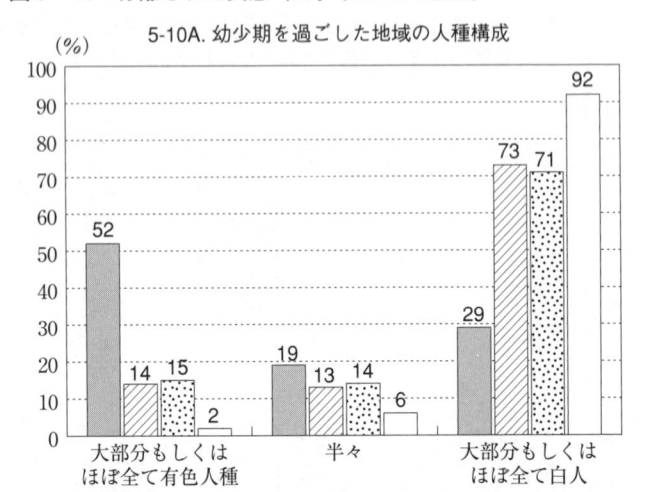

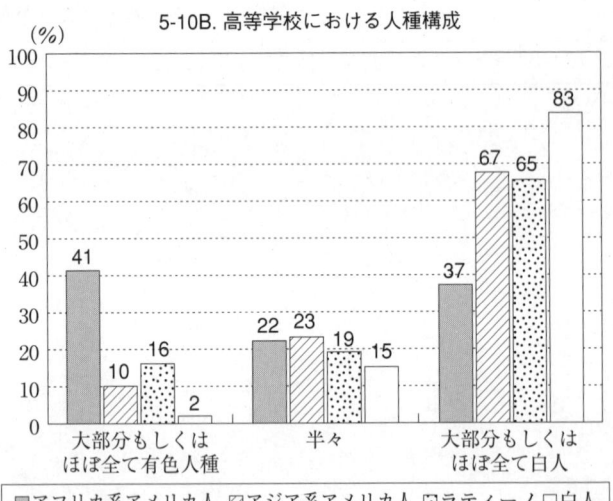

5-10A. 幼少期を過ごした地域の人種構成

	大部分もしくはほぼ全て有色人種	半々	大部分もしくはほぼ全て白人
アフリカ系アメリカ人	52	19	29
アジア系アメリカ人	14	13	73
ラティーノ	15	14	71
白人	2	6	92

5-10B. 高等学校における人種構成

	大部分もしくはほぼ全て有色人種	半々	大部分もしくはほぼ全て白人
アフリカ系アメリカ人	41	22	37
アジア系アメリカ人	10	23	67
ラティーノ	16	19	65
白人	2	15	83

第3章 アファーマティヴ・アクション論争

図5−11 多様性が学内における相互理解と相互関係に与えた影響（各項目について同意した割合）（4年次生に対する調査）

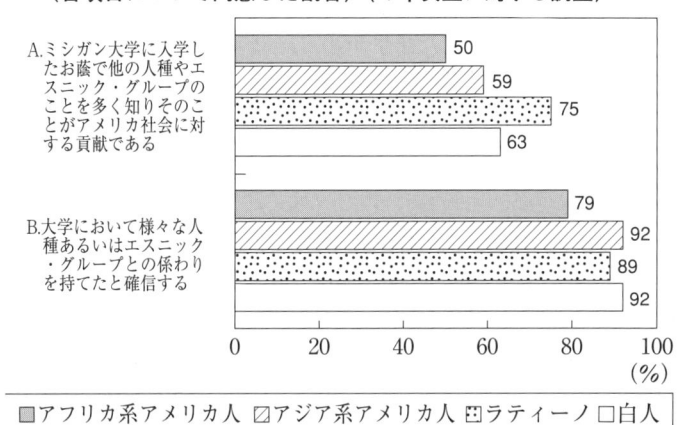

A.ミシガン大学に入学したお蔭で他の人種やエスニック・グループのことを多く知りそのことがアメリカ社会に対する貢献である
- アフリカ系アメリカ人: 50
- アジア系アメリカ人: 59
- ラティーノ: 75
- 白人: 63

B.大学において様々な人種あるいはエスニック・グループとの係わりを持てたと確信する
- アフリカ系アメリカ人: 79
- アジア系アメリカ人: 92
- ラティーノ: 89
- 白人: 92

■アフリカ系アメリカ人 ☑アジア系アメリカ人 ⊞ラティーノ □白人

出典：John Matlock, Gerald Gurin and Katrina Wade-Golden, *The Michigan Student Study* (Ann Arbor, Michigan: Office of Academic Multicultural Initiatives, University of Michigan, 1998).

リカ人は、大学への入学を果たし、より良い環境で大学生活を送ることを望むが、それは決して他の学生に対して優先権を与えてほしいとする考えからではないことがわかる。

図5−8では、入学時と4年次生において、アファーマティヴ・アクション政策に対する支援態度の変化を示している。この質問項目は、図5−7におけるAと同じであるが、4年次生の回答は、その数字とは多少異なっている。どのエスニック・グループも、同措置に対する理解度が高まっていることがわかる。

さて、このミシガン大学の調査結果で、最も注目すべきは図5−9ではないかと思う。ここでは、4年次生に大学や個人に対する拒絶反応について尋ねている。具体的には、「私にはここにいる権利がないと感じさせた教員もしくは学生に出会ったことがあるか」と

185

の問いに対して、59パーセントのアフリカ系アメリカ人はあると答え、他のグループとの差が歴然と出ているのである。他の3つのグループでは、ないと答えた学生が70パーセントを超えており、また34パーセントのアフリカ系アメリカ人もないと答えている。アファーマティヴ・アクションを積極的に取り入れているミシガン大学においても、大なり小なりの目に見えない障壁や圧力が存在していることがわかる。

　図5-10は、学生の育った環境について示されたものである。これによると、アフリカ系アメリカ人は、幼少期に有色人種（多くの場合は黒人）の中で育った割合が半数を超えているが、そのほかの3グループは、白人が多い環境で育ったと回答している。この割合は、高校になるとそれぞれ減少するが、それでも黒人は白人の住む環境から離れて暮らす割合が41パーセントもあることに気付かされる。他方、白人も幼少期では92パーセント、高校時代でも83パーセントが、白人の多い居住地において生活していることがわかる。すなわち彼らは、大学において前者は白人、後者は有色人種と接触する機会がなければ、場合によっては一生、自分たちだけのグループで過ごすことになる可能性を持っているのである。

　最後に、4年次生を対象とした調査で、多様性が学内における相互理解と相互関係にどのような影響を与えたのかという点について、図5-11に示されている。それによれば、「ミシガン大学に入学したお蔭で、他の人種やエスニック・グループのことを多く知りそのことがアメリカ社会に対する貢献である」とすることに同意する学生は、どのグループも50パーセントを超えており、その影響は大きいと言える。また、「大学において様々な人種あるいはエスニック・グループとの係わりを持てたと確信する」と回答した学生は、白人

とアジア系アメリカ人で92パーセントと高い割合を占めており、ミシガン大学の方針は学生から大いに評価されていることがわかる結果となっている。

　これらの調査から、ミシガン大学がアファーマティヴ・アクションを教育上必要であると主張する根拠が十分に理解できる。

　ところで、1997年に提訴されたミシガン大学ロースクールについて言及しておきたい。同校は全米でも屈指の名門校であり、毎年およそ3,500人の志願者の中から350人ほどの学生を受け入れている。同校では、「互いに尊敬し学びあう上で、多様な背景や経験を持つ学生と交わる」ことを模索している。入学が認められる基準としては、まずロースクールにおける学業上の成功を裏付けるものとして、志願者のGPAと、ロースクール入学試験（Law School Admissions Test：LSAT）という入学試験が考慮される。しかしながら、これらの点数において最高点を取ったとしても、それがロースクールへの入学を保証するものとはならない。またこれとは逆に、これらの点数が低いからといって、自動的に志願者が入学資格を失うわけでもない。

　すなわち同校の入学方針では、ロースクールの教育目的からして重要な他の基準が学業成績以上に物を言うことが認められている。同校では、これらを「多様な柔軟性（soft variables）」と称しており、推薦者の熱意、大学の質、志願者のエッセイの質、学部時代に選択したコースの分野と難易度などが考慮されるのである[44]。

　また、ミシガン大学の学部学生についてであるが、2002年秋学期に第1学年を調査した結果によると、高校時代の成績がクラスで上位1パーセント以内であった者が全体の24パーセント、同様に上位5パーセント以内であった者が71パーセント、そして上位10パーセント以内であった者が87パーセントを占めている。GPAについて

は、4.0であった者が24パーセント、3.9以上であった者が46パーセント、そして全体の61パーセントの学生が3.7以上であった。これらのことから、全米でもかなり競争力の高い大学のひとつであることが裏付けられる。

② ミシガン大学および同大学ロースクールをめぐる訴訟経緯

ミシガン大学に対する訴訟は、4年制の学部を対象にしたものと、ロースクールを対象としたものとの2件が1997年に相次いで提訴された。双方の訴訟とも、最高裁にまで持ち込まれることになったため、最終的に決着が付く2003年6月23日まで、5年8ヵ月の年月を要することになる[45]。

まず前者は、1997年10月14日、原告であるグランツ(Jennifer Grantz)とハマカー(Patrick Hamacher)が、ミシガン大学の学部学生の入学選考過程について、入学選考当時、同大学の学長であったボーリンジャー(Lee Bollinger)、ダッダースタッド(James J. Duderstadt)、人文・芸術および科学の各カレッジを相手取って起こしたものである。

この訴訟について、翌1998年2月5日には、有色人種の高校生とその両親、アファーマティヴ・アクションの維持を求める市民たち(Citizens for Affirmative Action's Preservation)、全米黒人地位向上協会、全米黒人地位向上協会法的擁護・教育基金(National Association for the Advancement of Colored People Legal Defense & Education Fund)ほか3団体が介入を申し出たが、判事によって拒否された。

後者は、同年12月3日、グルーター(Barbara Grutter)が、入学選考当時のボーリンジャー同大学学長、ミシガン大学理事会(Board of Regents of the University of Michigan)およびミシガン大学ロースクールを被告として提訴したものである。

第3章 アファーマティヴ・アクション論争

　グルーターは、1996年に同ロースクールへの入学を志願したミシガン州に居住する白人であり、その際の学業成績は GPA が3.8、LSAT が161であった。当初、ロースクールは原告を待機リストに載せていたが、やがて彼女の志願を拒否した。原告の主張は、自分の志願が拒否されたのは、ロースクールが人種にかなりの重点を置いており、あるマイノリティ・グループに属する志願者には、入学の機会が多く与えられるためであるというものであった。そして原告は、損害に対する補償と懲罰を要求すると同時に、ロースクールが彼女の入学の申し出を受け入れるよう命令を出すこと、さらにロースクールが人種を基にした差別の継続を禁じる命令を出すことを要求した。

　この訴訟についても、翌1998年3月26日に、ミシガン大学の学部学生、他大学の単科大学生、ミシガン大学ロースクールの学生ほか、4団体が介入を申し出たが、判事によって拒否された。その後、こうした試訴裁判所における判決を連邦第6巡回裁判所が覆して、上記の両ケースについての介入が認められたが、同時に裁判を行なう上での新たな判断材料の開示のため、裁判は約1年間遅れることになった。

　最高裁が判断を下す前の、下級審の判断は大いに揺れていた。学部入学をめぐる選考基準について、1998年2月5日にアファーマティヴ・アクション擁護派の介入を退けていた判事が、2000年12月13日、多様性は政府にとって必然的な利益であり、現在、大学が学部学生の入学許可を与える際にとっているプログラムは、最高裁がバッキ判決において示した基準に合致しているとの意見を出した[46]。これに対して、原告及び被告ともに、シンシナティにある連邦第6巡回裁判所に上訴した。

しかし、こうした判断も、翌年のミシガン大学に対する判断への追い風とはならなかった。2001年2月26日になると、先に一度はアファーマティヴ・アクションの存続に意義を見出す判断を示した判事が、学部学生をめぐる訴訟への介入者は、「過去の差別を是正するために現在において人種を入学許可のひとつの要素として使用することは正当化できる」とする主張を退けたのである。これは、1994年のメリーランド大学に対する判決の流れを汲んだものと考えられる。すなわち、大学が現在採用している入学基準には問題ないが、その理由付けとして、過去の差別の是正という点に関しては是認できないとの判断であろう。

　ところで、ミシガン大学に志願する学部学生の選考にあたり、1995年から1998年にかけて採用していた基準は、**表3**の通りである。

　学業上の要素（最高110点）とその他の要素（最高40点）が、加点方式で点数化され、合計150点満点となっている。その他の要素の

表3　ミシガン大学に志願する学部学生の選考基準
（1995-1998年） (単位：点)

学業上の要素		その他の要素	
GPA	40-80	地域性	2-10
高校のレベル	0-10	卒業生	1-4
カリキュラム	-4-8	エッセイ	1-3
ACT/SAT	0-12	個人の業績	1-5
		リーダーシップと奉仕	1-5
		その他	5-20
最高点	110	最高点	40
学業上の要素とその他の要素を合計した最高得点　150			

出典：*The Washington Post*, January 17, 2003.

第3章　アファーマティヴ・アクション論争

うち、地域性は地方出身者に多くの得点が加算され、卒業生という項目は両親が同大学の卒業生であることが加味され、エッセイとは例えば志願者自身がどの程度多様性に貢献できるかといったことを小論文にまとめたものが評価される。また個人の業績とは、スポーツや文化活動において全米あるいは州レベルの大会で優勝にかかわる成績を収めたかどうか、リーダーシップと奉仕では、例えば少年サッカーチームのコーチをするなど、コミュニティ活動にどれほど貢献したかが問われる。そして表中の「その他」に、地域の実情に比例していないマイノリティ集団に属しているかどうか、さらには社会経済的に不利な状況にあるかどうかをプラス要素とする項目が含まれている[47]。

ミシガン大学では1995年から1998年にかけて、黒人、ヒスパニック、ネイティヴ・アメリカンに自動的に、「その他」の最高点である20点を加算していたとされる[48]。

2001年3月27日には、ロースクールのケースに関して、法律ではカレッジや大学が人種を入学の際に使用することは認められていないとの意見が判事によって示された。さらに、もし法律が人種を意識した入学を認めたとしても、ロースクールの方針において人種が持つ割合は、あまりにも重過ぎるとした。判事もまた、ロースクールをめぐる訴訟の介入者の主張を否定する、差し止め命令を出した。

2002年5月14日、連邦第6巡回裁判所は、ロースクールの件に関して、2001年3月27日の決定を覆し、ミシガン大学ロースクールの入学方針は合憲であるとの判断を下した。その際、連邦第6巡回裁判所はバッキ判決の先例に従い、多様な学生を確保することが求められている教育上の利益を達成するために、ロースクールの関心事を支持するとした。

191

そして2003年6月23日、ついに最高裁判所の決断が下された。すなわち、ミシガン大学ロースクールのケースについては、高等教育における多様性は必要不可欠であり、多様な学生を受け入れることによって得られる教育上の利益を達成するために、人種は数ある要素のうちのひとつとして考慮に入れることが支持された。同時に最高裁は、ロースクールが多数のマイノリティの入学を達成しようとする際の目標として、プログラムの中に割当てを導入してはならないとした。

　一方、ミシガン大学の学部における入学に関して最高裁は、人種は入学において考慮されるべきひとつの要素であるが、学部学生の入学選考過程において、マイノリティ学生に、自動的に20ポイントを付与するのは配慮に欠けているとし、違憲判決が下された。

　実際のところ、ミシガン大学ロースクールに対する訴訟での最高裁判決は5対4の僅差であり、学部に対する訴訟では3対6に意見が分かれた。最高裁判所のオコナー（Sandra Day O'Connor）裁判官は、「すべての人種とエスニシティにおける才能と資格のある個人に、目に見えた形で指導者への道のりが開かれるためには、アファーマティヴ・アクションは必要である」と述べる一方で、1986年から主席裁判官を務め、学部に対する判決を下したレンクイスト（William H. Rehnquist）は、「バッキ判決の意味は、大学があらかじめ用意された多様性に関する目標を、どのような手段によっても採用してよいとはしていない」として、ミシガン大学の主張を退けた[49]。

　この最高裁判決を前にした2003年1月15日、ブッシュ大統領は、大学の入学に際してアファーマティヴ・アクションを採用することは不公正であるとの公式見解を出し、これが最高裁に対する牽制とも受け取られていた。しかし、この見解に対しては閣僚の中からも

第3章 アファーマティヴ・アクション論争

異論が出され、また2004年の選挙戦をにらんだ共和党陣営からも批判が噴出した。そして最高裁判決後、ブッシュ大統領は即座に、「我が国の大学における多様性の価値を容認した最高裁判所を、称賛する。多様性はアメリカの強みである。今日の判決は、大学における多様性の目標と法の下の平等の根本的な原則との間を、慎重に調整した結果である」と表明した(50)。

ミシガン大学に対する最高裁判決において、またもや裁判官の判断が分裂したことは興味深い。裁判官の1人であるスーター (David H. Souter) は、ブッシュ大統領の父 (George H. W. Bush) (第41代、1989－1993年) によって任命されたが、この時の判決においては、ロースクールに対してだけでなく学部に対しても、アファーマティヴ・アクションの採用を認める立場に票を投じた。以上のことからもわかるように、依然としてアメリカの高等教育においてアファーマティヴ・アクションの採用をめぐる論争は、大きく揺れていると言える(51)。

③ 判決後の動向

ミシガン大学では、2つの訴訟が起こされた後の1999年に、転学の際の選考基準にポイント制度の採用を止めたほか、マイノリティや社会経済的に不利な状況にある志願者であっても、2年次におけるGPAが2.5以上であり、かつ高校時代のGPAが3.0以上という条件を課すように方針を変更した。これは原告であるハマカーが、転学に当たって新入生の選考基準を問題視したことに対応したものである。

さらに、2003年8月28日には、同年6月23日の最高裁判決を受けて、学部への志願者に対する新たな選考過程を発表した(52)。それによると、ミシガン大学としては、裁判所によって規定された、多

様性という教育上の利益を達成することは、政府にとって見逃すことのできない関心事であるという方針を受けて、基本的には多様性を確保するという路線を変更することなく、以下のような方針を採ることにした。

特に変わったこととしては、以前使用していた学部学生の入学選考過程におけるポイント・システムを止め、それぞれの志願者の業績や経験を全体的に考慮するとした点である。具体的には、まず学部学生入学局（Office of Undergraduate Admissions：以下、OUA）に寄せられた志願者からの願書は、助手（reader）によって隅々まで読まれ、入学順位に関する評価が行なわれる。この助手と呼ばれる人の中には、以前教育者であった人物が含まれる。助手によって評価された後、願書はOUAの入学専門カウンセラー（professional admissions counselor）に引き継がれる。カウンセラーは、助手の評価を閲覧することはできず、予備知識を与えられない状態で評価を下す。このカウンセラーは、地域ごとに割り当てられるため、志願者の高校やコースワーク、カウンセラー、教師についての詳細な知識を持ち合わせていることになる。

こうして出された2つの評価は、さらにOUAにおける上級レベルの主任に回付され、ここで最終的に学生として受け入れられるのか、保留なのか、あるいは拒否されるのかが決定する。なお、特定の志願者の評価について意見が一致しない場合、その願書は入学評価委員会（Admissions Review Committee）に送付され、さらに審議が加えられる。

このように、具体的なポイント・システムはなくなったものの、志願者の通う高校の成績や高校のカリキュラムの質、高校の難易度、GPAの得点といった学業成績が、引き続き入学選考の上で最も重要

第3章 アファーマティヴ・アクション論争

表4−1 ミシガン大学への入学志願者・合格者・入学者の推移

(単位:人)

	1999年秋	2000年秋	2001年秋	2002年秋	2003年秋	2004年秋
志願者数	21,132	23,717	24,141	25,108	25,943	21,293
合格者数	13,473	12,940	12,594	12,315	13,814	13,304
入学者数	5,559	5,418	5,540	5,187	5,553	6,040

な基準となる。これに加えて、学生全体の多様性に貢献することにつながり得る、個人的な興味や業績、地理的な状況、卒業生との関係、人種やエスニシティ、家族の収入、家族の学歴などが加味される。ただし、人種やエスニシティを含め、どの要素も入学選考過程において一定の点数を付与するものではない。その上、ミシガン大学では裁判所によって求められた基準を達成するために、新たに5人の常勤の職員と16人のパートタイムの職員を雇用することにし、そしてこの新制度は、2003年の冬学期に入学する学生から適用されることになった。

さて、**表4**は1999年秋学期から2004年秋学期にかけて、ミシガン大学への入学志願者・合格者・入学者の推移とミシガン大学に入学した新入生数の内訳およびその推移である。ミシガン大学に対する最高裁判決は、2003年6月23日に確定し、これを受けて同大学が新たな入学方針を打ち出したのが同年8月28日であったことから、実際に最高裁判決や大学による新方針の影響が及ぶ可能性が出るのは、2004年秋学期の入学志願者からであった。

表4−1を見ると、2003年と2004年を比較すると、入学志願者が、4,650人減少し、前年比82パーセントの応募状況であったことがわかる。この数字は、1999年以来、同大学への入学志願者が順調に増

表4-2 ミシガン大学に入学した新入生数の内訳とその推移

(単位:人)

	1999年秋	2000年秋	2001年秋	2002年秋	2003年秋	2004年秋
アフリカ系アメリカ人	397 (7.1%)	472 (8.7%)	499 (9.0%)	443 (8.5%)	410 (7.4%)	350 (5.8%)
ヒスパニック系アメリカ人	203 (3.7%)	276 (5.1%)	263 (4.7%)	305 (5.9%)	255 (4.6%)	264 (4.4%)
ネイティヴ・アメリカン	36 (0.6%)	39 (0.7%)	50 (0.9%)	53 (1.0%)	38 (0.7%)	61 (1.0%)
アジア系アメリカ人	726 (13.1%)	724 (13.4%)	692 (12.5%)	588 (11.3%)	730 (13.1%)	703 (11.6%)
白人	3,614 (65.0%)	3,298 (60.9%)	3,410 (61.6%)	3,208 (61.8%)	3,461 (62.3%)	3,774 (62.5%)
未記入・その他	319 (5.7%)	402 (7.4%)	406 (7.3%)	401 (7.7%)	439 (7.9%)	578 (9.6%)
アメリカ市民・永住外国人の小計	5,295 (95.3%)	5,211 (96.2%)	5,320 (96.0%)	4,998 (96.4%)	5,333 (96.0%)	5,730 (94.9%)
留学生	264 (4.7%)	207 (3.8%)	220 (4.0%)	189 (3.6%)	220 (4.0%)	310 (5.1%)
新入生合計	5,559 (100%)	5,418 (100%)	5,540 (100%)	5,187 (100%)	5,553 (100%)	6,040 (100%)

(表中のパーセントは新入生合計に占める割合。小数点以下は四捨五入した。)
出典:**表4-1、4-2**とも http://www.umich.edu/news/Releases/2004/Oct04/enroll1.html より作成。

加傾向にあった経緯を考えると、最高裁判決の影響を受けたと考えることは否めない。

そこで、実際に入学した学生の内訳を**表4-2**で見てみると、2003年と2004年の比較では、ミシガン大学がマイノリティとして定

第3章 アファーマティヴ・アクション論争

義している人種およびエスニシティのうち、アフリカ系アメリカ人が前年と比べ60人の減少と最も大きくなっていることがわかる。2003年の志願者数に占めるアフリカ系アメリカ人の入学者数は1.58パーセントであり、2004年の志願者についても前年ベースで考えると、336人の入学者がいる計算になる。その点では、実際に入学を果たした新入生が350人と予想を上回る数を確保できたものの、全入学者に占める割合は、7.4パーセントから5.8パーセントへと1.6パーセントの減少となった。

ミシガン大学への入学志願者は、全米や他国からも集まって来ているのであるが、同大学がミシガン州の公立大学であるということに焦点を置いて、ミシガン州の人口比とミシガン大学に入学したアフリカ系アメリカ人の割合を考察してみると、どのようなことが言えるのであろうか。2000年の国勢調査によると、ミシガン州の全人口（993万8,444人）に占めるアフリカ系アメリカ人（項目としては、黒人もしくはアフリカ系アメリカ人）（141万2,742人）の割合は、14.2パーセントである[53]。このことから、アファーマティヴ・アクションを積極的に取り入れてきたミシガン大学でも、1999年以来、ミシガン州の人口と照らして期待されるアフリカ系アメリカ人の学生数に近づくことはあったものの、並ぶことは実現できないままでいたことがわかる。2004年にミシガン大学に入学したアフリカ系アメリカ人学生の数は、そうした適正数の確保という尺度から判断すると、逆行する形となった。

逆に、ネイティヴ・アメリカンは23人増加し、1999年の調査以来最高の人数を得ているが、それでも全体に占める割合は、1.0パーセントである。これも2000年の国勢調査に照らして考えてみると、ミシガン州の全人口に占めるアメリカン・インディアン（項目とし

197

ては、アラスカ・ネイティヴを含む)(5万8,479人)の割合は、1パーセントにも及ばない0.6パーセントであることから、アメリカン・インディアンの入学者については目標を達成できていると言える。

また、白人(2000年の国勢調査では、ミシガン州に占める割合は80.2パーセント)の変化はほとんど見られなかったが、未記入・その他が過去最高数となっており、入学志願者の中には、ミシガン大学のアファーマティヴ・アクション政策をめぐる最高裁判決までの一連の経緯を見て、自分の人種もしくはエスニシティをあえて明記しなくなった者も出たと考えられる。

以上のように、ミシガン大学では、2004年秋学期の志願者が前年比マイナス4,650人と大幅に減少したにもかかわらず、合格者を前年比510人減にとどめており、また合格者のうち実際に手続きを経て入学した学生は、逆に前年と比べて487人増加(前年比108.8パーセント)し、歩留まり率が高かったことがわかった。このことから、2004年秋学期におけるミシガン大学の入学傾向について、志願者は減少したものの、合格者を多く確保することによって、マイノリティ学生の減少を最低限にとどめたいとする意図が読み取れる。

(5) おわりに

1990年代半ば以降、カリフォルニア大学とミシガン大学はアファーマティヴ・アクションの導入をめぐって異なる方針を打ち出した。しかし、本節で考察したように、結果的には同措置を廃止したカリフォルニア大学もその方針を覆すことになり、入学方針に関して同措置を堅持し続けるミシガン大学との間には、現在では根本的な相違は見られないと考えられる。

エスニック・グループの多様化が急速に進み、白人が数の上でマ

第3章 アファーマティヴ・アクション論争

イノリティに追い越されたカリフォルニアでは、表面的な理由としては人種を基準とした政策ではいつまでも真の平等は実現しないとして、現実的には高等教育におけるマイノリティ学生の伸張に危機感を覚えた大学の理事会が、選挙を控えた共和党州知事の支持を取り付けて、アファーマティヴ・アクションの廃止を決定していた。

ところが、同措置の撤廃は大学教員や学生の反対に遭っていただけでなく、実際にアファーマティヴ・アクションの導入を廃止すると、多様性は確保されなくなった。そのため、カリフォルニア大学ではアファーマティヴ・アクションの重要性を再認識させられることとなり、学長の下で再建計画の立案を余儀なくされたのである。

同校では、州財政の悪化を受けて、授業規模の縮小や教職員の削減、40パーセントに上る授業料の値上げ、奨学金の削減などをした結果、多くの退学者を生じていた。しかし、アファーマティヴ・アクションの導入を廃止した真の理由は、同措置を適用することにかかる費用を節約して州財政を救済するというよりは、政治的な発言権を持つ白人が高等教育におけるマイノリティ学生の伸張に危機感を覚えたためであり、またコナリーのように成功を収めたマイノリティにとっては、自分の地位が実力ではなく同措置の恩恵により築かれたとは見なされたくないとの判断があったためではないかと考えられる。

これに加えて、これまでアファーマティヴ・アクションという名の下で、実はアジア系の志願者をコントロールしていたこともわかった。カリフォルニア大学では、あまりにも多くの資格あるアジア人がいるので、他の人種の空席を確保するために、人種による優遇策を取り入れたとされている[54]。

カリフォルニア大学でアファーマティヴ・アクションの廃止を決

199

定した後、1996年に住民提案209号が通過するが、これは共和党知事の下で、政治を動かす白人票がその行方を担っていることを如実に表す結果となった。実際に『サンフランシスコ・クロニクル』は、社説で「人種を基にした救済策は、肌の色に依拠しない社会において受け入れられない、とする議論を持ちかける人々によるアファーマティヴ・アクションに対する攻撃は何も新しいものではない。もし我々の社会において本当に肌の色に依拠しない社会が迎えられた、あるいはほぼ迎えられたとする説得力のある証拠があるのならば、彼らの言い分はむしろ理にかなっているとさえ言える。残念ながら、そうした奇跡的な変革を示す証拠は、ほとんど存在しないのである[55]」と書いている。

カリフォルニア大学がアファーマティヴ・アクションの廃止を打ち出したことは、他州にも大きな影響を与えたと言えよう。カリフォルニア州では、その後いわゆる4パーセント解決策を取り入れることにしたが、例えばテキサス州では、アファーマティヴ・アクションを廃止する代わりに、人種にかかわらず、各高校の卒業時のクラスにおいて上位10パーセントの生徒たちに対して、州立大学 (state college) への入学を保証するという方針に切り替えられた。その結果、人種を考慮していた最後の年の州立大学における新入生のクラスには、黒人が3.7パーセント、ヒスパニックが12.8パーセントいたが、2002年秋学期の新入生クラスでは、それぞれ3パーセント以下、12.4パーセントに減少した。またフロリダ州では、共和党のブッシュ (Jeb Bush) 知事がミシガン方式に異議を唱え、各高校の成績上位者20パーセントに自動的に州立大学への入学を許可し、また同様に上位5パーセントの生徒にフロリダ大学 (University of Florida) への入学資格を認めることにした[56]。

第3章　アファーマティヴ・アクション論争

図6－1　カリフォルニア大学の入学願書における人種情報欄（2003－2004年）

XII. Statistical Information — All Applicants *

Information in Section XII will be used for purposes of statistical analysis only; it is not used in the admissions process and will have no bearing on your admission status. Providing this information is voluntary.

|135| GENDER
(1) ☐ FEMALE　　　　　(2) ☐ MALE

|136| ETHNIC IDENTITY Indicate your ethnic identity by checking the appropriate boxes. See page 16 of booklet for more information.
- (01) ☐ AFRICAN-AMERICAN/BLACK
- (02) ☐ AMERICAN INDIAN/ALASKA NATIVE
  PLEASE SPECIFY TRIBAL AFFILIATION

- (03) ☐ CHINESE/CHINESE-AMERICAN
- (04) ☐ EAST INDIAN/PAKISTANI
- (05) ☐ FILIPINO/FILIPINO-AMERICAN
- (06) ☐ JAPANESE/JAPANESE-AMERICAN
- (07) ☐ KOREAN/KOREAN-AMERICAN
- (08) ☐ MEXICAN/MEXICAN-AMERICAN/CHICANO
- (09) ☐ PACIFIC ISLANDER（Includes Micronesian, Polynesian, other Pacific Islanders）
- (10) ☐ VIETNAMESE/VIETNAMESE-AMERICAN
- (11) ☐ WHITE/CAUCASIAN（Includes Middle Eastern）
- (12) ☐ OTHER ASIAN（Not including Middle Eastern）
  PLEASE SPECIFY

- (13) ☐ OTHER SPANISH-AMERICAN/LATINO（Includes Cuban, Puerto Rican, Central American, South American）
  PLEASE SPECIFY

- (14) ☐ OTHER PLEASE SPECIFY

＊Voluntary

出典：Student Academic Services, Office of the President, University of California, University of California Application for Undergraduate Admission & Scholarships 2003-2004, the file.

図6－2 ワシントン大学の入学願書における人種情報欄(2003－2004年)

STATISTICAL INFORMATION OPTIONAL

The information requested in #58 and 59 is for statistical purposes only, so that the University may monitor the effectiveness of its recruitment and outreach programs. It will not be used in admission decisions. Completion of the information is voluntary; a decision not to provide this information will not result in any adverse treatment of your application. This information may also be used to award private diversity scholarship funds.

58. Are you of Hispanic or Latino origin? (Check all that apply.)
    - ☐ No (999)
    - ☐ Yes, Mexican or Mexican American or Chicano (722)
    - ☐ Yes, Puerto Rican (727)
    - ☐ Yes, Other Hispanic or Latino:＿＿＿＿＿＿＿＿＿＿＿＿＿
       Specify, e.g., Argentinean, Colombian, Cuban, Nicaraguan, Salvadoran, Spaniard, etc.

59. What race(s) do you consider yourself ? (Check all that apply.)
    - ☐ African American or Black (870)
    - ☐ Alaska Native or American Indian:＿＿＿＿＿＿＿＿＿＿＿
       Specify tribal/corporate affiliation; verification recommended

    Asian American:
    - ☐ Asian Indian (600)
    - ☐ Chinese (605)
    - ☐ Filipino (608)
    - ☐ Japanese (611)
    - ☐ Korean (612)
    - ☐ Vietnamese (619)
    - ☐ Other Asian American:＿＿＿＿＿＿＿＿＿＿＿＿＿＿＿
       Specify

    Pacific Islander:
    - ☐ Guamanian or Chamorro (660)
    - ☐ Native Hawaiian (653)
    - ☐ Samoan (655)
    - ☐ Other Pacific Islander:＿＿＿＿＿＿＿＿＿＿＿＿＿＿＿
       Specify

☐ White or Caucasian (*European, Middle Eastern, or North African*) (800)
☐ Some other race:_____
　　　　　　　Specify

出典：Application for Freshman Admission and Merit Scholarships, winter quarter 2003-spring quarter 2004, Office of Admissions, University of Washington, p. 8.

図6－3　ハワイ大学の入学願書における人種情報欄（2004－2005年）

INSTRUCTIONS FOR SELECTING ETHNINICITY CODE ON THE SYSTEM APPLICATION FORM

The University of Hawai'i must report to several federal agencies summary data on the gender and ethnic background of its applicants. Therefore, it is required that each person applying for admission to the University indicate his or her gender and ethnic background on the application form. **This information does not affect determination of admission**. Select the one category which best represents your ethnic background and enter its alpha code in the appropriate box.

Code	**Ethnic Category**
AA	African American or Black
AI	American Indian/ Alaska Native
	Asian:
IN	Asian Indian
CH	Chinese
FI	Filipino
JP	Japanese
KO	Korean
LA	Laotian
TH	Thai
VI	Vietnamese
OA	Other Asian
MA	Mixed Asian
	Pacific Islander:
HW	Native Hawaiian/ Part-Hawaiian
SA	Samoan
TO	Tongan

GC	Guamanian or Chamorro
MC	Micronesian (except Guamanian or Chamorro)
OP	Other Pacific Islander
MP	Mixed Pacific Islander
CA	Caucasian or White
HS	Hispanic
MX	Mixed Race (two or more races)

出典：University of Hawai'i System Application Form, Academic Year 2004-2005, University of Hawai'i, p. 10.

　現在のところ、アファーマティヴ・アクションを支持しているミシガン大学をはじめ、カリフォルニア大学やワシントン州のワシントン大学(University of Washington)、ハワイ大学(University of Hawai'i)などでも、入学願書には志願者のエスニック・グループを記入する欄がある。その様式は、各大学によっても、また当該年度によっても異なっているが、その具体例として、カリフォルニア大学とワシントン大学、ハワイ大学のものを掲げる（図6−1、6−2、6−3参照）。

　図6−1、6−2、6−3に共通して言えることは、いずれもエスニシティを入学選考の際に考慮しないと明言していることである。一方で相違点としては、その目的を、カリフォルニア大学は単に統計的な分析を行なうためだけに利用するとしているのに対して、ワシントン大学は、学生の応募状況やアウトリーチと呼ばれる福祉プログラムの効果を見る際の統計を取るためだけのものであるが、この情報は民間の様々な奨学金を付与する際に利用されることがあるとしている。さらに、ハワイ大学では連邦の諸機関に志願者の性別や民族的背景の概要を報告しなければならないとしている。また、

第3章　アファーマティヴ・アクション論争

エスニック・グループの呼び方や項目において若干の違いが見られるほか、カリフォルニア大学とワシントン大学では本欄への記入を任意としているが、ハワイ大学のものにはそうした記載がなく、入学願書の所定欄（誕生日と出生地の後にあるエスニシティの項目）に図6－3のアルファベット2文字による略字を記入することになっている。

ところで、2003年10月にカリフォルニア州において投票にかけられた住民提案54号は、政府をはじめとしたすべての公共機関は今後人種を考慮することを一切止めるべきであり、州民が人種についての情報を提供することを禁止するものであった。しかし、アファーマティヴ・アクションの廃止を求める提案を可決させたカリフォルニアでも、この提案は否決された。こうして見てみると、高等教育においてアファーマティヴ・アクションを廃止する動きが出てきてはいるものの、依然としてアメリカ社会においては人種やエスニック・グループを無視し得ない状況にあることが確認できる。

以上見てきたように、アファーマティヴ・アクションを廃止に追い込もうとする動きには、保守派の政治家による影響力が大きい。カリフォルニア州では、当時のウィルソン知事らがそうであり、ブッシュ大統領の発言にもそうした意味合いが色濃く出ている。ミシガン大学に対して起こされた訴訟では、実は共和党の政治家が裏で糸を引いていたことがわかっている。すなわち、学部に対して訴訟を起こした原告は、いずれも自ら待機リストから外れて他大学に進学を希望した人物であり、ロースクールに対して試訴した原告も、他のロースクールに通っており、実際にはその必要性がない対象者に依頼して、訴訟が起こされたのである。

さて、今後のアメリカ社会は、アファーマティヴ・アクションに

どのような対応を示すのであろうか。アメリカ人は、社会福祉の対象者として、助けるに値する者とそうでない者とに二分して考える傾向にある。アメリカには、同じ黒人の中にも裕福で、いかなる考慮をも必要としないで社会に受け入れられる階層がいる一方で、貧困層に甘んぜざるを得ない階層がいる。単純にエスニック・グループで判断する時代から、ミシガン大学の新たな入学選考基準に見られるように、複合的な要素を考えざるを得ない時代になって行くであろう。その上で、今後もアメリカ社会において依然として数の上で満たされないマイノリティ自身の指導者を輩出することこそが、本当の意味でアメリカが統合を果たすために不可欠なことであると考えられる。

注

(1) *Law Dictionary* (New York: Ballon's Educational Series, Inc., 1996), pp. 16-17.

(2) Benjamin L. Hooks, "Affirmative Action Benefits Minorities," Greenhaven Press ed., Does Affirmative Action Alleviate Discrimination ? Opposing Viewpoints Pamphlets (San Diego, California: Greenhaven Press, 1991), p. 128.

(3) Shelby Steele, "Affirmative Action Hurts Minorities," Greenhaven Press ed., Does Affirmative Action Alleviate Discrimination ?, p. 133, 136, 137.

(4) *The San Francisco Chronicle*, August 30, 2000.

(5) James L. Wood and Lorena T. Valenzuela, "The Crises in Higher Education," Charles F. Hohm ed., *California Social Problems* (New York and London: Longman, 1996), pp.81-84. 1987年から1988年度にかけて、奨学金の有資格者は7万人で、実際にカリフォルニア州のプログラムである Cal Grants という奨学金を得た学生は2万8,220人で

あった。その後、1992年から1993年度にかけての奨学金有資格者は13万7,123人であったが、そのうち実際に Cal Grants を受けられることになったのは3万1,220人であった。すなわち、前者では4万1,780人が奨学金を受け取れなかったのに対し、後者では10万5,903人が受給を拒否されたのであった。1990年代の授業料の急激な値上げのため、カリフォルニア州立大学とコミュニティ・カレッジの学生のうち、20万6,000人が退学を余儀なくされた。

(6) The Wilson Record, Opposing Quotas and Preferential Treatment, Office of Governor Pete Wilson, Fact Sheet in Wilson Paper 96: 406, November 6, 1996.

(7) http://www.publicaffairsweb.com/ccri/bios.htm

(8) コナリーは1939年、ロサンジェルス・レスヴィルの生まれ。幼少期に両親を相次いで亡くし、おじとおばに、その後は祖母に育てられた。エスニック・グループとしては、4分の1が黒人、8分の3がアイリッシュ、4分の1がフレンチ、8分の1がアメリカン・インディアンの一族であるチョクトー族である。ロサンジェルス商工会議所のメンバーでもある (http://www.mediatransparency.org/people/ward_connerly.htm)。

(9) "Ward Connerly," ("Live" with TAE) *The American Enterprise*, April/May, 2003, p. 18.

(10) http://www.publicaffairsweb.com/ccri/bios.htm

(11) http://www.mediatransparency.org/people/ward_connerly.htm

(12) *Ibid*.

(13) "Ward Connerly," *The American Enterprise*, April/May, 2003, p. 20.

(14) *Ibid*., pp. 18-19.

(15) California Ballot Pamphlet, General Election, November 5, 1996, pp. 30-31.

(16) *Ibid*., pp. 32-33.

(17) *The San Francisco Chronicle*, March 15, 1995.

(18) News Update for California Votes NO on 209 (http://www.ajdj.com/noccri/new.html).
(19) Wilson Issues Executive Order to Implement the California Civil Rights Initiative, Wilson Paper 96: 406, November 6, 1996.
(20) U. S. Census Bureau, Census 2000, Summary File 1: (http://quickfacts.census.gov/qfd/states/26000.html).
(21) *The Mercury News*, August 30, 2000.
(22) Lincoln Caplan, *Up Against the Law: Affirmative Action and the Supreme Court* (New York: The Twentieth Century Fund Press, 1997), pp. 24-25.
(23) Analysis of Affirmative Action in California (http://www.aclu-sc.org/reports/209analysis.html), August 17, 2003.
(24) 大越康夫『アメリカ最高裁判所』東信社、2002年、6－7ページ、および『別冊ジュリスト139号・英米判例百選（第3版）』有斐閣、1996年、66－67ページ。なお、この判決により、バッキは入学を果たし、麻酔専門医になった。一方、アファーマティヴ・アクションによって入学した学生が、退学を命ぜられることはなかった。
(25) Caplan, *Up Against the Law: Affirmative Action and the Supreme Court*, p. 8.
(26) *The San Francisco Chronicle*, May 16, 1995.
(27) *The Oakland Tribune*, Autust 16, 1996. 高等教育に進学する女性数の増加は、アファーマティヴ・アクションの結果ではなく、同紙によれば「個人による選択権の変化」としている。
(28) University of California, Berkeley, Undergraduate Admissions Statistics, Fall, 1996 (University of California, Berkeley: Office of Student Research, December 11, 1996), pp.1-2. なお、太平洋諸島系については、対象者は9人である。
(29) 2003年9月に開かれた学部学生に志願する者を対象とした入学説明会では、例えばスポーツの業績として、全米や州レベルの大会で好成績を収めた場合や、両親が同校の卒業生かどうかも考慮の対象

となるとされた。そして合否の決定は、学業上の要素だけでなく、複合的な要素によることが、強調されていた。

(30) University of California, Berkeley, Undergraduate Admissions Statistics, Fall, 1996, p. 2.

(31) "Word Connerly," *The American Enterprise*, April/May, 2003, pp. 18-19.

(32) Lydia Chavez, *The Color Bind: California's Battle to End Affirmative Action* (Berkeley, Los Angeles and London: University of California Press, 1998), pp. 262-263.

(33) カリフォルニア大学理事会は、アファーマティヴ・アクションや学生が支払う費用、入学、経済的支援などの方針を決定する機関である。その構成は、選挙によって選出された官僚と知事により任命された者のほか、1975年以降は全てのキャンパスの中のひとつから志願して選出された学生1名が、1年の任期でこの役目を担っている（Regents of the University of California, Resource : A Refernce Guide for New Berkeley Students, 1998/99 edition, New Student Services, University of California, 1998, p. 4）。

(34) *The Oakland Tribune*, December 1, 1995.

(35) カリフォルニア大学の中でも、競争力の高いバークレー校などでは、各校の成績上位4パーセントに入学資格があるとされ、そのほかのキャンパスにおいては自動的に入学を許可するといった具合に、その重要度は異なる。

(36) University of California, Berkeley, Report of the Chancellor's Advisory Committee on Diversity, July 19, 2000, pp. 4-5.

(37) Nancy Cantor, Affirmative Action: What Michigan Can Learn from California (Information on Admissions Lawsuits: http:www.umich.edu/~urel/admissions /comments/detnews.html).

(38) University of California, Berkeley, Report of the Chancellor's Advisory Committee on Diversity, July 19, 2000, p. 1.

(39) *The Los Angels Times*, May 17, 2001.

(40) *The Washington Post*, January 17, 2003. なお、ここでは黒人、ヒスパニック、ネイティヴ・アメリカンを十分に代表されないマイノリティとしている。

(41) *The Los Angels Times*, October 7, 2003.

(42) Office of Academic Multicultural Initiatives, University of Michigan, The Circle: A Native American Resource Guide, n.d., p. 13.

(43) http://quickfacts.census.gov/qfd/states/26000.html

(44) 著者が、ミシガン大学ロースクール内にある食堂で昼食をとった時のエピソードを紹介したい。食堂内はセルフ・サービス方式で、各自野菜やスープ、おかず、フルーツ、飲み物の中から好きなものを選択してトレイに載せ、会計を済ませてからテーブルに着く仕組みになっている。著者の観察によると、会計後、学生たちはひとりで黙々と食事をしたり、グループごとに空いている座席に着席したりといったことをしなかった。彼らは申し合わせたかのように、長テーブルの端から詰めて座り、初めて話をする仲間とは簡単な自己紹介をしながら食事をともにしていた。その光景は、まさしく多様性を絵に描いたように、様々なエスニック・グループの学生がひとつのテーブルに同席し、和やかに話を弾ませていた。そしてこれこそが、ミシガン大学ロースクールが目指し、実践しているアファーマティヴ・アクションの目指すところではないかと思った。

(45) 裁判経緯については、以下特に記さない限り、http://www.umich.edu/~urel/admissions/faqs/chronology.html を参照した（2003年6月27日参照）。

(46) ただし、1995年から1998年にかけての入学プログラムについては、違憲と判断された。

(47) 最高裁判決におけるスティーブンス（John Paul Stevens）裁判官の見解において示されたもの（Supreme Court of the United States, No. 02-516, June 23, 2003）。

(48) *The New York Times*, June 24, 2003.

(49) *Ibid*.

第3章 アファーマティヴ・アクション論争

(50) President George W. Bush, June 23, 2003, The Educational Value of Diversity (Ann Arbor, Michigan : Office of the Provost, University of Michigan, n. d.), p. 8.
(51) *The New York Times*, June 24, 2003.
(52) New U-M Undergraduate Admissions Process to Involve More Information, Individual Review (http://www.umich.edu/news/index.html?Releases/2003/Aug03/admissions).
(53) U. S. Census Bureau, Geographic Comparison Table (http://factfinder.census.gov/).
(54) "Promoting Racial Harmony," in George E. Curry, *The Affirmative Action Debate* (New York: Perseus, 1996), pp. 192-193.
(55) *The San Francisco Chronicle*, April 4, 1995.
(56) *The Washington Post*, January 17, 2003.

第4章

二言語併用教育

1. 二言語併用教育とは

アメリカは、多くの国の出身者もしくはその子孫によって構成されている。現在でも、毎年、狭義の移民だけでなく、難民や亡命者を含めた実に多数の人々を迎え入れている。そしてアメリカには、それぞれの母語を話す人々が共存している。

アメリカにおける二言語併用教育 (bilingual education) とは、通常、子供たちにその社会で主要な言語 (たとえば英語) を徐々に手ほどきしながら、彼らの母語 (たとえばスペイン語) で授業を行なうことを指す[1]。従来、主として広義の移民やその子弟がアメリカに同化するための手段として行なわれてきた。カスティジャーノス (Diego Castellanos) がその著 *The Best of Two Worlds* の中で、「二言語併用教育の歴史は、アメリカ合衆国の歴史でもある」[2]と述べているように、このプログラムは移民国家として言語の多様化という現実の課題を解決するための手段として導入されるようになった。

ところでアメリカでは、原則として教育問題は州権に属する。これは、合衆国憲法修正第10条に掲げられている「本憲法によって合衆国に委任されず、また州に対して禁止されなかった権限は、それぞれの州または人民に留保される」とする条項 (1791年12月15日確定) を根拠としている。

したがって、連邦政府が介入する以前における二言語併用教育の歴史は、実質的には各州 (もしくは郡・市) において必要に迫られ、独自にはじめられた成果であると言ってよい。

例えば1839年にペンシルベニア州では、ある一定数の両親からの要請があれば、ドイツ語で授業を行なう学校を設けるとした法案が

通過している。同年に、オハイオ州ではドイツ語学校の設置が認められている。南北戦争後、セントルイスの公立学校では、私立ではなく公立学校に通うドイツ人移民の子供たちに対する励みとして、二言語併用教育が行なわれるようになった。また、1861年にはロサンジェルス郡の条例で、郡の公立学校においては英語とスペイン語の両方を基本として教えられることが定められた。

こうして、アメリカの公立小学校でドイツ語による教育を受けた子供の数は、1900年までに20万人を超しており、このほかにもポーランド語、イタリア語、ノルウェー語、スペイン語、フランス語、チェコ語、オランダ語、その他の言語によって教育が施されてきた[3]。

しかし一方で、二言語併用教育の導入をめぐっては、こうした動きとは逆の対応もとられた。1890年にウィスコンシン州では、リーディングとライティング、数学、アメリカの歴史を英語で行なわない学校は、州の義務教育法に基づく学校とは見なさないとする法律を規定した[4]。この法律は結局廃止されることになるが、その後も二言語併用教育は子供の両親や政治家を中心として論争の種となっていた。20世紀初頭に大統領を務めたローズヴェルト（Theodore Roosevelt）（第26代、1901－1909年）は、言語制限政策（restrictive language policies）をとる主導者であり、主として東ヨーロッパからからアメリカへ大量流入する移民たちに対して、「我々には受け入れる余裕があるが、当地ではひとつの言語、すなわち英語だけが通用するのである」と述べたとされる[5]。

また、第一次世界大戦が開戦して以降、反ドイツ感情の高まりによって、多くの州では二言語併用教育に終止符が打れることになる。当時は、アメリカ化運動（Americanization Movement）あるいは

100パーセント・アメリカニズム（100% Americanism）といった言葉がもてはやされ、国内に居住する英語を理解できない人々の存在が問題視された。すなわち、英語以外の外国語の使用が、アメリカに対する愛国心や忠誠心の妨げになると考えられたのである。外国語での授業や外国語学校の存在に対して制限が加えられたり、英語教育の強化が図られたりした。

例えば、ネブラスカ州には、最低50人以上の両親からの要請があれば、公立学校において英語以外の言語による授業を行なうことを義務付ける法律が存在していた。しかし、1918年に州知事はこの法律が「非アメリカ的である」という理由で非難し、州議会は全会一致でこれを廃止した。さらに同州では、その後1年以内に、公立と私立を問わず、すべての学校において英語以外の言語で授業を行なうことを禁止し、第8学年まではどの外国語の授業をも禁止した[6]。1920年にはハワイ州で外国語学校取締法が、1921年にはカリフォルニア州でも外国語学校取締法が制定されるなど、いくつかの州でこうした取締まりを行なうための法律が制定されたが、いずれも後に最高裁で違憲判決が下されている。

一方で、二言語併用教育が行なわれる以前には、あるエスニック・グループが同化しない、あるいは英語の理解が遅いという理由で、一般の公立学校から遠ざける手段が講じられてきた。すなわち、人種差別のためにあるエスニック・グループ専用の公立学校（隔離学校）が設置され、その学校が存在する限り、彼らは一般の公立学校に通うことはできず、専用の公立学校においてのみ、時には英語の授業をも含めた教育を受けることができたのである。

例えばカリフォルニアでは、1859年には中国人専用の学校が、サンフランシスコ市・郡教育委員会（Board of Education of the City and

County of San Francisco) によって設置された。これが1885年には中国人だけでなく、「モンゴリアン（筆者注・後に、サンフランシスコ市・郡教育委員会は、この中に日本人が含まれていると主張)」にも拡大され、彼らに対する隔離学校が設置された場合は、中国人や「モンゴリアン」は一般の公立学校には通学できないとする規定が設けられた。日本人の場合、結果的には隔離学校に通学することは免れたが、1906年に日本人学童隔離問題が発生した時には、教育委員会は学齢期を超えた日本人が英語を学ぶために学校に入学していること、日本人は白人と同化しないことを隔離理由として挙げていた[7]。もっとも、こうした特別な学校も、パブリック・スクールとして作られるところがアメリカ流と言えよう。

また、つい30年ほど前までは、アメリカ南西部において、メキシコ系アメリカ人がメキシコ人学校へ割り当てられ続けていた。メキシコ系アメリカ人は、「アングロ（サクソン）の学校をすべて白人によって占有するため」に隔離されていた。これらの学校は、かつて南部において正当化された「分離すれども平等」という教義（doctrine）と同じ趣旨で設置されたと考えられる。こうした学校の設置に対する法的手段は1945年からとられていたが、決着を見たのは、1970年に連邦最高裁判所がメキシコ系アメリカ人に対する事実上の隔離は違憲であるとする判決（Cisneros v. Corpus Christi Independent School District）を下してからである。

このように、一般の公立学校（integrated schools）教育を受けるにあたって、ラティーノの子供たちは隔離や不平等な待遇を余儀なくされた経験がある。1960年代までは、南西部だけでなく、フロリダ、ニューヨーク市の教育委員会によっても、学校においてスペイン語を禁止する規定が設けられており、たとえ運動場におい

第4章　二言語併用教育

てでさえもスペイン語を使用した子供たちには、罰則が与えられることさえあった。カリフォルニアでは、1855年から1968年まで、一般の公立学校では英語以外の言語で教えることは、違法とされた。米墨戦争の結果締結された、1848年のグアダルーペ・イダルゴ条約によってカリフォルニアが割譲される際、メキシコ人の文化を維持する権利を保障するという規定が存在していたにもかかわらず、これが守られていなかったのである(8)。今日、アメリカにおける二言語併用教育という政策は、英語を知らない子供たちを対象とした、アメリカ政府による行き届いた教育政策であるかのように思われるが、こうした現実があったことも忘れてはならない。

　アメリカの歴史とともに紆余曲折を経て歩んできたとも言える二言語併用教育は、今日では一般的に公民権運動の成果のひとつに上げられる1968年の初等・中等教育法第7編 (Title VII of the Elementary and Secondary Education Act of 1968) の制定によって、連邦政府が財政的な支援をするようになって以降の教育を指す場合が多い。

　現在のような形での二言語併用教育は、公民権運動の中で言語が問題視された結果、連邦政府の要請によって行なわれるようになった。まずはケネディ (John F. Kennedy) 政権 (第35代、1961-1963年) によって取り上げられ、ニューヨーク、カリフォルニア、テキサス州選出の連邦議員やホワイトハウスで関心が高まった。その後、大統領になる以前に空軍に属していた際、L・B・ジョンソンが、テキサス州選出の上院議員であったヤルボロフ (Ralph Yarborough) とカリフォルニア州選出のロイバル (Edward Roybal) 議員に、スペイン語を話す子供たちを援助しようと持ち掛けたことが具体的なきっ

かけとなった。ジョンソンは、1930年代にスペイン語を話す子供たちをテキサスの田舎の学校で教えたことがあり、彼らが直面していた問題に理解を示していた。

その後1967年の半ばまでに、連邦議会には二言語併用教育に関する法案が30件以上も出されるまでになり、これを導入する上では機が熟してきたと言える。なかでも1968年に制定された初等・中等教育法は、1967年にテキサス州選出の上院議員であったヤルボロフが、公立学校における貧しいメキシコ系アメリカ人の子供たちに対する二言語併用教育を行なうために、連邦補助金を付けるよう要請した法案が元になっている。これは、言語上そして文化上不利な立場に立つ子供たちが、英語を学びながらも母語であるスペイン語で主要教科を教わることにより、より早く学習できるという発想から来たものであった[9]。こうして、1968年1月2日、ジョンソン大統領は二言語併用教育を支援するための法案に署名した。連邦議会は、ただちに、2万6,500人を対象とした79のプロジェクトの資金として、750万ドルの予算を承認した[10]。

二言語併用教育の実施に当たっては、当初は何ら対立する動きは見られないかのように思われた。なぜなら、二言語併用教育は子供たちにとって利益になるばかりでなく、税金を教育のために役立てることになり、また教師の雇用を多く確保することにつながるからである。二言語併用教育に必要な資金は、基本的には公的資金が投入されたが、なかにはそれ以外のものが充てられることもあった。

1965年にはテキサス州のエジンバラとニューメキシコ州のペコスの学校において、二ヵ国語のプログラムが開始されたが、ペコスのプログラムを実施する上で必要とされたチリ人の女性を雇うための全費用は、フォード財団（thr Ford Foundation）が負担した。全国教

育連盟（National Education Association）は、新たな局面に対処するために調査団を派遣し、二言語併用教育を行なうためには、より多くの教師を必要とするとの結論を出した[11]。

ところが、やがて二言語併用教育プログラムは、しばしば景気の浮揚と連動して、特に保守派の政治家による非難の対象になってしまう。例えば1979年には、全米で激しいインフレから来る経済への打撃、高利率、第二次石油ショックなどが、予算の削減などの形で社会プログラムを直撃し始めた。カリフォルニアでは、1986年の選挙の際、カナダで生まれた日系二世の言語学者であり、1977年から1982年まで連邦上院議員を務めたハヤカワ（Samuel I. Hayakawa）が首唱した、英語をカリフォルニア州の公用語にするとした住民提案63号が審議されたが、否決された。これは、多くのアングロサクソン人たちが、増大し続ける不法のヒスパニックと、彼らの存在が強要する文化の変動に対して、怒りと不満を募らせた端的な例としてとらえられている[12]。実際には、二言語併用教育プログラムではヒスパニック以外のマイノリティに対する助成も行なわれているのであるが、英語を母語とする人々が、スペイン語を話す人々の急増に危機感を持ったために起こされた提案であった。

さらに、レーガン大統領は二言語併用教育についての支持を問われ、「全くの誤りであり、現在行なっているような二言語併用教育を施すということは、アメリカの概念に反するものである。それは自分たちの生まれ育った言語の保持を認めるもので、彼らは適切な英語を身に付けないために、労働市場に出ることはできないであろう」と答えた[13]。レーガン大統領は、軍事最優先の政策を掲げ、その膨大な歳出の穴を補うために、二言語併用教育プログラムにかかる費用をはじめとした、教育や福祉関連の支出を大幅に削除したの

である。

　また、連邦法の下で二言語併用教育が施されるようになったことで、必要に応じた二言語併用教育が施されない場合、訴訟によってその実施が迫られるケースが出てきた。サンフランシスコでは1970年に、学業を英語でこなすことのできないラウ (Kinney Lau) と1,800人のサンフランシスコに居住する中国人の生徒たちによる集団訴訟が展開されることになった。1974年1月21日、連邦最高裁判所は、1964年の公民権法 (the Civil Rights Act of 1964) に基づき、中国語を話す子供たちには特別な支援を受ける資格があり、彼らに対する必要な援助を怠っていたとし、裁判所が認め得る「適当な救済 (appropriate relief)」をサンフランシスコの統一学区 (San Francisco Unified School District) が実施するように命じる象徴的な判決を全会一致で下している (Lau v. Nichols 414 U. S. 563)[14]。

　英語能力に限界のある (limited English proficient：以下、LEP) 子供たちに対して、公教育に等しく接する権利を与えるとしたこの判決は、同じく1974年の教育機会均等法 (the Equal Educational Opportunity Act of 1974：EEOA) の成立に大きく影響を及ぼした。同法では、連邦基金を受けている学校は、LEPの生徒たちのためのプログラムをカリキュラムの中に盛り込まなければならないことが規定された[15]。

　二言語併用教育に関する諸事情は各州によって異なっているが、1968年の初等・中等教育法ができ、連邦政府による補助金が出されるようになって以降も、二言語併用教育は常に論争の的となってきた。その理由についてニエト (Sonia Nieto) は、以下の2点を挙げている。まず第1に、英語以外の言語を使用するということは、一般的に社会の中では国家の結束に対する脅威であるとされている。

第4章　二言語併用教育

しかし、他国の人々に対する理解を怠り、外国語を学ぶことを禁止すると、時には逆効果に陥ることがある。アメリカ社会は、依然として他の言語や文化に対して無知であることは明らかであり、こうした単一言語主義や単一文化主義によって、アメリカは危険にさらされている。そして第2に、二言語併用教育は、教育制度の根幹に疑問を投げかける脅威であると見なされている。二言語併用教育プログラムが成功したということは、生徒たちが英語を学びながら母語も学ぶことができることを立証したことになり、これは欧米のカリキュラムや教授法にのみ価値を見出す保守的な考えと矛盾するというものである(16)。

今日、二言語併用教育とは、LEPの生徒たちに対してごく一定期間の集中学習をさせるものか、終わりなき支援をするものなのか、といった二者択一的なものを指すのではなくなってきている。教育研究者は、二言語併用教育のモデルを7つに区分けしている。そのうち、第二言語を積極的に学ばせる代表的なものとして、「潜水(Submersion)法」と「没入(Immersion)法」と呼ばれるものがある。前者は、俗に言う「おぼれたくなければ泳げ("sink or swim")」という英語同化政策で唱えられた標語が示すように、英語学習者に第一言語による手助けをしないで、英語だけのクラスに入れることを指す。後者の目標は、二言語を話したり、二ヵ国語の読み書きができる (biliterate) 生徒を育てることにある。生徒たちは、授業科目 (subject matter) を第二言語で教わり、かつバイリンガルの教師から第一言語と第二言語による日常の勉強に関する指示 (daily academic instruction) を受けるというものである。

一方で、第一言語を主体にして第二言語を学ばせる方法がある。これには、「維持もしくは発達 (Maintenance or Developmental) 法」

と「過渡期における二言語併用教育 (Transitional Bilingual Education) 法」が該当する。前者は、LEP の生徒が長期に亘って第一言語と英語を進展させていく方法である。後者は、LEP の生徒のために、はじめのうちは第一言語による授業を行なうが、生徒の英語力がつくにつれて、第一言語の使用量を減らしていくというものである[17]。各州では、それぞれの地域に実情に合わせて、これらの方法を選択している。

さて、今日二言語併用教育が大きく取り上げられるようになったのは、英語を話さないヒスパニック人口の増加と大きく関係している。

表1は、アメリカの家庭で英語以外の言語を使用する児童の推移を記したものである。表中の1995年と1999年の間には統計技術の改訂があり、この部分の数字の変動については一概に比較できないものの、「ヒスパニック」に注目してみると、少なくとも家庭では7割以上の児童が英語ではない言語（多くの場合にはスペイン語と思われる）を話していることがわかる。この数字は「その他、非ヒスパニック」を除くと群を抜いている。

同じく家庭で英語以外の言語を使用する児童の居住地であるが、後述のカリフォルニア州を含むアメリカ西部が28.8パーセントと最も高く、次いで東北部（17.7パーセント）、南部（14.3パーセント）となっている。

また、家庭で英語以外の言語を使用し、かつ英会話に困難のある児童についても同様の傾向が見られる。この場合の「英会話に困難のある児童」とは、英語を「流暢に」話す以下のレベルの児童を指すと書かれているが、ヒスパニックが23.4パーセントと、全米規模では約4人に1人が困難な状況にある。さらに、地域的に見ても西

第4章 二言語併用教育

表1 家庭で英語以外の言語を使用する児童（1979－1999年）

特　徴	1979	1989	1992	1995[1]	1999[1]
家庭で英語以外の言語を使用する児童（100万人）	**3.8**	**5.3**	**6.4**	**6.7**	**8.8**
5-17歳の児童に占める割合（%）	8.5	12.6	14.2	14.1	16.7
人種・ヒスパニック：					
白人、非ヒスパニック	3.2	3.5	3.7	3.6	3.9
黒人、非ヒスパニック	1.3	2.4	4.2	3.0	4.5
ヒスパニック[2]	75.1	71.2	76.6	73.9	70.9
その他、非ヒスパニック[3]	44.1	53.4	58.3	45.5	51.0
地域：[4]					
東北部	10.5	13.5	16.2	15.1	17.7
中西部	3.7	4.9	5.6	5.9	7.5
南部	6.8	10.7	11.1	11.7	14.3
西部	17.0	24.2	27.2	26.4	28.8
家庭で英語以外の言語を使用し、英会話に困難のある児童（100万人）	**1.3**	**1.9**	**2.2**	**2.4**	**2.6**
5-17歳の児童に占める割合（%）	2.8	4.4	4.9	5.1	5.0
人種・ヒスパニック：					
白人、非ヒスパニック	0.5	0.8	0.6	0.7	1.0
黒人、非ヒスパニック	0.3	0.5	1.3	0.9	1.0
ヒスパニック[2]	28.7	27.4	29.9	31.0	23.4
その他、非ヒスパニック[3]	19.8	20.4	21.0	14.1	11.7
地域：[4]					
東北部	2.9	4.8	5.3	5.0	4.4
中西部	1.1	1.3	1.6	2.3	2.0
南部	2.2	3.8	3.5	3.4	3.6
西部	6.5	8.8	10.4	11.4	10.5

注) (1) インタビュー技術の改訂と1990年センサス・コントロールによる改訂を反映している。
　(2) ヒスパニックは人種を問わない。
　(3) 主としてアジア・太平洋諸島民、アメリカ・インディアン、アラスカ原住民を含む。

原著：Federal Interagency Forum on Child and Family Statistics, *America's Children: Key National Indicators of Well-Being, 2001*, (http://www.childstats.gov/americaschildren/).

出典：アメリカ合衆国商務省センサス局編、鳥居泰彦監訳『現代アメリカデータ総覧2003』東洋書林、2004年、158ページ。

部が10.5パーセントと最も多くなっている。学校教育を受ける際に、彼らの母語であるスペイン語での教育を施す必要があるのかどうかが重要な鍵となることがわかる。

2. カリフォルニアにおける二言語併用教育の現状

全米の中でも、外国生まれの人々が多く集まるカリフォルニアにおいて、今日的な意味での二言語併用教育が法律上整備されたのは、1976年以降のことである。連邦基金を受けている学校がLEPの生徒たちのためのプログラムを用意することを求めた1974年の教育機会均等法を受けて、カリフォルニアでは、1976年にチャコン‐モスコン二言語・二文化教育法 (the Chacon-Moscone Bilingual-Bicultural Education Act of 1976) が制定された。

これは二言語併用教育を律する基本となる法律であったが、不十分な部分もあり、1987年には無効となる規定も含まれていた。しかし州教育省は、連邦法や引き続き効力の残ったチャコン‐モスコン二言語・二文化教育法の要請に応えるために努力し、特に子供たちにとっての最初の言語 (primary language) による授業を行なう方針を採り続けた。州議会もまた、法律の「全般的な目的 (general purpose)」を達成するために、二言語併用教育プログラムのための財源を確保し続けた。

ところが1998年2月、州最高裁判所判事は、キロズ対州教育委員会判決 (Quiroz v. State Board of Education) (97CSo1793, Dept 41) において、州教育省の求める第一言語で授業を行なう方針は、チャコン‐モスコン二言語・二文化教育法の「全般的な目的」であるとは言えないとする判断を下した。その結果、州教育委員会はこうした

第4章　二言語併用教育

政策やプログラムへの勧告を廃止することになった。こうして1998年4月には、英語を学習する生徒をどのように教育するのかは、州ではなく地方の学区ごとに選択することが認められるとする新方針が掲げられることになった。ただし、州教育委員会の方針は義務を負わせるものではなく、また州教育省の規定は、1998年6月の選挙まで引き続き効力を持たせることになった。

カリフォルニアにおいて、州議会が二言語併用教育の問題と本格的に取り組むようになったのは、1995年以降のことである。1995年から1996年の会期において、州議会下院は二言語併用教育に関する改革法案（AB 2310 by Firestone）を通過させたが、これは最終的に上院予算委員会で否決されてしまう。1997年から1998年の会期では本格的なものだけでも6つの法案（AB 36 by Firestone, SB 6 by Alpertなど）が提出されたが、いずれも成立を見なかった[18]。

さて、二言語併用教育を受ける主な対象者は、スペイン語を話すヒスパニックである。カリフォルニアにおけるヒスパニック人口は、1980年代に約70パーセント増加し、1990年までには州全体の人口の25パーセントを占めるまでになった。この割合は、その後も増え続け、2020年までには州全体の36パーセントを超し、カリフォルニアで最大のエスニック・グループになると国勢調査局では見積もっている。その特徴として、平均年齢が低く、ヒスパニック以外の人々と比べて出生率は約2倍に達している。カリフォルニアの中でも、ヒスパニック人口が最も多いのはロサンジェルス郡であり、1990年から2020年までに、同郡だけで330万人から750万人と2倍以上の伸び率が見込まれている[19]。

1983年にロサンジェルス郡では、87の言語を用いる二言語併用教育が行なわれていたとされるが[20]、数的に最も多いのはスペイン

語と英語によるものである。学校制度 (school system) の中でも、ロサンジェルス郡に住むヒスパニック人口の増加は目覚しく、1966年には全体の19パーセントであったが、1988年には59パーセントを占めるようになり、特に低学年に占めるヒスパニックの割合はこれを上回っている。1969年から1986年の間に小学校でのヒスパニックの増加率は134パーセントに上った。一方、この時期におけるその他のエスニシティの生徒たちは57パーセントに減少した。第3、12学年を対象に全米規模で行なわれたリーディングと数学のテストで、カリフォルニア州は最下位に近く、1986年秋に第10学年に入ったメキシコ系アメリカ人であるチカノの生徒の56パーセントが、1988年秋の第12学年に登録ができなかった。1988年には、教師のうち11パーセントだけがラティーノであった。

　ヒスパニックのもうひとつの特徴として、教育水準の低さが挙げられる。以下は、全米を対象とした調査結果であるが、ヒスパニックの高卒以上の割合は、1970年では男性37.9パーセント、女性34.2パーセントであったが、1980年ではそれぞれ67.3パーセント、65.8パーセントと飛躍的な伸びを示した。しかし、1990年になると、それぞれ50.3パーセントと51.3パーセントになり、その後2002年までは男女とも50パーセント台である。これを、ほかの人種およびエスニック・グループと比較すると、1999年の時点で、全体の平均が男女とも83.4パーセント、白人男性84.2パーセント、白人女性84.3パーセント、黒人はそれぞれ76.7パーセントと77.2パーセント、アジア・太平洋諸島の人々はそれぞれ86.9パーセントと82.8パーセントであるのに対して、ヒスパニックはそれぞれ56.0パーセントと56.3パーセントであった。また、第10学年から第12学年（日本の高校1年生から3年生に相当する）における年間中退率は、ヒスパニック

第4章 二言語併用教育

表2 家庭で英語以外の言語を話す人々の推移(ロサンジェルス郡とオレンジ郡)

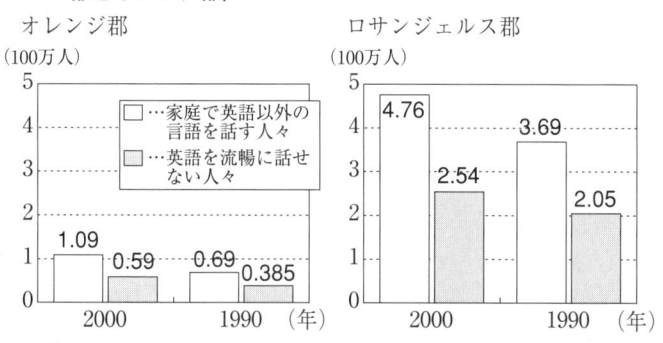

オレンジ郡 (100万人)

- □ …家庭で英語以外の言語を話す人々
- ▨ 英語を流暢に話せない人々

2000年: 1.09 / 0.59
1990年: 0.69 / 0.385

ロサンジェルス郡 (100万人)

2000年: 4.76 / 2.54
1990年: 3.69 / 2.05

出典:*The Los Angeles Times*, May 15, 2002.

以外の白人が4パーセント、黒人が6パーセント、アジア・太平洋諸島の人々が2パーセントのところ、ヒスパニックは8パーセントとヒスパニック以外の白人の2倍に上っている[21]。

カリフォルニアでは、1990年代初頭の予算削減により、1986年に制定された移民改正取締法(IRCA)に基づく恩赦プログラム(これによってそれまで「不法移民」とされた約160万人が申請によって「合法移民」となる)が実施された後、移民に対する英語の授業が削減された。このプログラムのための予算の最高は1988年に1億3,300万ドルであったが、1992年には予算申請の段階で4,000万ドルに減少したため、この現象が、教育と雇用に深刻な影響を与えることになる[22]。

こうした財政難の折、カリフォルニア州では、ここ10年間に家庭で英語以外の言語を話す人々と英語を流暢に話せない人々がそれぞれ増加した。**表2**は、移民の多いロサンジェルス郡とオレンジ郡についての調査結果である。

図に付けられた説明と本文の記事によると、ロサンジェルス郡に住む人々のうち、家庭で英語以外の言語を話す人々は、1990年代には110万人近く増加し、今や同郡に住む5歳以上の人口880万人のうち、54.1パーセントを占めており、英語を流暢に話せない人々は53.4パーセントといずれも過半数を超している。またオレンジ郡においては、人口280万人のうちの41.4パーセントに当たる116万人が、家庭で英語以外の言語を話しており、これに該当する人々の1990年代における増加率は、ロサンジェルス郡よりも高くなっている[23]。

　ところで、家庭で英語以外の言語を話す人々とは、具体的にはどのような人々を指すのであろうか。ロサンジェルス市についての2000年の国勢調査によると、1990年以来、ヒスパニックの人口は23.5パーセント、アジア系と太平洋諸島の人々は15.2パーセント、それぞれ増加する一方で、白人は15.4パーセント、黒人は11.5パーセント、それぞれ減少している。すなわち、英語を母語としていない国の出身者のうち、ヒスパニックの人口が約4分の1を占めていることがわかる。また、小学校入学以前の子供の数は、153.8パーセント増加して12万5,802人であり、家庭で英語以外の言語を話す人々の数は、10年間に23.4パーセント増加し、197万4,316人になった。すなわち、少なくとも家庭で英語以外の言語を話している人々の割合は、ロサンジェルス郡全体の平均よりもさらに高く、同市全体の57.8パーセント（10人中約6人）であることがわかった。さらに外国生まれの人々の数も、13.2パーセント増加して151万2,708人に達した[24]。

　このように、家庭で英語以外の言語を話す人々が増加するにつれて、カリフォルニアの公立学校が果たす役割も一段と重要性を帯びてきた。州教育省によると、LEPの生徒数は、1982年から1997年ま

でに220パーセント増加し、1993年から1997年の4年間だけでも20パーセント増加した。なかでもロサンジェルス郡、オレンジ郡、サンディエゴ郡の3郡だけで、州の1997年における LEP 生徒数138万人のうちの57パーセントを占めている。そしてこれらの LEP 生徒のおよそ80パーセントが、第一言語としてスペイン語を使っており、州教育省が把握しているだけで、英語以外の第一言語として使用されているものは54ヵ国語に上る[25]。

カリフォルニアでは、1994年以降、不法移民に対する公共サービスの停止を求める住民提案187号や、アファーマティヴ・アクションの廃止を求める住民提案209号（1996年）、そして二言語併用教育の廃止を求める住民提案227号（1998年）が審議されるが、いずれも、提案の背景には州財政の不足という事態があった。その際に、不法移民の約8割がメキシコ系であることから、ヒスパニックに対する風当たりが強くなった。後述の住民提案227号は、従来の二言語併用教育を廃止して、英語を1年間集中学習した後には、英語による授業のみとするといった内容の提案である。この提案に賛成する者は、ヒスパニックの人々がアメリカ社会で生活する上では二言語併用教育は必要がなく、財政を無駄にしているといった議論を展開するのであった。

二言語併用教育に関する限り、カリフォルニアの学校に在籍する生徒の約4分の1に相当する約130万人が二言語併用教育のクラスに通っており、その費用は年間3億ドルを超すこと、バイリンガルの教師には、年間5000ドル以上も余計に支払われているとの数字が示されている。住民提案227号の提案者は、バイリンガルのクラスに入った生徒のうちの5パーセントしか英語を話すクラスに進めないとし、実際にはバイリンガルではなく、モノリンガル教育になっ

ていて、かなりの数の子供たちは、受け入れ国の公式な言語を読んだり書いたりすることができないまま学校を離れると主張している[26]。

1988年にアメリカ教育省の教育テストサービス (the Educational Testing Service for the U. S. Department of Education)が行なった調査では、ヒスパニックの両親の大多数（メキシコ系アメリカ人の78パーセント、キューバ系の82パーセント）が、英語の時間が少なくなるため、子供たちに対するスペイン語での教育に反対しているとされる。また、ラティーノ・ナショナル・ポリティカル・サーベイ (Latino National political Survey)による調査では、二言語併用教育に対する強い支持がある一方で、回答者の10パーセント以下しか、二言語併用教育の目的がスペイン語と文化の維持にあるとは考えていないことがわかった[27]。

3. 住民提案227号と二言語併用教育の廃止

1998年6月2日、英語能力に限界を持つ140万人の生徒たちに対する従来の二言語併用教育を廃止して、英語を1年間集中学習した後には英語だけでの授業を施すとした、住民提案227号が投票に付された。これは、「子供たちに英語を (English for the Children)」との呼び名の付いた提案となった。

今回の提案の座長 (chairman) は、シリコンバレーでハイテク企業を手掛ける企業家ウンズ (Ron K. Unz) と全米に名前の知れたラティーノの数学教員であるエスカランテ (Jaime Escalante) であった。ウンズは、ビジネスで成功を収めて億万長者になり、1994年には共和党からカリフォルニア州知事選に出馬しようとして、ウィルソン

第4章 二言語併用教育

と争ったことがある。彼はまた、1998年の選挙の際に、100万ドルを超保守的な政治組織に貸して支援することになる[28]。

カリフォルニア州議会において、二言語併用教育を改革する気運がありながら、結果的に法案の成立を見なかったことから、ウンズは1997年にイニシアティヴの手続きによる署名活動を開始した。ウンズは、カリフォルニア社会で行なわれていた二言語併用教育について、次のように分析している[29]。

若い移民の子供たちは、英語をほとんどあるいは全く教わっていない。ロサンジェルスでは、一日に30分間だけである。これは、あまりに早い時期に英語をたくさん知ることによって、子供の自尊心や学ぼうとする能力を傷つけてしまうという、ばかげた考えに基づいたものである。何十万人にも上るアメリカの生徒たちが、英語での授業はごくわずかで、しかも外国語として教わる一方で、文法や読み書き、その他の科目を母語である主としてスペイン語で教わっている。こうした英語教授法の結果は、惨憺たる状況である。カリフォルニア州の公立学校における全在籍者の4分の1に当たる130万の生徒たち（著者注・この数字は、後に掲げる住民提案227号についての詳細が掲げられている投票用パンフレットに示されているものとは異なる）は、英語についてはほとんど教わらないまま授業を受けている。現状を擁護する人々は、5歳児は通常新しい言語を習得するのに7年間を必要とするため、実際に第二言語を学ぶことは、ティーン・エイジャーや大人よりも困難であると言っている。しかし、これは何ら現実に基づいていない学問上のドグマである。

現在の二言語併用教育を受けている者のうち、80から85パーセントがこれを嫌っているとする世論調査がある。この制度の主な犠牲者になったのは、ラティーノの移民とその子供たちである。やがて両親によってこうしたプログラムに反対する運動が生じたが、そのうち最も

有名になったのは、1996年にロサンジェルスの9番街小学校（the Ninth Street Elementary School）で起こったラティーノによるボイコットである。このときに、「子供たちに英語を」と叫ばれたのであった。

やがて、我々のイニシアティヴを求める動きにエスカランテが加わるようになった。こうして、1998年1月にはすでに約80万人の署名を集め、1998年6月の投票にかけられることが決まった。すべてのカリフォルニアの移民の子供たちは、昇進や均等な機会を得るために、世界の共通語である英語を教わる権利が認められることになるであろう。我々の誤った二言語併用教育の制度を終わらせることによってのみ、本当のバイリンガリズムを育てることができるのである。

一方で、カリフォルニア州で実際に行なわれている二言語併用教育について、評価する見方がある。サンフランシスコのコミュニティ紙『サンフランシスコ・ベイ・ガーディアン（*The San Francisco Bay Guardian*）』によるインタビューで、ウンズは、「バイリンガル・クラスにいる大部分の子供たちには、第4もしくは第5学年になるまで英語によるライティングが指導されていない。カリフォルニアの全生徒のうち、4分の1が英語に堪能ではない」と語った。しかし、同紙はそうした数字の根拠は明確ではないと指摘する。また、住民提案227号の批判者の見解を紹介し、二言語併用教育は経験的な証拠からも支持され、正しいものであり、同提案の支持者は数字を改ざんし、有権者を欺いているとも書いている。

同紙では、二言語併用教育プログラムがうまく機能している一例として、サンフランシスコのミッション地区にあるセザール・チャベス小学校（the Cesar Chavez Elementary School）を挙げている。同校には、世界中から生徒たちが集まり、テストの得点や、教師と両親の話から判断しても成功していると言える。その上、生徒は自信

に満ち溢れており、ラティーノやアフリカ系アメリカ人、アジア系の人々の自尊心も保たれている。そこでは、幼稚園や第1学年において、第一および第二言語で読み書きを習う。またビンゴゲームを、1週間にスペイン語で2日、英語で3日行なっている[30]。

次に、これもサンフランシスコの例であるが、ブエナ・ビスタ・オータナティヴ小学校 (the Buena Vista Alternative Elementary School) では、学校名が示すように、英語を話す子供たちとスペイン語を話す子供たちが一緒になって「没入法」によるプログラムを行なうといった、型にはまらないブエナ・ビスタ・プログラムが展開されている。同校では、幼稚園と第1学年では90パーセントがスペイン語で授業が行なわれるが、第5学年までにはその比率はおよそ半々になる。教育調査によると、スペイン語を話す子供たちに対する「没入法」は、伝統的な英語のみで授業を行なう「潜水法」(ウンズの提唱している1年間の集中コースは、このタイプである) と比較しても、より効果を挙げているという結果が出ている。しかも、これはアングロサクソン系の子供たちにとっても大いに恩恵を受けることになる。彼らは明けても暮れてもラテン・アメリカの音楽や芸術、言語、文化に触れることによって、生活が豊かになるのである。しかし、住民提案227号が通過することになれば、ブエナ・ビスタ・プログラムは違法とされ、我々は不幸になるであろうと結論付けている[31]。

二言語併用教育をめぐる論争に、決着をつけるひとつの材料として、カリフォルニア州立大学サクラメント校のカリフォルニア研究センターによるまとめが参考になる。それによると、教育研究者の間では、最も効果的な二言語併用教育について、以下の3点で一致した見解が見られるという。それは、第1に、生徒たちが第二言語を学ぶには、第一言語での思考力と学問に対する考え方が直接影響

を与えること、第2に、生徒たちは基本的な英語のコミュニケーション技術はすぐに獲得することができるが、たとえば語学を進歩させるために必要なライティングやリスニング、スピーキングといった、より洗練された英語を修得するには5年から7年間はかかること、第3に、英語を身に付けた上に、引き続き第一言語を習得している生徒たちは、英語を身に付けるために第一言語の習得を放棄した生徒たちと比べて、のちにより高い学問上の成績を収める傾向にあることである(32)。すなわち、第二言語を学ぶためには、第一言語でいかに深い思考力を持っているかが鍵となり、英語を第二言語として学ぶ人々にとっては、第一言語を維持しながら、長い時間をかけて英語を学ぶ必要がある。

さて、登録済み有権者に配布される州務長官監修の投票用パンフレットによると、住民提案227号の目的と州議会のアナリストによる分析、および同提案に対する賛否の議論は以下の通りである(33)。

住民提案227号は、すべての公立学校の授業を英語で行なうことを要請するものであるが、両親や保護者は子供がすでに英語を知っていたり、特別な必要性があったり、別の教授法によって英語をより早く学べることを示す場合には、この要請を変更することができる。その上、英語が流暢でない子供たちのための集中英語プログラムは、通常1年を超えることのない初歩的で短期間のプログラムを置くこと、各コミュニティにおいて子供たちに個別に英語を教える基金として、10年間にわたり毎年5,000万ドルの予算を付けること、両親と保護者による申し出を認めることが主な目的である。

財政面においてこの提案が個々の学区に及ぼす影響は、学校や両親、州が、提案による変化にどのように対処するかによって異なるが、限られた英語しか話さない生徒たちを教えるために、10年間に

第4章　二言語併用教育

わたり毎年5,000万ドルの予算を要請するものである。教育にかかる州の歳出には恐らく変更はないと思われる。

カリフォルニアの公立学校には、幼稚園から第12学年（K－12）までに560万人の生徒が在籍している。1996年から1997年の間では、学校に在籍する140万人、すなわち25パーセントの生徒たちが、LEPである。これらの生徒は、学校生活を送る上で英語を十分に理解することができない。州にある学校の88パーセントには、少なくとも1人のLEPの生徒がいて、また71パーセントの学校には、少なくとも20人以上の対象者がいることがわかっている。

この提案が出された当時、学校ではLEPの生徒に授業を理解させることが法律で定められており、こうした生徒を抱える学校を支援するため、州教育省は地域のLEPプログラムの発展に向けてのガイドラインを作成した。それによると、こうしたプログラムの目標は、LEPの生徒の英語力が向上することにあり、LEPの生徒が学校生活のすべてにおいて十分に過ごせるように、いくつかの教科については母語での授業を行なうこと、学校はすべてのLEPの生徒に二言語併用教育プログラムを選択できるようにし、母語と英語の両方で教わることができるプログラムを用意する。さらに、学校は両親がこうした二言語併用教育プログラムを子供に受けさせるかどうかについて、選択することを認めている。

LEPのほぼすべての生徒が英語を学ぶ上での特別な支援を受けており、これは授業のある日の正規の科目とは別に用意されている。実際には、これらの生徒のうち、40パーセントが英語で授業を受けているが、その際には英語を十分に話さない生徒のための特別に用意された教材と教授方法が用いられている。さらに30パーセントの生徒が、いくつかのもしくはすべての学科科目を母語で教わってい

る。この生徒たちが、通常、二言語併用教育の授業を受けている生徒と見なされている。残りの30パーセントの生徒は、学科科目において特別な支援を受けていない。それは、生徒が必要としていないか、もしくは学校にそうしたプログラムが備わっていない場合である。

　州のガイドラインによれば、学校はLEPの生徒たちに対するサービスを、それぞれの学年の英語を話す平均的な生徒と同じレベルの読み書きと理解ができ、クラスで流暢な英語を話す生徒と同じように授業に参加できるまでこうした特別な支援を行なうとしている。このように、学校で特別な支援を必要とするLEPやLEP以外の生徒たちの特別基金として、州は4億ドルを超す予算をつけた。こうした基金は補償費用と呼ばれており、実際にはその大部分がLEPの生徒のためにあてがわれている。これに加えて学校は、LEPの生徒のために、連邦および地方の基金を使って特別な支援を行なうことができる。

　住民提案227号では、こうしたLEPの生徒たちに対する授業を改革し、カリフォルニアの公立学校では、ほぼすべての授業を英語で行ない、ほとんどの二言語での授業を削減しようとしている。そのために、もし英語以外の授業を受けているLEPの生徒が20人以上いる場合には、学校がそうした生徒用の授業を提供しなければならないが、もし20人以下の場合には、学校はその生徒を、その生徒の話す言語で授業を行なっている別の学校に行かさなければならないとする。

　このように、LEPの生徒が特別の授業を受けることができる期間を1年間に制限することによって、特別クラスの数を減らすことができ、これが結果として学校にかかる費用の節約につながる。しか

し同時に、1年間の特別クラスは学校により集中した支援を提供することが求められるので、現在の授業よりもさらに費用がかかる可能性がある。また、LEPの生徒が一般のクラスに移動した際に、学科科目において他の生徒に遅れをとる場合には、特別な手助けが必要となるかもしれない。

　住民提案227号に賛成する立場とは、英語能力に限界のある生徒たちが、ほぼすべての時間にわたって英語を話す教員の下で施される特別なクラスでの授業を受け、その特別クラスを約1年受けた後には、ほとんどの場合、生徒たちは通常のクラスへ移動するということに賛同するものである。一方、同提案に反対する立場とは、英語能力に限界のある生徒たちが英語を習得するには様々な方法があり、通常のクラスでの授業を受ける以前に、彼らが家庭で話す言葉を操る教師の下で授業を受けるということに賛同する立場である。

《住民提案227号への賛成論》

- 1970年代には最善の策としてはじめられた二言語併用教育であったが、これは実際には失敗であったにもかかわらず、政治家や行政はその失敗を認めようとはしなかった。
- カリフォルニアで英語を話さない生徒のほとんどは、学校教育を受けはじめてから4年から7年間もの間、二言語併用教育というよりもむしろ単一言語、すなわちスペイン語だけでの教育を受けている。
- 現行の制度では、子供たちに英語の読み書きを教えることに失敗している。昨年（1997年）は、カリフォルニアにいる英語を十分に話せない生徒のうち、わずかに6.7パーセントの生徒だけが、英語を十分に学んで一般のクラスに移動できた。
- ラティーノの移民の子供たちが、二言語併用教育の主たる被害者である。彼らは、ほかのどの移民グループよりもテストの点数が低く、

中途退学の率は最も高いのである。
・カリフォルニアの生徒たちによって、140ヵ国の言語が話されている。英語を教える前に、彼らの母語で教えることは、教育的にも財政的にも不可能である。そうであるにもかかわらず、この不可能なことを二言語併用教育では達成しようとしているのである。
・英語を学ぶには、子供の年齢が若いほどたやすいし、子供にその言語を集中して学習させるほど効果はあがる。移民の子供は、すでに母語を知っており、彼らには公立学校で英語を教えることが必要である。英語で話したり読み書きができないで学校を去る子供たちは、人生において経済的にも社会的にも不当に扱われることになるであろう。
・この提案では、学校に通いはじめると同時に、子供に英語を教えることを要請するものである。研究によれば、英語を話さない生徒たちに英語に没頭するクラスを用意することが、英語を学ぶ最も効果的な方法である。その際、両親には、ほかの方法によって教育上の効果があると思われるときは、子供たちに二言語併用教育を受けさせるという権利を放棄することを認める。
・英語を話すことができない子供たちを見捨てるようなことはしない。英語を学ぶ子供たちに対する特別基金を削減することはない。いかなる連邦法や裁判の判決にも違反するものではない。
・二言語を話す教師を雇用するには、年間に5000ドル以上余分にかかるが、こうした仕事を斡旋する何千ものコーディネーターや行政官といった二言語併用教育によって利益を得ている人々が提案に反対するであろう。

提案に賛成する立場に名を掲げたのは、ラス・ファミリアス・デル・プエブロ (Las Familias del Pueblo) のキャラハン (Alice Callaghan) やウンズ (Ron Unz) らであった。そして、この提案に賛成する議論に真っ向から反対したのは、カリフォルニアの教育委員会連合 (California School Boards Association) 会長のダメリオ (John D'amelio) や、カリフォルニア教員連盟 (California Federation of Teachers, AFL-CIO) の会長バーガン (Mary Bergan) らであった。

　彼らは、カリフォルニアでは1970年代から地元の学区において、子供たちに英語を教えるための様々なプログラムが発展してきていること、以前から続いている多くのプログラムは、引き続きかなり成功を収めていること、ある学校では、英語に集中させ、別の学校では二言語を集中させるプログラムを行なっているが、子供たちに英語を教えることが主たる目的であり、教師がどのような方法を使うかは問題ではないこと、住民提案227号は、これらの、場合によっては最善のすべてのプログラムを無効にし、これまでカリフォルニアのどこにおいても試されたことのないプログラムを義務付けようとするとして、反発した。

《住民提案プロポジション227号への反対論》
- 住民提案227号は、カリフォルニアのすべての地域におけるどの学区においても試されたことのない英語教育法を押し付けるものである。
- 住民提案227号は、あらゆる年齢と言語の限られた英語しか話せない子供たちをひとつの教室に配置するものである。
- カリフォルニアのPTAは、子供たちに対する最善の教育を選択する両親の権利を奪うことになるので、住民提案227号に反対する。
- カリフォルニアの教育委員会連合は、英語を教えるための最善の地域プログラムを無効にする住民提案227号に反対する。
- カリフォルニアの教員たちは、住民提案227号では教える際に子供たちが英語を学ぶための手助けとなる言語を個人的に求められることになるために反対している。
- 英語をどのように教えるかということに関して、両親や教員、教育委員会による決定を無効とすることはおかしい。

・カリフォルニアの子供たちは、英語を学ばなければならない。
・カリフォルニア中の何千もの教室を受け持つ教師、地元の教育委員会は善良である。
・これらが成功しているのは、州政府によってひとつの教育方法をすべての学校に押し付けられた結果ではない。
・残念ながら失敗もあるが、それらは地方のコントロールを最大限に活用した理性的なプログラムの変更によって、修正されることが最善の策である。
・カリフォルニアでは、より多くの決定を、両親や教員、校長、地方の教育委員会によって行なうべきである。
・多くの学区において新規の英語教育法が機能している中で、住民提案227号はこれらに歯止めを掛けることになる。

住民提案227号の反対者として、カリフォルニアの教育委員会連合会長のダメリオ、カリフォルニア教員連盟の会長バーガン、カリフォルニア教員連合（California Teachers Association）の会長ティンソン（Lois Tinson）らの名前が掲げられた。

もっとも、こうした論点に対して、住民提案227号に反対しているのは、スペイン語だけの二言語併用教育という誤った制度を行なうことによって、年間に何億ドルもの資金を受け取っている組織の指導者たちであると提案賛成者は主張する。さらに、試されたことのない英語の教育方法を強要しているのではなく、この方法は全米や世界規模で成功しているものであること、カリフォルニアでは、保護者の反対があるにもかかわらず二言語併用教育を強制的に施されているが、今度の提案では行政側ではなく、両親に選択権があること、学校に対して異なる年代の子供たちを一緒にすることを要請してはいないこと、授業において教師や生徒が英語以外の言語を話

すことを禁止しておらず、この提案では学校の授業を主に英語で教えることを要請しているだけである。教師が子供の母語を使うことは可能であり、外国語のプログラムには全く影響しないと反論した。

投票日を目前に控え、州議会や連邦政府は対応に苦慮した。民主党の州議会上院議員アルパート（Detle Alpert）が出した法案は、二言語併用教育を支持する立場から、各学区（school district）が独自に教育プログラムを作ることができるとするものであり、住民提案227号の代替案として注目を浴びた。1998年5月、民主党州議会議員は一致団結し、投票に参加しかった2人を除く20人が同法案に賛成（共和党議員の1票を足して賛成は21）したのに対し、これに反対したのは13票（マウントジョイ議員を含む共和党12、無所属1、共和党議員で投票に参加しなかったのは3人）にとどまった。6月の住民提案に対する投票を控え、二言語併用教育をめぐって見事に党派色が分かれたかたちになったが、結局共和党のウィルソン知事が態度を保留したため、法案は成立に至らなかった[34]。

民主党のクリントン大統領は、カリフォルニア州の住民提案227号は、州の二言語併用政策を改革する上では「誤った解決策」であり、外国語しか話さない子供たちに対する不当な懲らしめであると酷評した。さらに、「我々は現在、約100もの違った言葉を話しており、子供たちはそれぞれの発達に応じて、異なる段階にある。ある言葉から英語に移行する時期は、人によって長くかかる者もいるのである」と批判した[35]。

連邦政府は、毎年約8,000万ドルを二言語併用教育プログラムのために充てており[36]、クリントン政権下の教育省は、住民提案227号に強く反対する意思を示した。同省としては、最も信頼のできる調査によると、1年間の集中プログラムという方法が大きな誤りで

あること、この提案が、連邦の公民権法を根拠として、生まれた国によってLEPであるマイノリティの生徒たちに、学校として便宜を図ることを要請した裁判所の規定と抵触する恐れがあること、二言語併用教育において、必要条件ではなく、国として妥当な目標年限は3年間であることを、カリフォルニアの人々に考慮するよう促した。1993年からクリントン政権の教育長官を務めていたライリーも、「ウンズによる提案は、教育に対する地方の指揮権を直接攻撃するものである」と述べた[37]。

1998年2月27日から3月1日にかけてサンノゼで開催された、カリフォルニア教員連盟の年次総会における反対決議や、オークランドやサンフランシスコ、バークレーなどのベイエリアを中心として集まった約3,000人の生徒たちを中心とした抗議デモなどの一連の反対運動、そして1998年4月になって、州教育委員会が英語を学習する生徒の教育方針を、州ではなく地方の学区ごとに選択権を与えるとしたにもかかわらず[38]、同年6月2日の投票結果は、61パーセント対39パーセントで可決した。

フィールド社による事前の世論調査では、1997年12月の段階で二言語併用教育を廃止する提案に賛成すると答えたのは69パーセント、反対すると答えたのは24パーセント、未定と答えたのは7パーセントであり、2ヵ月後である翌1998年1月29日から2月2日にかけての調査(729人のカリフォルニア州に居住する登録済み有権者と投票予定者に対し、無作為抽出法による電話調査)では、それぞれ64パーセント、27パーセント、9パーセントと賛成する者が減少する傾向にあった。2月に出された調査結果によると、共和党支持者では70パーセントが賛成、18パーセントが反対であり、民主党支持者では60パーセントが賛成、34パーセントが反対という結果が出た。ラ

ティーノでは、46パーセント対45パーセントという僅差で提案に賛成する側が上回っており、9パーセントが未定であった。またアジア系では、79パーセント対10パーセントという大差で提案に賛成する者が多く、11パーセントが未定であった[39]。

さらに1ヵ月を経た3月5日から15日かけての同社による調査(1,178人のカリフォルニア州に居住する登録済み有権者に対する無作為抽出法による電話調査)では、民主党支持者とアジア系を除いて、いずれも提案に賛成すると答えた人の割合が増えていた。すなわち、提案についての詳細が書かれた州務長官によって監修された投票用パンフレットを一読後に、投票予定者で提案に賛成すると答えたのは70パーセント、反対すると答えたのは20パーセント、未定と答えたのは10パーセントであり、共和党支持者では84パーセントが賛成、10パーセントが反対、7パーセントが未定であり、民主党支持者では57パーセントが賛成、29パーセントが反対、14パーセントが未定であるという結果が出た。また、エスニック・グループごとに見てみると、ヒスパニックを除く白人で賛成と答えたのは71パーセント、反対と答えたのは18パーセント、未定と答えたのは11パーセントであり、ラティーノでは、それぞれ61パーセント、34パーセント、5パーセント、黒人では、それぞれ63パーセント、30パーセント、7パーセント、アジア系とその他(ごくわずかな数)では、それぞれ75パーセント、14パーセント、11パーセントであった[40]。どのグループをとっても過半数を超えているという点で、超党派であると言え、なかでも共和党支持者とアジア系、白人による支持が顕著であることがわかる。

また別の調査では、ラティーノの投票行動について興味深い数字が出ている。選挙の数ヵ月前では、ラティーノの80パーセントが住

民提案を支持していたが、『ロサンジェルス・タイムズ』とCNNによる出口調査によると、実際には、ラティーノは63パーセント対37パーセントで反対票が断然上回る結果となった。これについて、カリフォルニア大学バークレー校でエスニック・スタディーズを専門とするムニョス（Carlos Munoz, Jr.）は、ラティーノが同化政策を拒否し、二文化併存を模索した結果であり、前回と比べ投票率が2倍になったのは、彼らがこの提案の背後にあるレイシズムを見抜く力があったためで、住民提案227号が単に移民の子供に英語を学ばせることを目的としていたのではなく、保守派の反移民感情の表れであったと分析している[41]。

資金的な面では、今回の住民提案227号では、提案に賛成する側が反対する側より1.4倍多く得ていた。提案に賛成する側では、「子供のための英語を支援するカリフォルニアの英語キャンペーン（California English Campaign in Support of English for the Children）」が1万9,875ドルを、「子供のための英語。1つの国、1つのカリフォルニア計画（English for the Children, A Project of One Nation/One California）」が100万2,694ドルを受け取った。一方、提案に反対する側では、「住民提案227号に反対する教育されたアメリカを追求する市民（Citizens for an Educated America, No on 227）」が73万2,122ドルを、「全ての子供たちに対する教育（Education for All Children）」が6,107ドルを受け取った[42]。

選挙の翌日6月3日には、ACLUやMALDEF、多文化教育（Multicultural Education）といった少数民族の権利を擁護する団体などから連邦裁判所に、ウィルソン知事と州教育委員会、州教育監督官を相手取った集団訴訟が提起され、同年6月17日には、仮差止が行なわれた。当初、住民提案227号は、第1に、1974年の教育機会均等法、

第2に、1974年のラウ対ニコルズ判決、第3に、連邦基金を得ているプログラムは、国籍によって人々に異なる影響を与えてはならないとした公民権法第6条、そして第4に、住民提案227号の第8条がマイノリティに政治への接近を否定していることから、違憲判決が下される公算が強かった(43)。

1998年7月15日に設定された公聴会ののち、連邦地方裁判所のレッグ（Charles Legge）判事は、住民提案227号に対する予備的施行差止め命令の要請を拒否した。この判決を不服として上訴がなされたが、結局同月31日、連邦上訴裁判所サンフランシスコ支部は、同提案の8月2日からの施行を阻止することになる施行差止め命令を却下した(44)。

住民提案の施行を受けて、カリフォルニアの各学区では、提案に盛り込まれた通り1年間の英語だけの集中学習法に変更したり、依然として伝統的な二言語併用教育を取り入れ続けたりするなど、様々な取り組みが行なわれることになった。実際のところ、二言語併用教育を受けるLEPの生徒数は、1997年から1998年度にかけては40万9,879人いたが、翌1998年から1999年度にかけては16万9,440人へと激減している。もっともその後の数字は、1999年から2000年度にかけて16万9,929人、2000年から2001年度にかけては16万7,163人とさほど変化は見られない。小学校レベルでは、二言語併用教育を受ける生徒数は、1998年から1999年度にかけては全体の29パーセントから12パーセントへと減少したが、やはりその後は1999年から2000年度および2000年から2001年度にかけては11パーセントの水準を維持している。サンフランシスコとオークランドを除き、カリフォルニアの大きな学区では、同様の変化が見られた。

専門家の予測では、2002年秋には二言語併用教育が本格的に復活

するとしている。その上、2002年2月7日にカリフォルニア州教育委員会は、両親とともに、各学校の校長や教育職員にも、子供たちを二言語併用教育プログラムに入れるかどうかの決定権を認めるとする通達を出した(45)。住民提案による州法の変更にだけとらわれるのではなく、今回カリフォルニア州教育委員会が打ち出した現実的な解決策は、大いに評価できる。

ただし、提案が採択されたのち、各学区による教育方針の変更や二言語併用教育を受ける生徒数の減少にともない、カリフォルニアの教員の8パーセントに相当する二言語併用教育を受け持つ実績のある教員の一部が解雇された。1997年から1998年度と1998年から1999年度を比較すると、その数は1万5,783人から1万690人へと、32.3パーセント少なくなった。さらに、1998年から1999年度にかけて二言語併用教育を担当する資格を得ようとする大学生の数は、52パーセントに下がるなど、その影響が如実に現れた(46)。

住民提案227号の起草者であるウンズは、投票が行なわれる以前に、英語学習者のうち、年間にわずか5パーセントしか流暢な英語が身に付く者がいないので、二言語併用教育は失敗であるとしていたが、提案内容の施行後の状況を受けて、提案の批判者は、住民提案227号が可決する以前と比較して、流暢な英語を身に付けてクラスを変更できる割合はほとんど変わっていないと指摘している(47)。

これとは逆に、実際に住民提案227号を厳格に実施した学校では、大きな効果を挙げたとする報告がある。カリフォルニアでは、1998年の春からウィルソン知事の要望を受けて、LEPの生徒たちに州規模の評価テスト (Stanford 9) を義務付けているが、2年間にわたる英語の集中学習によって、悪影響が出ないばかりか、数学をはじめ、英語のリーディングとライティングにおいてかなりの生徒が力をつ

けてきているとされる[48]。

4. おわりに

本章で見てきたように、住民提案227号は、これ以上英語を理解できない人々を増やすことに危機感を抱く保守派の人々によって起草され、可決されるに至った。そのためこの提案は、英語を話さない子供の教育上の利益を優先するというよりも、学校の授業を英語に限定し、これ以上市民生活を送る上で異質な言語を浸透させないようにしたこと、また英語以外の授業数を減らすことによって財政を節約するといった意図が見え隠れするものであったと考えられる。

一連の賛否をめぐる議論を通じて、結果として従来の二言語併用教育には問題があることが露呈し、州教育委員会が各学区や学校の実情に合わせて、二言語併用教育を導入するのか、あるいは住民提案227号の趣旨どおり、原則として1年間英語を集中学習した後に一般のクラスに移ることにするのかを、選択できるようになった。

今回の提案により、カリフォルニア州全体で二言語併用教育の是非について議論された意義は大きいと考える。ただし、住民提案227号によって、その主な対象者であるラティーノの教育水準の低さ、そして退学者の多さを是正できることにつながるかどうかの結果が判明するのは、今後に持ち越されている。

注

(1) Richard T. Schaefer, *Racial and Ethnic Groups*, 8th ed. (New Jersey: Prentice-Hall, 2000), p. 276.

(2) Sonia Nieto, *Affirming Diversity: The Sociopolitical Context of*

    Multicultural Education (New York: Longman, 1996), p. 193. 原著は Diego Castellanos, *The Best of Two Worlds* (Trenton, New Jersey: New Jersey State Department of Education, 1983)。
(3) Nieto, *Affirming Diversity*, p. 193.
(4) "Bilingual Education," Snap Shots, vol. 6, no. 1 (The Center for California Studies, California State University, Sacramento, Spring 1998).
(5) Nieto, *Affirming Diversity*, p. 193.
(6) "Bilingual Education," Snap Shots, vol. 6, no. 1.
(7) 賀川真理『サンフランシスコにおける日本人学童隔離問題』(論創社、1999年)、110－113、196－197ページ。
(8) Schaefer, *Racial and Ethnic Groups*, p. 276.
(9) Himilce Novas, *Everything You Need to Know about Latino History* (New York: A Plume Book, 1994), p. 275.
(10) Thomas Weyr, *Hispanic U. S. A.: Breaking the Melting Pot* (New York: Harper & Row, 1988), pp. 55-56.
(11) *Ibid.*, p. 55.
(12) John M. Allswang, *California Initiatives and Referendums 1912-1990* (Los Angeles, California: California State Univerity, 1991), p. 155.
(13) Nieto, *Affirming Diversity*, p. 194.
(14) Peter Kivisto and Georganne Rundblad eds., *Multiculturalism in the United States: Current Issues, Contemporary Voices* (California: Pine Forge Press, 2000, p. 363; Michael J. Fitzgerald, "The Making of an Initiative: The Proposition to Eliminate Bilingual Education Seems Like It Came out of Nowhere," *California Lawyer*, May, 1998, p. 47).
(15) "Bilingual Education," Snap Shots, vol. 6, no. 1.
(16) Nieto, *Affirming Diversity*, p. 194.
(17) "Bilingual Education," Snap Shots, vol. 6, no. 1. そのほかにも、英

語を母語とする生徒とLEPの生徒を隣り合わせで座らせて、半分を英語で、もう半分をLEPの生徒の第一言語で教えることによって、相互的な発達を促すもの（Two-Way Developmental）や第二言語としての英語（English-as-a-second-language: ESL）などがある。

(18) *Ibid.* これらの法案については、http://www.leginfo.ca.gov/ を参照のこと。

(19) James J. Rawls and Walton Bean, *California: An Interpretive History*, 7th ed. (Boston etc.: Mc Graw-Hill, 2000), p. 530.

(20) 有賀貞編『エスニック状況の現在』（日本国際問題研究所、1995年）、17－18ページ。

(21) アメリカ合衆国商務省センサス局編、鳥居泰彦監訳『現代アメリカデータ総覧2003』（東洋書林、2004年）、153、165ページ。

(22) Kivisto and Rundblad eds., *Multiculturalism in the United States*, p. 363.

(23) オレンジ郡には、かつては中産階級以上の人々が圧倒的多数を占めていたが、1990年代には豊かで教育を受けた人々が増える一方で、貧しく、教育水準の低い移民たちも増加し、経済や言語、そして教育面で変化が生じた（*The Los Angeles Times*, May 15, 2002）。

(24) *The Los Angeles Times*, May 15, 2002.

(25) "Bilingual Education," Snap Shots, vol. 6, no. 1.
　スペイン語以外では、ベトナム語、モング族（Hmong：中国以外の大陸東南アジアのミャオ族を指すことが多い）語、広東語、タガログ語、カンボジア語をはじめとした言語などが第一言語として挙げられている（Michael J. Fitzgerald, "The Making of an Initiative," *California Lawyer*, May, 1998, p. 47）。
　なお、言語学者によると、世界中の言語の数は4,000から5,000であるとされる（唐須教光『なぜ子どもに英語なのか―バイリンガルのすすめ』日本放送出版協会、2002年、9ページ）。

(26) *The Economist*, August 30-September 5, 1997.

(27) Center for Equal Opportunity, The Importance of Learning

English: A National Survey of Hispanics, Washington D. C., 1997, pp. 2-3.
(28) *The San Francisco Bay Guardian*, May 13, 1998.
(29) *The San Francisco Chronicle*, January 30, 1998.
(30) *The San Francisco Bay Guardian*, May 13, 1998.
(31) *The San Francisco Chronicle*, May 6, 1998.
(32) "Bilingual Education," Snap Shots, vol. 6, no. 1.
(33) Proposition 227: English Language in Public Schools. Initiative Statute (Bill Jones, California Secretary of State, California Voter Information Guide, Ballot pamphlet, Primary Election June 2, 1998) (http://primary98.ss.ca.gov/VoterGuide/ Propositions/ 227.htm).
(34) *The Oakland Tribune*, May 5, 1998.
(35) *The San Francisco Examiner*, May 2, 1998.
(36) *The San Francisco Chronicle*, April 28, 1998.
なお、1995年の時点で連邦基金を得て二言語併用教育を受けている生徒数は、全米で約300万人に達しており、およそ125もの言語に適用されている (Schaefer, *Racial and Ethnic Groups*, p. 278)。
(37) *The San Francisco Chronicle*, April 29, 1998.
(38) *California Teacher*, vol. 51, no. 4, April 1998; *The Oakland Tribune* April 23, 1998.
(39) *The San Francisco Chronicle*, February 10, 1998.
(40) *The San Francisco Chronicle*, March 20, 1998.
(41) Carlos Munoz, Jr., Proposition 227 and the Latino Vote (June, 1998) (http://www.progressive.org/mpmunozjr698.htm).
(42) http://www.ss.ca.gov/prd/bmprimary98/prop227.htm
(43) http://www.media.ucla.edu/DB/issues/98/07.06/view.jong.html; http:// www.aclunc.org/980612-227.html
(44) http://www.cec.sped.org/pp/appeal.html
(45) Christine Rossell (Political Science Department, Boston University), Dismantling Bilingual Education Implementing English

Immersion: The California Initiative, July 20, 2002 (http://www.bu.edu/polisci/CROSSELL/Dismantling%20Bilingual%20Education,%20July%202002.pdf).
(46) http://coe.sdsu.edu/people/jmora/CTA227Lawsuit.htm
(47) James B. Grissom, Reclassification of English Learners, Education Policy Analysis Archives vol. 12, no. 36, July 30, 2004 (http://epaa.asu.edu/epaa/v12n36/).
(48) Jorge Amselle and Amy C. Allison, Two Years of Success: An Analysis of California Test Scores after Proposition 227 (READ Institute, 2000) (http://www.ceousa.org/READ/).

第 5 章

住民提案54号と人種情報の提供禁止

1. 州知事に対するリコール選挙の実施

　2003年7月、カリフォルニア州ではシェリー（Kevin Shelley）州務長官によって、同年10月7日に民主党のデーヴィス（Gray Davis）知事（第37代、1999-2003年）に対するリコール選挙が行なわれることが発表された[1]。そしてこれが、州政治はじまって以来の州知事に対するリコール選挙の成立となるのである[2]。このことによって、後述する住民提案54号は、急遽、この選挙と同時に投票に付されることになった。

　リコールとは、任期が終了する以前に、選挙で選ばれた役人を人々が公職から解任しようとする仕組みである。全米50州のうち、リコール制度を認めているのはわずか18州に過ぎない。カリフォルニア州におけるリコール制度は、前回の知事選におけるすべての得票数の12パーセントに相当する登録済み有権者の署名を、160日以内に集めることによって成立する。

　これは、前回の知事選におけるすべての得票数の25パーセントの登録済み有権者の署名を、60日以内に集めなければならないとするネバダ州の制度と比較すると、リコールが成立しやすい環境にあると言える。実際にこの時、2003年7月に同州史上最大の増税を盛り込んだ予算案を可決させたネバダ州の共和党知事ギーン（Kenny Guinn）に対して、保守派の共和党員がリコールを求めて運動をはじめたが、11月25日までに必要な署名数が12万8,000人分不足していたために、リコールが成立しなかったのである[3]。

　なお、カリフォルニア州ではリコールが成立した場合に、副知事が昇格するのではなく、新たに知事を選出する仕組みをとっている。

リコール選挙と同時に行なわれる次の知事を選ぶ選挙には、供託金3,500ドル（もしくはこの費用の代わりに1万人分の署名）と候補者と同じ政党に属する65人の推薦者の署名が必要である。この条件を満たし、州務長官が監修した有権者登録を行なった者に配布される「公式投票者情報ガイド」というパンフレットで、「グレイ・デーヴィスが知事職からリコールされた場合の後継候補者」として名前が挙げられた者は、実に155人に上った。前年11月の中間選挙の際、再選を果たした知事に対して、1年も経たずに突きつけられたリコール選挙が実施されることになったのは、州知事個人の資質が問われたというよりも、同州の抱えている慢性化した政治的、社会的、経済的な不安が噴出した結果ではないかと考えられる。

　シェリー州務長官は、10月7日を「歴史に残る日」と位置付け、「この選挙の課題に私たちがどのように応えるかを、世界中が見守っています。こうした重要な決定を行なうにあたっては、最大多数の有権者の意思を反映しなければなりません」と、その意気込みを「公式投票者情報ガイド」に掲げた[4]。

　リコール選挙の仕組みは、次のようになっている。今回は、知事に対する正式なリコールの提案者に95人がなった。州務長官は2003年3月25日に、リコールの開始を認めている。署名を集める期間が160日となっているので、当初の予定では2003年9月2日までに少なくともカリフォルニア州の5つの郡で、必要な署名数を集めなければならなかった。この時に必要とされた最低署名数は、2002年の知事選の際に有権者によって投じられた全投票数の12パーセントに相当する89万7,158人分であった。有効な署名とするには、カリフォルニア州の登録済み有権者によるものでなければならない。知事がリコールの対象となった場合は、カリフォルニア州憲法により、

副知事がリコール選挙の日程を調整する。実際には、もし180日以内に州規模の選挙がなければ、州務長官がリコールの成立を確認してから60日から80日の間に実施することとなる[5]。

さて、リコール選挙における質問は2つあり、「グレイ・デーヴィスは州知事の職からリコールされるべきだと思いますか」というものと、「グレイ・デーヴィスがリコールされた場合に知事職を引き継ぐ候補者のリストから、候補者を1名だけ選んで下さい」、というものである。その際、「はい」への投票数が「いいえ」への投票数よりも多い場合には、知事が職務から解任される。「いいえ」への投票数が「はい」への投票数よりも多い場合には、知事は現職を維持する。知事がリコールされた場合には、最も多く票を集めた候補者が新しい知事となり、選挙結果が公認された後、宣誓を行ない、就任となる[6]。

そのあとに、発議者によるリコール陳情理由と知事からの回答、リコール支持者の意見、知事のリコールに対する意見、グレイ・デーヴィスが知事職からリコールされた場合の後継候補者の名簿、そして候補者声明が掲載されている。

発議者によるリコールの理由には、「カリフォルニア州選挙規約第11020条に基づき、カリフォルニア州の登録済み有権者によりリコールの陳情が発議され、カリフォルニア州のデーヴィス知事の職務を解任し、継承者の選挙の実施を要求する」とある。具体的には、同氏が納税者の税金を無駄遣いし、州財源の管理を誤ったこと、地方政府への資金を削減して公共の安全を脅かしたこと、エネルギー政策の失敗のあと始末に用いられた法外なコストに対する責任逃れをしていること、州の主要な問題全般に対して手遅れになるまで対処を怠ったこと、カリフォルニア州が学校施設の困窮、交通渋滞、

法外な電気代、多額の負債という、管理政策の大きな失敗により、悪名高い州となってしまったのは遺憾極まりないことなどが挙げられた。

これに対して、陳情書に対する知事の回答では、この陳情書に署名することは、この夏の特別選挙の実施によって、我々納税者にさらに2,000万ドルから4,000万ドルの負担が課せられることになると主張した上で、2002年11月には800万人近くのカリフォルニア州民がデーヴィス知事に投票したにもかかわらず、1月の就任式のわずか数日後に、少数の保守的な政治家が投票結果を覆そうとしたこと、この策略は州の共和党元議長によって率いられたこと、知事に対する申し立ては真実に基づく申し立てではないこと(デーヴィス知事は、90億ドル以上の財政支出を拒否したものの、他の37州と同様、アメリカ経済の停滞による赤字に直面していること) を挙げた[7]。

10月7日、カリフォルニア州の投票所で一斉に投票が行なわれた。投票結果は、リコールに賛成が55パーセント (441万5,341票)、反対が45パーセント (355万9,400票) でリコールが成立した。後継知事については、俳優で共和党のシュワルツネッガー (Arnold Schwarzenegger) が49パーセント (374万3,393票) と最多得票を獲得し、現職の副知事で民主党のブスタマンテ (Cruz Bustamante) の32パーセント (243万2,446票)、州議会上院議員で共和党のマッククリントック (Tom McClintock) の13パーセント (102万6,481票) を寄せつけず、州史上初のリコール選挙による新知事の座を射止めた[8]。

それでは、なぜ今回30年間選挙に勝利を収め続けてきたデーヴィス知事のリコールが成立して、シュワルツネッガーが次期の知事に選出されたのであろうか。『ワシントン・ポスト』は、エネルギー危機や州の財政赤字、デーヴィスによる執拗な選挙資金集め、刑務所

第5章　住民提案54号と人種情報の提供禁止

の看守組合やインディアンのギャンブルによる利益などからの大型献金、州立大学の授業料値上げ、そして自動車登録税の3倍増などが、彼をリコールに追いやり、共和党主導のリコール運動につながったと分析している[9]。

この時、デーヴィス知事のリコールに賛成したのは、共和党支持者の89パーセントに達し、民主党支持者でも25パーセントに上った。また、後継知事を選ぶ選挙では、共和党支持者の74パーセントがシュワルツネッガーに投票した。一方で、民主党支持者は、ヒスパニックのブスタマンテ副知事に69パーセント、そしてシュワルツネッガーに18パーセントの票を入れた。

ところで、州人口の3分の1に上るヒスパニックの有権者は、民主党支持者が62パーセント、共和党は21パーセントであり、今回の選挙戦を左右すると見られていた[10]。そのため、現職のデーヴィス支持は、それまで拒否してきた不法移民が運転免許を取得することを認める州法に署名するなどして、ヒスパニック票の取り込みを狙った。しかし、投票結果では、ヒスパニックのリコール賛成者は47パーセントに上り、反対53パーセントに迫る勢いを見せた[11]。

今回のリコール選挙に対しては、学歴によっても支持率に違いが出た。高卒者は61パーセントがリコールを支持し、カレッジ・レベルでは59パーセント、大学卒業者では57パーセント、そして大学院レベルでは45パーセントがリコールを支持したとする結果が出ている[12]。高卒者と大学院レベルでは、リコールの支持に16パーセントの差がついたことになる。

こうした選挙結果については、「巨額の財政赤字に苦しむ同州で政治に変化を期待した住民に対し、シュワルツネッガー氏が既成政治家にはない清新なイメージを打ち出し、共和党の枠を超えて幅広

い支持を集めた」との分析が妥当ではないかと考える[13]。ただし、2003年から2004年にかけての財政赤字が、予算ベースで380億ドルに達すると見込まれていたにもかかわらず、教育費と増税には手をつけないことを公約にしたシュワルツネッガーが、民主党多数の州議会と連携して、どれほど財政を立て直すことができるのか、今後の行方を見守る必要がある[14]。

ところで、カリフォルニア州における知事選挙や大統領選挙における投票行動では、このところ民主党が優位に立っていたが、今回の知事選挙では、従来の伝統を踏襲して共和党の知事候補者が巻き返しを図ったと言える。

表1 カリフォルニア州の最近の選挙における民主、共和両党の得票率（単位：パーセント）

	民主党	共和党
今回2003年の知事選＊	32.6	61.6
2002年の知事選	47.3	42.4
2000年の大統領選	53.5	41.7

＊今回の知事選は、開票率97.9パーセントの段階で、上位10人の得票率を所属政党別に合計したもの。
出典：『朝日新聞』2003年10月9日。

2. 住民提案54号と人種情報の提供禁止

2003年10月7日、カリフォルニア州において現職知事のリコール選挙と同時に、住民提案54号が州民に審議された。これは、州と地方政府による、個人の人種、エスニシティ、肌の色、出身国に関する個人情報の収集を禁止する提案で、カリフォルニア州憲法第1条

第5章　住民提案54号と人種情報の提供禁止

に第32項を追加するよう修正を求めたイニシアティヴである。この提案は、正式には「人種、エスニシティ、肌の色もしくは出身国による分類 (Classification by Race, Ethnicity, Color or National Origin：CRECNO)」と名付けられたが、やがて「人種上の個人情報提案 (Racial Privacy Initiative)」と呼ばれることが多くなる。

同提案は、当初、2002年の選挙の際に投票にかけられる予定であった。実際には、2001年9月28日に司法長官に提出され、同年11月20日に、選挙規約第336条に基づき、州の司法長官に提案の題目と要約を提出することによって請願の開始が認められた（選挙規約第336条、9030条a項）。しかし、この時には法定の署名数を集めることができなかった。そのため、再度はじめから署名活動をやり直した。

その後のスケジュールは、以下の通りである。翌2002年4月19日金曜日までに、カリフォルニア州憲法第2条第8節b項に基づき、最低67万816人分の登録済み有権者の署名を集め終えて、各郡の選挙管理事務所に提出し、ここで同年5月1日水曜日までに署名数が数えられて州務長官に伝えられる（選挙規約第9030条b項）。その後、州務長官は5月10日金曜日までに、サンプル調査の結果として、署名総数がイニシアティヴに必要で有効な数を満たしているかどうかを、各郡の選挙管理事務所に伝える。この段階で一定数の署名が確認できない場合は、すべての署名について確認する必要があり、各郡選挙管理委員会はこれらの手続きを完了して、6月24日月曜日までに署名に関する証明書を州務長官宛に送る手はずとなった[15]。

ところがこの時、本書第1章に記したように、サンプル調査では署名数が確定できなかったため、すべての票を数え直す再集計をした結果、2002年7月15日にカリフォルニアの州務長官によって、69万4,586票（必要署名数は67万816票）の署名を得たことが報告された。

こうして投票に付されるのに必要な要件を満たし、次回の州規模での選挙(この時点では2004年3月の大統領予備選挙が想定されていた)において審議される手はずになった(16)。そして住民提案54号となったイニシアティヴを最も強力に推し進めてきたのが、1998年にアファーマティヴ・アクションの廃止を求める住民提案209号を成功させた、コナリーであった。

さて、それでは人種情報の提供を禁止する法案とは、一体どのようなものであろうか。2003年8月31日に出された州務長官の監修による「公式投票者情報ガイド」において、住民提案54号は以下のように説明されている。

まず、公式な題目は「人種、エスニシティ、肌の色、出身国による分類。イニシアティヴによる州憲法修正案」であり、提案内容の要約として、3点が挙げられている。第1に、これは、州と地方政府が、人種、エスニシティ、肌の色、出身国を利用して、公教育や公的な契約、公的雇用に影響を与えて、現在もしくは将来の学生や契約者、雇用者をより分けることを禁止する州憲法の修正案である。性別による分類は禁止しない。第2に、州議会が州の利益になると判断し、両院において3分の2以上の多数によって認められ、さらに知事の承認が得られた場合を除いて、禁止事項には政府のその他の活動に携わる人々をも含める。第3に、「分類」とは、個人もしくは個人のデータに関する分類、並べ替え、整理と定義する。ここで除外するものとして、医療上のデータ、法の執行における説明、囚人の配置や諜報活動における任命、連邦基金の維持のための活動が含まれている。

なお、州および地方政府に与える財政上の最終的な影響について、州議会アナリストによる要約では、「この提案は州および地方政府

第5章　住民提案54号と人種情報の提供禁止

に与える財政上の重大な影響は見られない」とされている。

　州議会アナリストによる提案の要旨は、次のようになっている。提案の背景として、州および地方政府は、様々な目的のために、雇用者や他の個人に関する人種や肌の色、エスニシティもしくは出身国に関するデータを集めており、多くの場合、連邦政府が連邦差別撤廃法（特に、雇用機会均等法）にしたがって、様々な連邦基金を受給する条件としてこうした情報を要請している。しかし、実際には州や地方の機関が、連邦政府によって要請されていないにもかかわらず、こうした類の情報を集めている。例えば、州政府は州の大学に入学を希望する生徒たちについて、人種に関連した情報を収集している。

　カリフォルニア州憲法では、現在人種に関連した情報を集め、利用することを認めている。しかし州憲法では、公的雇用や公教育、公的な契約において、州と地方政府が、人種や肌の色、エスニシティもしくは出身国に基づく「優遇措置」をとることを禁止している。

　次に、具体的な提案内容であるが、この提案では、州と地方政府が、公教育や公的な契約、公的雇用、その他の活動を目的として、個人の人種や肌の色、エスニシティもしくは出身国に基づく情報によって「分類」することを制限するものであり、2005年1月1日から効力を持たせる。ここでは、「分類（classifying）」という言葉の代わりに、「収集と利用（collection and use）」という表現を用いることにする。

　州と地方政府が、人種に関連した情報を収集および利用することは、特に免除されていない限り、禁止される。この提案では、様々な理由により、以下の7つの事由に関して、人種に関するデータの

265

収集と利用を引き続き認める。
・連邦法に応じる場合
・連邦政府から資金を受け取る資格を維持する場合
・提案の効力が発揮する時点で効力のある裁判所命令に従う場合
・法律の執行機関によって、個人の特徴を述べることが認められる場合
・囚人の配置と諜報活動に関する法律によって実行者として任命される場合
・医療上の研究対象および患者に関連する情報を収集・利用する場合
・公正雇用および住宅管理局(Department of Fair Employment and Housing：以下、DFEH)における、2014年までのある種の人種に関連した情報を収集する場合

さらに、公教育や公的な契約、公的雇用に関連のない政府の活動について、提案ではこうしたデータが「州の利益」に役立つものである場合には、州議会両院における3分の2以上の多数の承認と知事の署名によって、データの収集と利用を認めている。

さて、プログラムに関する影響についてであるが、ここには、現在収集されているデータは連邦政府によって義務付けられたものであり、大部分のプログラムは、免除規定によって、今後も継続されると記されている。具体的には、連邦からの雇用機会を均等にする要求をかなえるために、政府機関が人種に関連した情報を収集すること、幼稚園から第12学年までの公立学校に通う生徒たちについて、主として連邦政府が要請している特定の教育プログラムや、生徒のテスト結果および学業成績を評価するために、公立学校が人種に関連した情報を集めること、カリフォルニア大学やカリフォルニア州

立大学、カリフォルニア・コミュニティ・カレッジで、連邦基金を受給するための要件に応えるために、在籍する学生や職員についての人種に関する情報を収集すること、州や地方政府が、現金による補助や、アルコールと薬物に関する治療、精神的健康状態、食料切符に関連したサービスを受給している個人に対して、人種に関する情報を集めること、法律を執行する機関が、様々な連邦政府による要請に応えるために、人種に関する情報を集めたりまとめたりすることである。またDFEHは、州における機会均等法を運用しているが、そこで行なわれている人種に関する活動の多くは、連邦政府に要請されたものである。連邦政府に要請されていない人種に関連した活動について、提案では、2014年（この時点で、州議会はこうした活動を続けるかどうかを投票によって決定することができる）まで継続することを認めている。

　一方で、州や地方政府は、連邦政府の要請とは別に、人種に関連した情報を収集および利用している。この提案において別に定めた免除規定にない活動については、今後人種に関連した情報は収集されなくなる。免除規定には、以下のものが含まれている。

・州と取り引きする企業
・州による特定の教育プログラムやテストを受けている特定の公立学校における生徒
・カリフォルニア大学とカリフォルニア州立大学に入学見込みの学生
・カリフォルニア大学による教育援助プログラム（UC educational outreach program）に参加している高校生
・州による貸付免除プログラムに参加している大学生
・州の教員採用試験を受験する者

このほかにも、現在行なわれている政府の活動で、提案による影響がはっきりとしないプログラムがある。これらは、裁判所による提案の文言についての解釈や、州議会による活動に左右される。

　最後に財政的な影響についてであるが、この提案では、現在州や地方政府によって集められている人種に関係した情報の多くについて、引き続き収集し続けることができる。情報の収集が継続されるか否かは、連邦のプログラムや基金の決定次第である。この提案によって収集することができなくなる情報に関して、州と地方政府は様式やデータの収集システムの変更に伴う1度限りの少額の出費がかさむことになる。これらの機関では、人種関係の情報を収集および利用することが減るため、年間にわずかではあるが節約することがきる。結局のところ、この提案では州や地方政府にとって大きな財政上の影響は見られない。

　では次に、「公式投票者情報ガイド」に掲げられた住民提案54号に対する賛否両論の立場からの見解を紹介する。まず住民提案54号に賛成する議論には、コナリーのほか、コラムニストと人間関係のコンサルタントが代表者になっている見解が掲げられており、「あなたの人種は何ですか」との問いかけからはじまっている。カリフォルニアは、人種的にもエスニシティ的にも世界で最も多様な人々によって構成されており、我々はそのことを誇りに思っている。我々はまた、最も独立心に富んでおり、肌の色や祖先の出身地によって分けられたり、再分類されたりすることに憤慨している。あなたは、固定した、思慮のない、小さな「人種」欄の付いた政府に提出する書類様式に回答する際、「関係ないことだ。かまわないでくれ」と言いたくなったことはないであろうか。住民提案54号は、医療と、健康管理、法の施行を除くすべての分野において、政府による人種別

第5章　住民提案54号と人種情報の提供禁止

の分類を削除しようとするものである。人種別の分類を提唱する人々は、先祖や人種上の背景に関する個人の権利を擁護しようとしないままでいる。彼らは、雇用者や学校の事務職員が、仮に「人種上の」定義があなたのものとは異なっていて、「人種上の虚偽申告」であるとの申し立てを、あなたの意思に反して、多くの場合あなたに告げさえしないまましたとしても、問題視しないのである。

　我々は、歴史から学んだ教訓を忘れてしまったのだろうか。分類制度は、あるグループを「特定の場所」に置き続け、彼らのすべての権利を否定するために考案されたものである。歴史を通じて、政府による強制的な人種による分類は、人々を類別するために用いられてきた。それらは、人々を互いに敵対させるために用いられてきた。かつてアメリカにいた奴隷所有者や人種差別主義者、そしてヨーロッパにいたユダヤ人たちを分離し、劣った「人種」であるとの刻印を押したナチスたちがこれに当たる。アメリカ人の判事たちは、帰化権の付与に当たり、アジア人やアジア系の人々を、白人か非白人かという観点で判断してきた。

　政府による執拗で、日常的な人種上の分類が行なわれることによって、アメリカ社会に分裂を生じかねない原因を作っている。これを変える時が来たのである。政府は肌の色や先祖によって市民を分類することを止め、子供たちや孫たちが、アメリカ人あるいは個人として自分たちを判断する社会を作るべきである。他人を肌の色ではなく人格によって判断する、肌の色によらない社会を作ることは、カリフォルニアだけの夢ではない。

　この住民提案54号に賛成する議論への反論には、カリフォルニア女性有権者連盟の会長、カリフォルニア医師会の最高経営責任者、ウィルソン政権期の医療サービス担当局長の名前が連ねられている。

それによると、肌の色にとらわれない社会というのは、我々すべてが望んでいる。しかし、我々には信頼できる健康管理も必要である。住民提案54号による方法では、医者が病気の蔓延と戦ったり伝染病を予防したりする際に必要な情報を取り去ってしまうことになる。住民提案54号によって禁止されている健康情報は、現在カリフォルニア州のすべての地域で州民全員がかかる可能性のある、癌や心臓病、糖尿病、感染症や他の病気の拡大と戦うために活用されているものである。

住民提案54号の支持者は、「医療研究の対象や患者」については、免除規定があると主張する。しかし、我々が収集している重要な健康上のデータで、この「免除規定」では保護されないものが多くあるのである。住民提案54号によって禁止されているデータには、死亡および出生証明書、病院や研究所の報告書、癌に関する記録など、病気の追跡調査に関するものが含まれている。こうした情報を削除することによって、予防が可能な病気の発生や、早死、身体障害となることに歯止めを掛けることがいっそう困難になる。

カリフォルニア医師会、アメリカ心臓病協会、乳癌対策協会ほか、43の医療団体が、住民提案54号に反対している。このイニシアティヴでは、肌の色にとらわれない社会を作ることにはならず、カリフォルニアの人々すべての健康を危険なものにする。住民提案54号は、我々の生命を救う情報の利用を違憲とするものである。

では次に、住民提案54号に反対する議論を掲げる。同提案は、健康管理や公共の安全性、教育にとってよくないものである。イニシアティヴの文言を注意深く読み取ってみると、「公教育や、公的契約、公的雇用を行なう上で、人種やエスニシティ、肌の色、出身国」による情報収集を禁じるということからはじめられている。それに加

えて、「その他の州の活動」にまで禁止の範囲を拡大している。情報収集に関する禁止の範囲は幅広くなっており、「人種やエスニシティ、肌の色、出身国によるデータの分類、並べ替え、整理」が含まれている。憲法の修正は重大なことであり、軽々しく行なわれてはならない。

　情報を禁止することは、道理にかなわない。データはとても重要な目的のために利用されるのである。例えば、こうした情報は感染症にかかる危険性のあるグループを明らかにするのに使われる。「医療上の免除」と呼ばれているものは、医者が患者の人種上もしくはエスニシティ上のデータを取ることを認めているに過ぎず、病気を防ぐための母集団のデータの収集を認めてはいない。データを取ることによって、白人女性はより高い確率で乳癌にかかることが究明され、アジア系アメリカ人はB型肝炎にかかりやすく、ラティーノは糖尿病の合併症により死に至る確率が高く、アフリカ系アメリカ人はより高い確立で心臓病により死亡しやすいといったことがわかるのである。

　司法長官によると、このイニシアティヴでは、ヘイト・クライム (hate crime)[17]を防止する取り組みを妨げる可能性がある。住民提案54号は、州の司法省が地元の警察に対して、被害者や容疑者に関する情報の収集を要請することができなくなる。

　カリフォルニア公立学校成績責任法 (the California Public School Accountability Act) では、人種やエスニシティに係わりなく、子供たちが一定の学習水準に到達できるように計画されているが、住民提案54号では、子供たちが基準に到達することができなかった場合に、学校管理者の成績責任を曖昧なものにしてしまう。そのため、カリフォルニア州ＰＴＡや、カリフォルニア教員連合、カリフォルニア

教員連盟、カリフォルニア大学、オコネル (Jack O'Connell) 州教育長は、皆このイニシアティヴに反対している。

カリフォルニアでは、すでに仕事や契約、大学入学の際に優遇措置を講じることを、法律で禁止している。我々は皆、肌の色にとらわれない社会で生活することを望んでいる。しかし、情報を禁止することによってそれが実現できるわけではないのである。

住民提案54号は、投票に向けてあわてて練られたもので、この憲法修正案は貧弱なものであり、我々の健康や安全、教育を脅かすものである。なお、この意見に賛同する立場の代表としては、先ほどと同様、カリフォルニア女性有権者連盟の会長、カリフォルニア医師会の最高経営責任者らが記されている。

最後に、この住民提案54号に反対する議論への反論に触れておきたい。住民提案54号では、「医療研究の対象や患者は（この法案から）免除される」と、はっきりと無条件に述べられている。カリフォルニアの議会アナリストも独立した立場から、「医療上の調査を除いて、この提案は継続できると思われる」と断言している。こうした解釈が、まさしく住民提案54号の意図するところなのである。人種上の分類を擁護するものは、肌の色にとらわれない社会を望んでいると言っているが、彼らは想像できる限りのありとあらゆる障害をでっち上げ、我々がそこに到達することを妨げているのである。

住民提案54号は、政府が我々をハイフンで結ばれた「人種」としてではなく、アメリカ人としてみなしはじめることを要求するために、アメリカで最も法律感覚に富んだ人によって、慎重に起草されたものである。この立場は、アーネスタッド (Samuel Aanestad) 州議会上院議員や住民提案54号のコンシグリオ (Maryrose Consiglio) 副議長およびトークショーの司会者に代表される意見として書かれた

第5章　住民提案54号と人種情報の提供禁止

ものである。

3. 投票動向

住民提案54号は成立当初、次回の州規模の選挙に投票が予定されており、それは2004年3月の大統領予備選挙の際に州民に審議されるはずであった。ところが、州知事に対するリコール選挙が2003年の10月7日に行なわれることが同年7月に決定し、急遽、予定が早まったのであった。選挙民にとっては、11週間で選択を迫られ、提案者にとってもこの間に運動を盛り上げ、成功に導く必要性が生じた。

したがって、投票時期が決定した2003年7月の時点での住民提案54号に対する認知度は、投票予定者のうちの25パーセントにしか達していなかった。表2は、住民提案54号に対する認知度にかかわらず、調査対象者に提案についての公式な要約を見聞きしてもらった後に、現在選挙が行なわれた場合にどのような態度に出るのかを尋ねたものである。調査対象者のうちの約半分は、この提案が州財政

表2　人種に関する個人情報提案について、公式な要約を読んだ後の反応（投票見込みの有権者を対象としたもの、単位：％）

	賛成	反対	未定
2003年7月	50	29	21
2003年4月	48	33	19
2002年4月*	48	34	18

＊登録済み有権者だけを対象とした調査である。
出典：*The Field Poll*, July 24, 2003.

に与える影響について、州務長官によって公式に出された要約を読んでいたが、残りの半分はこれを読んではいない状態で調査を受けている。

2003年7月の調査は、次回の州規模での選挙に投票予定のカリフォルニアに居住する719人を対象として、7月1日から13日にかけて、英語とスペイン語による電話調査を行なった結果である[18]。それによると、提案が州財政に与える影響について、公式に出された要約を読んでいる者とそうでない者との間に、大差は見られなかった。その結果、ちょうど半数に当たる50パーセントが提案に賛成であり、29パーセントは反対であることがわかった。この間の3回に亘る調査結果を見てみると、いずれも賛成が多く、反対が減少傾向にある一方で、未定の割合も増えている。すなわち、投票者の間で、提案内容が不明瞭で、実際の投票が近づくにつれて、態度を保留する者が増えているとも考えられる。

2003年7月の調査結果を政党別に見てみると、共和党員（Republicans）のうちの多数がこの提案を支持し（賛成62パーセント、反対18パーセント、未定20パーセント）、民主党員（Democrats）（賛成42パーセント、反対38パーセント、未定20パーセント）と無党派層（Independent/others）（賛成45パーセント、反対34パーセント、未定21パーセント）のほぼ過半数も、提案に賛成の意思を示している。

同様に、政治的イデオロギー別では、保守派（Conservative）では賛成62パーセント、反対22パーセント、未定16パーセント、穏健派（Middle-of-the-road）では賛成51パーセント、反対27パーセント、未定22パーセント、リベラル派（Liberal）では賛成33パーセント、反対45パーセント、未定22パーセントである。また、白人の2人に1人が賛成している（賛成54パーセント、反対26パーセント、未定20パーセ

第5章　住民提案54号と人種情報の提供禁止

ント）のに対して、ラティーノでは賛成41パーセント対反対49パーセントで、反対が上回っている。

　さらに、デーヴィス知事のリコールに賛成すると答えた対象者（51パーセント）のうち、住民提案54号に賛成すると答えた人は63パーセント、反対は20パーセントで、未定は17パーセントであったのに対して、リコールに反対すると答えた対象者（43パーセント）のうち、賛成は38パーセント、反対は42パーセントで、未定は20パーセントであった。すなわち、リコールに賛成した者は住民提案54号にも賛成の立場をとり、逆にリコールに反対した者は住民提案54号にも反対の立場をとる傾向が見られることがわかる[19]。

　このフィールド社の分析で最も興味深い点は、住民提案54号に対する2003年7月の調査結果と、1996年に行なわれた住民提案209号の類似性に着目している点である。それによると、1996年当時に同社の行なった調査結果によれば、選挙が近づくまでは、有権者の下位集団にさほど大きな差は見られなかったが、選挙日の最終週には、人種や社会的階級、政党によって、結果は大きく分かれたとされる。

　具体的には、1996年11月の選挙日における出口調査では、共和党員は住民提案209号に賛成が80パーセントで反対が20パーセントであったのに対して、民主党員は反対が68パーセントで賛成が32パーセントであった。ヒスパニック以外の白人では、提案に賛成と反対の割合は62パーセント対38パーセントであったが、ラティーノの70パーセント、黒人の73パーセント、アジア系の56パーセントが反対票を投じている。地域別では、ロサンジェルス郡、サンフランシスコの湾岸地帯、およびカリフォルニア州の中で伝統的に民主党が強いところでは、提案に反対する人々が54パーセント、賛成する人々が46パーセントといった差であったが、その他の地域の投票者は、

賛成が60パーセントを超えている。さらに、年間の世帯収入が7万5,000ドル以上の生活を送っている人の61パーセントが提案に賛成したのに対して、同じく1万5,000ドル以下の場合には61パーセントが提案に反対したという結果が出ている[20]。

フィールド社の調査によると、住民提案54号に対する賛否は、投票が近づくにつれて変化した。すなわち、同提案に対する態度は8月には賛成48パーセント、反対33パーセント、未定19パーセントであったのに対し、9月初旬には賛成40パーセント、反対40パーセント、未定20パーセントとなり、投票日を間近に控えた9月25日には賛成35パーセント、反対49パーセント、未定16パーセントとついに賛否が逆転した。

さて、実際に住民提案54号は、賛成36パーセント(279万2,174票)対反対64パーセント(493万654票)で否決された[21]。投票日直前の世論調査で、初めて反対が賛成を上回り、その後、未定の人々も反対に回った形になった。これは、共和党主導で可決されてきた1994年の住民提案187号、1996年の住民提案209号、そして1998年の住民提案227号に続くものであったが、これらの中で初めての惨敗であった。

4. 住民提案54号に対するカリフォルニア大学の動向

カリフォルニア大学の理事会は、1996年の住民提案209号が投票に付される前年にアファーマティヴ・アクションの廃止を打ち出し、その後州規模での提案につなげたという経緯がある。そのため今回の提案においても、カリフォルニア大学の理事会が出す結論が、住民提案54号の行方に大きく影響することが予想された。

カリフォルニア大学の学長であるアトキンソン (Richard Atkinson)

第5章　住民提案54号と人種情報の提供禁止

は、当初2004年3月に予定されていた提案に対して、理事会に諮問することにした。その結果、2003年5月15日にカリフォルニア大学理事会は、15対3という圧倒的多数で、1993年以来引き続き同大学の理事であったコナリーの推す、州や地方政府が人種やエスニシティなどに関する個人情報の収集を禁じる提案に反対することを決めた。このように、カリフォルニア大学として住民提案に対する態度表明を示すのは、25年間に9例だけであり、異例のこととも言える。アトキンソン学長が、この住民提案の内容について理事会に掛けることにしたのは、これが基礎的な研究の妨げとなり、入学やアウトリーチと呼ばれる福祉活動の効果を評価する上での大学の能力を制限することにつながりかねないとする不安があったからである。

　理事の1人であるセールス（Tom Sayles）は、「我々は今でも多様性に価値観を置いているが、もし我々の学生が誰であるかがわからなくなれば、一体我々はどのようにすればよいというのだろうか」と述べ、他の理事の共感を得た。

　投票は、2時間に及ぶ討論のあとで行なわれた。普段はほとんど出席しない、民主党トップの大物であるブスタマンテ副知事や、ウェッソン（Herb Wesson）州議会下院議長、オコネル州教育長らが、コナリーと意見を闘わせた。コナリーは、すでにカリフォルニア大学の志願者のうちの8.4パーセントが、大学に提出する願書に自分たちの人種やエスニシティを記載することを拒んでおり、人種上の分類は、このように増大しつつある「記載拒否」をする人々にとって、過酷な現実となっていると指摘した。さらに、「白人やアジア系と黒人やヒスパニックとの間の大学における格差は広がり続けている。人種を強調し過ぎることによって、学生たちに、十分に代表されないマイノリティは、基準点に達していない成績を上げざるを得

277

ないといった潜在意識を植え付けることになるのである」と続けた。

これに対して、ブスタマンテ副知事は、人種に関する個人情報の提供を禁止する提案は、カリフォルニアの人々を傷つけ、悲劇を引き起こすであろうと反論した。すなわち、ある人種のデータが集められなくなれば、医者や医療研究所は何もできなくなると述べ、「我々と同じ世代の人々は糖尿病にかかりやすく、アフリカ系アメリカ人がエイズウィルスによって死亡する確率は、ほかのカリフォルニアの人々と比べて18倍以上に上る。また白人女性は、乳癌にかかる割合が高い。病気は、我々を等しく攻撃するのではない」と主張した。

ところで、カリフォルニア大学の理事会でこうした決議を行なうことに、すべての理事が賛同していたわけではない。マーカス (George Marcus) は、アトキンソン学長がこの問題を理事会に掛けることに困惑したという。最終的には、当日の理事会に出席したカリフォルニア大学の19人の理事のうち、コナリーとデーヴィス (John Davies)、そしてプロイス (Preuss) の3人だけが決議に反対し、ムーア (John Moores) は棄権した[22]。

このように住民提案54号をめぐる議論は、カリフォルニア大学をはじめ、カリフォルニア・コミュニティ・カレッジの理事会でも、データの収集は状況を改善し、大学の挑戦が失敗であるのか成功であるのかを見極める上で重要な指標であるとして、人種に関する個人情報の提供を禁止する提案に反対することで合意に達した。さらに、カリフォルニア州立大学においても、同提案について9月の理事会で話し合いを持つことにした[23]。

住民提案54号に反対する声は、カリフォルニアの公立大学だけでなく、全米にも広がった。2002年8月20日にシカゴで行なわれたア

第5章　住民提案54号と人種情報の提供禁止

メリカ社会学学会では、健康や住宅、教育面での差別と社会階層の研究を行なうため、政府機関や大学の研究者は人種やエスニシティに関するデータを引き続き収集する必要性があるとの声明を出した[24]。2003年4月1日には、5万人を超える学生が首都ワシントンに集まり、住民提案54号に反対するためのデモ行進が行なわれた[25]。また、投票時期が近づくにつれて、住民提案54号に反対する声が多く上がるようになった。2003年8月に、サンフランシスコのブラウン（Willie Brown）市長は、政府機関が市民への待遇を公平にする上で、ある個人の人種やエスニシティに関するデータを収集および分析することは重要なことであると語った。NAACPのボンド（Julian Bond）議長は、同提案が公民権に対する脅威であると批判した[26]。

　以上のように、カリフォルニア大学の理事会がアファーマティヴ・アクションの廃止を決定して、その5ヵ月後に州規模のイニシアティヴに持ち込むことにした住民提案209号の時とは異なり、今回の住民提案に対するカリフォルニアの公立大学理事会の意思表明は、すでに住民提案54号が州民による投票に持ち込まれることが決定した後のものであったが、同提案に対してこのような形で異議が唱えられた意義は大きい。

　それでは、住民提案209号と住民提案54号の両提案に深く関与し、後者では起草者となったコナリーは、今回の提案をどのように位置付けていたのであろうか。コナリーは、当時のカリフォルニア社会がひどく分断されていると感じており、人種やエスニック間の分裂は、アファーマティヴ・アクションによる優遇策や二言語併用教育、不法移民に対する論争を通じて、次第に大きくなったと考えていた。住民提案209号と住民提案54号は、基本的には同じ関係者や組織が

係わっているが、後者に対する反対はかなり強いものがあった。これについてコナリーは、住民提案209号は公教育や公的雇用、公的契約に関連する一連の特定なプログラムに対する脅威を対象としていたが、住民提案54号は社会問題を直視し、それらの問題に対する可能な解決策を示すための、既存の方法や枠組みに対する脅威を対象としているためではないかと考えていた。

コナリーは、高等教育において人種を基にした解決策をとるべきではないと強調する。高等教育での格差を、人種を基にした救済策によってのみ解決することができるとする主張は、多くの人々に「人種」を固定した、生物学的な現実としてみる危険な見方を植えつけるものであると主張する。

結局のところ、コナリーは投票日以前から住民提案54号に対する風当たりが強いことを認識していた。そのため、肌の色にとらわれない理想社会を押し付けるための不器用な試みとして住民提案54号を見なすのではなく、カリフォルニアの人々に、分類方法としての人種に関して増大してきた不明確さと戦いはじめるための掛け声であると判断するように主張した。また、住民提案54号がただちにすべての人種に基づくアプローチを終わらせることを提案したものではなく、止むなく必要な場合にのみ個人を分類するようになれば、この提案が通過しようがしまいが、我々は勝利したことになるとの考えを示した[27]。

5. おわりに

住民提案54号が惨敗する結果となったのは、投票日までの運動期間が予定より短縮されたためだけではない。今回の投票結果によっ

第5章　住民提案54号と人種情報の提供禁止

て、カリフォルニアの有権者は、人種やエスニシティによって差別されることはよしとはしないが、自分の人種やエスニシティを強く意識しており、必要な情報は提供してもよいと考えていることがわかった。

　これは、選挙に投票したカリフォルニアの有権者が、不法移民に対する公共サービスの提供は許せないので、不法移民とそうでない人々を区別する必要があり、人種や性別によるえこひいきはよくないので、アファーマティヴ・アクションは廃止すべきであり、学校教育において英語以外の言語での授業は同化を妨げるので行なわれるべきではないと考えたが、単なる分類として人種やエスニシティを申告することには抵抗がないと判断した結果である。

　1994年の住民提案187号以来、人種やエスニシティが強く意識された提案が続いていたが、住民提案54号はその集大成であったかのように思われる。なぜならば、これまでアメリカ社会が取り組んできた人種差別是正措置の根拠である人種そのものについて、肌の色に基づかない平等な社会を築くためには不要であり、もはやこうした情報を公にする必要はないとする提案であったからである。

　コナリーは、住民提案54号を起草した背景を尋ねられ、「あなたは、アメリカ市民としてここにいるのであって、それ以上でもそれ以下でもない。他のアメリカ人同様、あなたには同一の期待や権利、特権がある。あなたは黒人やアイルランド系のアメリカ市民ではない。単に、アメリカ人なのである。あなたの生活上のプライバシーに関しては、公表したいと思うことだけを公表すればよいのである。しかし、政府はその相手ではない[28]」と語っている。

　今回、住民提案54号が否決されたことによって、カリフォルニアの社会においては現実的に人種を意識しないことは不可能であるか、

少なくともそうすることで不利益をこうむると考える有権者が多いことがわかった。住民提案54号を通じて、コナリーは人種やエスニシティを政府機関に申告することは、肌の色で差別しない社会を実現するための障害になると捉えたが、カリフォルニアの有権者は現実的に自分の人種やエスニシティを、社会生活を営む上で重要な要素と考えていたのである。そのような意味で、住民提案54号はボタンの掛け違えが敗因になったと考えられる。

　今後カリフォルニアの社会が一層成熟し、本当の意味で人種的偏見に基づく差別をなくすために、人種やエスニシティをどのように捉えるのかが課題であるかのように思える。

注
(1)　2003年8月31日付の州務長官発行による投票用パンフレットの名称が「公式投票者情報ガイド」とされ、そこには、「本パンフレットに含まれている法案が2003年10月7日に州全土で実施される州特別選挙においてカリフォルニア州の有権者に対し提出されるものであり、本パンフレットが法律に基づいて正しく準備されたものであることを、ここに認証いたします」とある。なお、同パンフレットは、http://vote2003.ss.ca.gov/voterguide/ の PDF ファイル Voter Information Guide において、英語のほかに、スペイン語、日本語、ベトナム語、タガログ語、中国語、韓国語でも閲覧することができる。

　　なお、デーヴィスは1942年12月26日、ニューヨーク州の生まれ。経歴や就任演説などについての詳細は、http://www.gray-davis.com/governor.ca.gov/govsite/govsgallery/h/biography/governor_36.html を参照のこと。
(2)　1911年、カリフォルニア州憲法にイニシアティヴ、レファレンダム、リコールの権利が州民に付与されて以来、カリフォルニア州知事に対するリコールの試みはこれまでに31回あったが、いずれもリ

第5章　住民提案54号と人種情報の提供禁止

コールに必要な署名数(前回の知事選挙に投票された総数の12パーセント以上)を獲得することはできなかった（http://www.ss.ca.gov/elections/elections_recall_faqs.htm）。

(3)　*The Washington Post*, October 9, 2003. なお、リコールを認めている州の数について、『朝日新聞』2003年10月9日付では、19州としている。

(4)　パンフレットの英語版ではhttp://vote2003.ss.ca.gov/voterguide/english.pdfの2ページ、日本語版ではhttp://vote2003.ss.ca.gov/voterguide/japanese.pdfの2ページを参照のこと。なお、パンフレットは原則として登録済み有権者が何人いようとも、各世帯に1部が送付される。ただし、これは経費節約のためであって、必要な場合には郵送もしくは電話で申し出ることによって入手が可能である。

(5)　http://www.ss.ca.gov/elections /elections_recall_faqs.htm カリフォルニア州の58郡から得た数字として、州務長官は2003年10月7日に行なわれる州規模の特別選挙の費用を、4,200万ドルから5,500万ドルと見積もった。これに加えて、州としてカリフォルニアの1,530万人の登録済み有権者に対して「公式投票者情報ガイド」を準備する必要があり、その費用はおよそ1,100万ドルである。したがって、10月7日の州規模の特別選挙費用は、合計で5,300万ドルから6,600万ドルになると見積もられた。

(6)　*Ibid*, p. 4.

(7)　*Ibid*, p. 5. 同7ページ、「リコールに対する知事の意見」によると、納税者にかかるコストは、約6,600万ドルの負担になるとされている。

(8)　*The Washington Post*, October 9, 2003.
　　ブスタマンテ副知事の候補者声明によると、彼はリコールに反対し続けており、その気持ちには変わりないが、「大学の理事として、人種にかかわらずすべての学生に公平な入学許可方針を実現させ」、「州有地委員会委員長として、州の海岸や河川を保護し」、「エンロン社（the Enron）のようなエネルギー価格の詐欺師を訴え」、「すべての生徒が使う教科書のための資金拠出を増加させた」自らの業績を支

持し、「勤勉で納税を果たした移民は、市民権を申請した上で、家族が再びひとつにまとまる機会を与えられるべき」であると考えるのならば、リコールには反対、ブスタマンテには票を投じるように記されている。

なお、2000年11月7日に住民提案34号が可決されたことにより、選挙にかかる予算制限（1062万4,000ドル）を自発的に容認した知事候補者は、「公式投票者情報ガイド」に、250字以内で候補者による声明文を掲載する権利を購入することができる。したがって、候補者声明は候補者自身によって自発的に提出され、候補者の費用負担で印刷されているため、正確さは確認されていないこと、声明を出していない候補者も投票用紙に記載される資格があることが、各ページの欄外に明記されている。ちなみに、シュワルツネッガーは予算制限を容認しなかったため、2003年にデーヴィス知事がリコールされた場合の後継候補者リストには掲載されていない（http://vote2003.ss.ca.gov/voterguide/english.pdf）。

(9) *The Washington Post*, October 9, 2003. 同紙では、このほかにも、デーヴィス知事は生粋の政治家であるが、人々との協調性に欠け、趣味を持たず、州議会に友人がいなさそうであるといった性格にも触れている。

(10) ヒスパニック系アメリカ人の政治的な力は、ブスタマンテ副知事の登場に代表されるように近年増大しつつあるが、それでもまだ人口に比例した権力が得られたとは言えない。まず投票率であるが、1980年から1992年の間に、ラティーノで有権者登録を行なった割合は、35パーセントから40パーセントに増加したが、これはヒスパニック以外の白人の65パーセントと比較して劣る数字であり、実際の投票率では約30パーセントと、これもヒスパニック以外の白人の約半数に過ぎない。次にアメリカ連邦議会下院議員の数は、1981年から1995年にかけて、6から17議席に増えた。しかし、これは下院の全議員数のうち、わずか4パーセントを占めているに過ぎず、アメリカ全体での1992年のヒスパニック人口が9パーセントであるこ

とから判断すると、ヒスパニックを代表する議員数としてはまだ不十分な数である（Joseph F. Healey, *Race Ethnicity, Gender, and Class: The Sociology of Group Conflict and Change*, 2nd ed., Thousand Oaks, California: Pine Forge Press, 1998, p. 394）。
(11) 『毎日新聞』2003年10月9日。
(12) *The Washington Post*, October 9, 2003.
(13) 『毎日新聞』2003年10月9日。
(14) 『日本経済新聞』2003年10月9日付によれば、財政赤字は、結局州債を発行するなどして79億ドルまで圧縮されていたが、シュワルツネッガーによる増税の撤回で、不足額はさらに40億ドル増加する計算になるとされた。
(15) Initiative #933, Bill Jones, Secretary of State, State of California, November 20, 2001.
(16) http://www.adversity.net/RPI/rpi_mainframe.htm
(17) ヘイト・クライムとは、人種や宗教・心情・出身・性的志向などの違いから、憎悪感情が起こることによって相手に危害を加える犯罪のこと。
(18) 2003年4月の調査結果は、次回の州規模での選挙に投票予定のカリフォルニアに居住する548人を対象として、4月1日から6日にかけて、英語とスペイン語による電話調査を行なったものである（*The Field Poll*, No. 2071, April 23, 2003）。
(19) *The Field Poll*, No. 2079, July 24, 2003.
(20) *Ibid.*
(21) *The Washington Post*, October 9, 2003.
(22) *The San Francisco Chronicle*, May 16, 2003.
(23) http://chronicle.com/daily/2003/07/2003072801n.htm
(24) http://chronicle.com/daily/2002/08/2002082003n.htm
(25) http://www.bamn.com
(26) *The San Francisco Chronicle*, August 14, 2003.
(27) *The San Francisco Chronicle*, September 19, 2003.

(28) "Ward Connerly," ("Live" with TAE) *The American Enterprise*, April/May, 2003, p. 19.

あとがき

　大統領選挙を控えた2004年8月31日、共和党全国大会において、シュワルツネッガー・カリフォルニア州知事は自分の移民としての過去を強調する演説を行なった。

　学生の海外研修の引率のため、カナダのバンクーバーにあるホテルでこの演説を聴いていた私は、目下のところ合衆国憲法第2条第1節第5項により大統領になる資格のない外国生まれのシュワルツネッガー・カリフォルニア州知事が、ブッシュ大統領の応援演説というよりも、自分の移民としての成功物語を誇らしげに語る姿を目の当たりにした。ここに、やや長くなるがその趣旨を記す。

　　かつてはオーストリア出身のやせこけた少年が、カリフォルニア州知事になり、そしてここ（筆者注・共和党大会が行なわれたニューヨーク州マンハッタンの）マディソン・スクエアー・ガーデンに立ち、アメリカ合衆国大統領のために演説するまでに成長することができたというのは、移民にとっての夢である。
　アメリカ合衆国ほど哀れみ深く、寛大で、移民を歓迎して受け入れているところはない。私は、市民権を獲得する権利を手に入れて宣誓した、21年前の日のことを忘れることができない。それが私にとって、どんなに誇らしく思えたことか。背中にアメリカ国旗を背負って一日中歩き回ったことを誇らしく思ったものである。今晩、私はなぜアメリカ人でいることを誇らしく思うのか、なぜ共和党員でいることを誇らしく思うのか、なぜこの国がよき保護者であると信じるのかを話したいと思う。私は、旧ソヴィエト政権によって占領されたオーストリアにおいて、恐怖感を抱きながら少年時代を過ごしたが、1968年に夢

や決意をいっぱい持ちながらここにやって来た。

今晩自分の演説を聞いている移民に対して、共和党があなた方をどれほど歓迎しているかを知ってもらいたい。我々共和党員はあなた方の野心を尊重し、夢を奨励し、将来を確信すると述べた。その上、アメリカでは一生懸命働き、規則に従って行動すれば、この国はあなた方に本当に開いているのだということを、私は自分自身が学んで知っている。あなた方は、何でも達成できるのである。私が持っているキャリア、成功、家族は、アメリカのお陰である。この国では、どこで生まれようと、両親が誰であろうと、私のことを好きであろうとなかろうと、20歳代まで英語を話すことさえできなくとも、それらはたいしたことではない。アメリカは自分に機会を与え、私の移民としての夢は実現したのである。私は自分が得たのと同じ機会を、他の人々にも得てほしい。そして、それは達成できると思う。だから私はこの国を信じ、この政党を信じ、この大統領を信じるのである。

この演説が、移民票の獲得を狙うブッシュ大統領の戦略にかなったものであることは自明のごとくである。しかしシュワルツネッガー知事は、単なる依頼された演説という機会を捉えて、カリフォルニア州というアメリカで最大の人口を抱える州の知事になったことを、全米にアピールする絶好の場にしたのであった。また同時に、この演説から、アメリカ人にとって移民とは何か、そして移民である自分や祖先を受け入れたアメリカを誇らしく思う気持ちがひしひしと伝わってくるように思える。

本書では、多民族を抱えて揺れるカリフォルニア政治のキーワードとも言える、不法移民問題、アファーマティヴ・アクション、二言語併用教育、そして人種情報の提供に関する住民提案を取り上げた。これらは今日的な問題であると同時に、カリフォルニアの歴史とともに紆余曲折を経て取り組んできた結果でもある。また、これ

あとがき

らに関連した諸問題は、単にカリフォルニアだけにとどまらず、アメリカ全体の問題であるとも言える。連邦政府が解決し得ない問題に対しても、カリフォルニアが積極的にアメリカの世論を喚起し、問題提起を行なってきたのである。

1990年代半ばから今日まで、人種やエスニックを問題視した住民提案は、事前に連邦法と抵触する可能性があったにもかかわらず、あえて住民提案として州民に提示することも辞さなかったものであり、いずれも共和党主導もしくは共和党支持のもとに行なわれてきた。そして住民提案187号、209号、227号は、投票の結果、可決されたものの、ただちに施行されるのではなく、裁判所により違憲の可能性があるとして審査が続いたことに共通点が見出せる。このことは、住民による直接民主制を尊重していると同時に、三権分立による抑制と均衡が見事に働いていると評価でき、また急激な人口動態の変化に揺れ動くカリフォルニアを象徴しているかのようである。本書を通じて、こうしたカリフォルニア政治の積極性とあいまいさが浮き彫りにされたのではないかと思う。

住民提案が審議される前後の状況を振り返ると、こうしたカリフォルニア社会の苦悩や複雑さがが見て取れる。カリフォルニア大学の理事会が、1995年にアファーマティヴ・アクションの廃止を決めておきながら、その後、入学者の多様性を確保できなかったために、2001年にはこれを撤回せざるを得ない状況に追い込まれたことや、2002年11月の選挙で再選を果たしたデーヴィス知事が、翌2003年10月には知事本人の資質やスキャンダルではないにもかかわらずリコール選挙の対象となったこと、さらにリコールが成立した場合の後継知事候補に150人以上もの立候補者が乱立したこと、この時の選挙で審議された人種情報の提供を禁止することを求めた住民提

案54号が、投票の直前になって賛否が逆転し、反対多数となったこと、そしてラティーノの急増にもかかわらず彼らの投票率が低く、十分な政治参加がなされていないことなどが、まさしく微妙なカリフォルニア政治を裏付けている。

　以前、ロサンジェルスのオルベラ・ストリート近くの広場で、メキシコの独立記念を祝うお祭りに偶然遭遇したことがある。メキシコの民芸品店が軒を並べ、著者がバター付きコーンを食べていると、スペイン語のテレビ局がインタビューに来るなど和やかなムードであったが、その広場の一角に設置されたテントでは、ラティーノを対象とした有権者登録の仕方に関する説明会が開催されていたり、そのことを呼びかけるチラシが配られていたりしていたことを思い出す。

　ところで、今日のアメリカにとって、国境はどのような意味をもっているのであろうか。実際にアメリカとメキシコの国境に行ってみると、サンディエゴからメキシコのティファナに向かう人々を乗せたトローリー電車の車内放送は2ヵ国語で行なわれていて、人々の会話は英語よりもスペイン語が主流であるかのような印象を受ける。空港とホテルを結ぶタクシー運転手は、メキシコに住み毎日アメリカに出勤する。その理由を聞くと、メキシコの方が物価や税金が安く、暮らしやすいからであるという。実際のところ、カリフォルニアの人々は、ラティーノの庭師やお手伝いさんを雇い、ホテルのメードはスペイン語を母語にする人々が多く見受けられる。こうした人々の中には、エージェントを通して3ヵ月働いた後、一度帰国し、再び職場に復帰するといった手段を利用している場合もあるという。このようないわば合法的なケースがある一方で、工場労働者や、果物や野菜の収穫を手伝う季節労働者の中には、不法移

あとがき

民が多くいるにもかかわらず、雇用者に対する制裁が追いつかない、あるいは黙認している現状がある。不法移民問題が社会問題化する中で、1995年5月には時のウィルソン知事が、かつてサンディエゴ市長時代に不法移民のメードを雇っていたことが発覚するなど、もはやカリフォルニアの人々の生活に不法移民は溶け込んでいるとさえ言えよう。

連邦レベルでは、2004年の選挙戦を前にブッシュ大統領が提唱したゲストワーカー・プログラムが、これからどのような形で展開されるのか、そして成功するのか否かが注目される。しかし、今後のカリフォルニア政治において、自らの権利を擁護し、白人と対等な発言権を持つためには、人口の増加に比例したラティーノ自身の政治参加が不可欠であり、これを確実に実現して行くことが大きな課題である。ラティーノの増加に合わせて、テレビ局やラジオ局はスペイン語放送のチャンネルを増やし、また彼らをビジネス・チャンスの対象とした広告が目に付くなど、社会経済的な動きが活発になってきている。こうしたビジネスの変化と同様、今後、カリフォルニア政治がラティーノをどのように取り込むことができるかが、重要な鍵になると考えられる。

さて、はたしてカリフォルニア州議会の復権はなるのであろうか、そして州民の信頼が得られるイニシアティヴの制度改革は実現されるのであろうか。また、高等教育におけるアファーマティヴ・アクションの事実上の復活は定着するのであろうか。各地区によって温度差のある二言語併用教育は、今後も存続されるのであろうか。本当の意味での平等が求められている今、現在のような白人主導の政治から、ラティーノやその他の「マイノリティ」が、現実のエスニック・グループの割合に比例して政治的な活躍の場を得て、これに加

われるかどうかが、カリフォルニア政治の岐路になると思われる。これから先も、更なる挑戦を続けて行くものと思われるカリフォルニア政治から目が離せない。

　本書の執筆中に、アメリカ政治の分野における恩師である阿部齊先生の訃報に接した。慶應義塾大学でのアメリカ政治研究会や放送大学では、大変お世話になった。ここに謹んでご冥福をお祈り申し上げる。

　最後に、本書の刊行にあたり、不磨書房の稲葉文子さんには多くの点で力になっていただいた。この場をお借りして、深く感謝の意を表したい。

　　　　2005年1月30日

　　　　　　　　　　　　　　　　　　　　　　　　賀　川　真　理

資料編

関係資料
関連年表
索　引

資料1　アメリカ合衆国（50州）地図

出典：http://www.geocities.jp/taihaku_03/geography/map/usa-blue.gif より作成。

資料2　カリフォルニア州（58郡）地図

出典：http://quickfacts.census.gov/qfd/california_map.html

資料3　カリフォルニア州の投票用パンフレット・住民提案209号（1996年）

California
BALLOT PAMPHLET

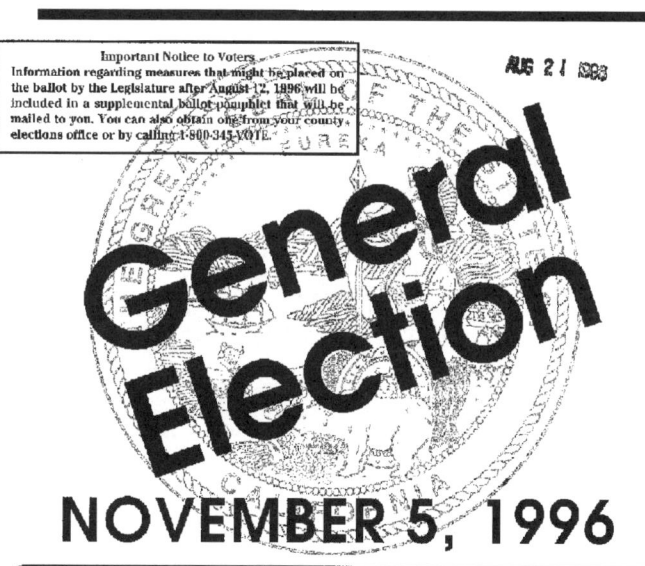

Important Notice to Voters
Information regarding measures that might be placed on the ballot by the Legislature after August 12, 1996 will be included in a supplemental ballot pamphlet that will be mailed to you. You can also obtain one from your county elections office or by calling 1-800-345-VOTE.

AUG 21 1996

General Election

NOVEMBER 5, 1996

CERTIFICATE OF CORRECTNESS

I, Bill Jones, Secretary of State of the State of California, do hereby certify that the measures included herein will be submitted to the electors of the State of California at the GENERAL ELECTION to be held throughout the State on November 5, 1996, and that this pamphlet has been correctly prepared in accordance with law.

Witness my hand and the Great Seal of the State in Sacramento, California, this 12th day of August, 1996.

BILL JONES
Secretary of State

出典：Bill Jones, California Ballot Pamphlet, August 12, 1996.

Secretary of State

Dear Voter:

On November 5, 1996, you will have an opportunity to have your voice heard when you go to the polls on election day. Not only will you have a say on who becomes the next U.S. President but you can also help determine the fate of issues that will help shape the future of our state, from water to healthcare to campaign reform to minimum wage, the decisions are in your hands. Consequently, you can understand the significance of the upcoming election—one in which every eligible voter must participate!

To help you prepare for the election, this ballot pamphlet contains comprehensive summaries, legislative analyses and arguments on 15 ballot propositions that will appear on the November ballot. We urge you to please take the time to read each measure carefully *before* going to the polls. And on November 5, 1996, you will be prepared to cast your ballot with confidence!

To help increase voter registration and participation in the November 5, 1996, election, the Secretary of State's office has launched a full-fledged voter outreach campaign designed to reach *every* voting-age citizen in California. With a goal of 100 percent voter registration and participation with absolutely zero percent tolerance for fraud, the outreach campaign includes: statewide radio and television public service announcements; voter registration displays in McDonald's restaurants; "You've Got the Power" and "Mock Elections" school-based programs; drive-up voter registration campaigns in northern and southern California; and register-to-vote messages on paycheck stubs, ATM receipts, buses, billboards, etc.—just to name a few.

The Secretary of State's office is committed to raising the level of voter participation in California. If you know anyone who is not registered to vote and would like to do so, please have them call the Secretary of State's 24-hour Voter Registration and Election Fraud Hot-Line at 1-800-345-VOTE to receive a voter registration form.

The 1-800-345-VOTE hot-line can also be used to report any incidents of election fraud, tampering or other election-oriented irregularities. You may also contact your county registrar of voters or district attorney to report any instances of election-related misconduct. The complete elimination of fraud and the potential for it is one of the Secretary of State's top priorities. Anyone found in violation of the elections laws will be prosecuted to the fullest extent.

Let's work together to make this election the most fair, honest and participatory election ever! The future of California depends on it.

Please note that Proposition 204 is the first proposition for this election. To avoid confusion with past measures, the Legislature passed a law which requires propositions to be numbered consecutively starting with the next number after those used in the November 1982 General Election. Commencing with the November 1998 General Election, the numbering will begin again with the number "1." This numbering scheme will run in ten-year cycles.

住民提案209号

November 5, 1996, Ballot Measures—Continued

	SUMMARY	WHAT YOUR VOTE MEANS	
		YES	NO
209 PROHIBITION AGAINST DISCRIMINATION OR PREFERENTIAL TREATMENT BY STATE AND OTHER PUBLIC ENTITIES. Initiative Constitutional Amendment Put on the Ballot by Petition Signatures	Generally prohibits discrimination or preferential treatment based on race, sex, color, ethnicity, or national origin in public employment, education, and contracting. Fiscal Impact: Could affect state and local programs that currently cost well in excess of $125 million annually. Actual savings would depend on various factors (such as future court decisions and implementation actions by government entities).	A YES vote on this measure means: The elimination of those affirmative action programs for women and minorities run by the state or local governments in the areas of public employment, contracting, and education that give "preferential treatment" on the basis of sex, race, color, ethnicity, or national origin.	A NO vote on this measure means: State and local government affirmative action programs will remain in effect to the extent they are permitted under the United States Constitution.
210 MINIMUM WAGE INCREASE. Initiative Statute Put on the Ballot by Petition Signatures	Increases the state minimum wage for all industries to $5.00 per hour on March 1, 1997, and to $5.75 per hour on March 1, 1998. Fiscal Impact: Unknown impact on government revenues. Annual wage-related costs to state and local governments of $120 million to $400 million (depending on federal action), partly offset by net savings, in the tens of millions, in health and welfare programs.	A YES vote on this measure means: California's minimum wage will increase to $5.00 per hour beginning March 1, 1997, and to $5.75 per hour beginning March 1, 1998.	A NO vote on this measure means: California's minimum wage will not be raised beyond the level required by current law.
211 ATTORNEY-CLIENT FEE ARRANGEMENTS. SECURITIES FRAUD. LAWSUITS. Initiative Statute Put on the Ballot by Petition Signatures	Prohibits restrictions on attorney-client fee arrangements, except as allowed by laws existing on January 1, 1995. Prohibits deceptive conduct by any person in securities transactions resulting in loss to retirement funds, savings. Imposes civil liability, punitive damages. Fiscal Impact: Probably minor net fiscal impact on state and local governments.	A YES vote on this measure means: The law will be broadened to make it easier for an individual to sue for securities fraud particularly in cases involving retirement investments. Also, the Legislature could no longer change the laws concerning any attorney-client fee agreements.	A NO vote on this measure means: Current law regarding securities fraud will remain unchanged. Also the Legislature could still change the laws concerning any attorney-client fee agreements.
212 CAMPAIGN CONTRIBUTIONS AND SPENDING LIMITS. REPEALS GIFT AND HONORARIA LIMITS. RESTRICTS LOBBYISTS. Initiative Statute Put on the Ballot by Petition Signatures	Repeals gift/honoraria limits. Limits contributions to $200 in state and $100 in other campaigns. Imposes spending limits. Prohibits lobbyist contributions. Fiscal Impact: Costs of up to $4 million annually to state and local governments for implementation and enforcement; unknown, but probably not significant, state and local election costs. Increases state revenues about $6 million by eliminating tax deduction for lobbying.	A YES vote on this measure means: Campaign contributions by an individual would be limited to $100 for state legislative and local offices and $200 for statewide offices. Mandatory campaign spending limits for state and local offices would be established; if the limits are invalidated by the courts, they would become voluntary. The spending limits for general elections would be $130,000 for state Assembly, $245,000 for state Senate, $1.75 million for statewide offices (other than Governor), and $2 million for Governor. Current restrictions on public officials receiving gifts and honoraria would be eliminated. Current tax deductions for lobbying expenses would be eliminated.	A NO vote on this measure means: There would continue to be no limits on political campaign contributions to candidates for state office. There would be no limits on the amounts of money that candidates, their campaign committees, or other support groups can spend in any state election. Local governments could establish their own campaign finance limits. Current restrictions on public officials receiving gifts and honoraria would be maintained. Lobbying expenses would remain tax deductible.
213 LIMITATION ON RECOVERY TO FELONS, UNINSURED MOTORISTS, DRUNK DRIVERS. Initiative Statute Put on the Ballot by Petition Signatures	Denies recovery of all damages to convicted felons for crime-related injury. Denies recovery of noneconomic damages (e.g., pain, suffering) to drunk drivers, if convicted, and most uninsured motorists. Fiscal Impact: Probably minor no fiscal impact on state and local government.	A YES vote on this measure means: Uninsured drivers or drivers convicted of driving under the influence of alcohol or drugs at the time of an accident could no longer sue someone who was at fault for the accident for noneconomic losses (such as pain and suffering). Also, a person convicted of a felony could no longer sue for injuries suffered while committing the crime or fleeing from the crime scene if injuries were a result of negligence.	A NO vote on this measure means: Individuals could still sue for injuries that resulted from an accident that occurred while they were breaking certain laws.

297

November 5, 1996, Ballot Measures—Continued

ARGUMENTS		WHOM TO CONTACT FOR MORE INFORMATION	
PRO	**CON**	**FOR**	**AGAINST**
Proposition 209, the California Civil Rights Initiative, is the right thing to do. It ends government-sponsored discrimination by rejecting quotas, preferences and set-asides. It saves tax dollars currently wasted on high-bid contracts. Proposition 209 increases California's commitment to fighting sex and race discrimination. Vote Yes.	*Proposition 209 goes too far eliminating equal opportunity affirmative action programs for qualified women and minorities.* It permits gender discrimination by state and local governments through a legal loophole. Politicians exploit 209 for their own political opportunism. General Colin Powell has spoken out against 209. *Vote no on 209!!!*	California Civil Rights Initiative Yes on 209 Box 87278 Los Angeles, CA 90057 (310) 286-2274 E-Mail: ccri@earthlink.net http://www.publicaffairsweb.com/ccri Ward Connerly, Chairman Glynn Custred and Tom Wood, co-authors	Chris Taylor 8170 Beverly Boulevard, Suite 205 Los Angeles, CA 90048 (213) 782-1144
Because of inflation, California's minimum wage buys less today than at any time in the past 40 years. Proposition 210 restores the purchasing power of the minimum wage, and makes work more rewarding than welfare. League of Women Voters, Congress of California Seniors, Consumer Federation of California support Proposition 210.	The likely federal minimum wage hike will hurt enough. Proposition 210 will make California's minimum wage higher than the federal level and any other state. This will mean *inflation, less jobs* for the young and unskilled, *more* people on government assistance, *higher* taxpayers' costs and *more* hardships for small businesses.	Liveable Wage Coalition 660 Sacramento Street, Suite 202 San Francisco, CA 94111 (415) 616-5150 E-Mail: LIVINGWAGE@AOL.com http://www.prop210.org	Alliance to Protect Small Businesses & Jobs 268 Bush Street, #3431 San Francisco, CA 94104 Web site: www.prop210no.org
Fraud must be punished. Prosecutors are swamped by fraud cases. Proposition 211 punishes white collar cheaters who "willfully, knowingly, or recklessly" defraud people out of their pension or retirement savings. Proposition 211 helps victims get their money back and holds corporate executives personally responsible for cheating senior citizens!	211 is a hoax. 211 prohibits limits on lawyer fees and encourages frivolous lawsuits that clog courts, damage business and stall medical research. 211 could cost 159,000 jobs and $5.1 billion in higher taxes. 211 damages pensions, retirement and family savings. Seniors, Democrats, Republicans, families say *no* on 211.	Sean Crowley Citizens for Retirement Protection and Security (213) 617-7337	Taxpayers Against Frivolous Lawsuits 915 L Street, #C307 Sacramento, CA 95814 (916) 774-0637 1-800-966-1692 Fax: (916) 774-0429 Web Site: http://www.tafl.com
212 gets tough on special interests and self-interested politicians. 212 strictly limits out-of-district campaign contributions; bans corporate and union contributions; bans corporate tax deductions for lobbying; sets $100 contribution limits; and sets low, mandatory campaign spending limits. All at no cost to taxpayers. Vote Yes on 212.	*Warning: Prop. 212 is consumer fraud.* It wipes out anti-corruption laws, legalizing unlimited personal cash payments and gifts to elected officials! It allows special interests to give one hundred times what you and I can give! A hundredfold advantage! *Opposed* by League of Women Voters & AARP. *Vote no.*	Californians Against Political Corruption 11965 Venice Boulevard, Suite 408 Los Angeles, CA 90066 (310) 397-3404 http://www.best.com/~myk/fedup/	Californians for Political Reform, A Committee Sponsored by League of Women Voters of California, American Association of Retired Persons-California (AARP), Common Cause and United We Stand America 926 J Street, Suite 910 Sacramento, CA 95814 (916) 444-0834 www.vida.com/cfr
A yes vote on this measure means: A convicted felon would be prohibited from recovering monetary damages for an accidental injury sustained while fleeing from his or her crime. Drunk drivers and uninsured motorists involved in collisions could recover only medical and out-of-pocket expenses but would be prohibited from recovering "pain and suffering" awards from insured drivers.	No-Fault Auto Insurance has failed twice in California. Now, the Insurance Lobby's newest No-Fault scheme rewards reckless drivers who hit innocent poor people. Proposition 213 lets reckless drivers avoid responsibility. No-Fault for reckless drivers. The No-Faulters say we save millions. But nothing in Proposition 213 No-Fault lowers our insurance rates.	Rex Frazier 915 L Street, Suite 1050 Sacramento, CA 95814 (916) 449-2956 Fax: (916) 449-2959	Consumers Against No Fault for Reckless Drivers 2110 K Street, #19B Sacramento, CA 95816 (916) 444-0748

住民提案209号

209

Prohibition Against Discrimination or Preferential Treatment by State and Other Public Entities. Initiative Constitutional Amendment.

Official Title and Summary Prepared by the Attorney General
PROHIBITION AGAINST DISCRIMINATION OR PREFERENTIAL TREATMENT BY STATE AND OTHER PUBLIC ENTITIES. INITIATIVE CONSTITUTIONAL AMENDMENT.

- Prohibits the state, local governments, districts, public universities, colleges, and schools, and other government instrumentalities from discriminating against or giving preferential treatment to any individual or group in public employment, public education, or public contracting on the basis of race, sex, color, ethnicity, or national origin.
- Does not prohibit reasonably necessary, bona fide qualifications based on sex and actions necessary for receipt of federal funds.
- Mandates enforcement to extent permitted by federal law.
- Requires uniform remedies for violations. Provides for severability of provisions if invalid.

Summary of Legislative Analyst's Estimate of Net State and Local Government Fiscal Impact:

- The measure could affect state and local programs that currently cost well in excess of $125 million annually.
- Actual savings to the state and local governments would depend on various factors (such as future court decisions and implementation actions by government entities).

Analysis by the Legislative Analyst

BACKGROUND

The federal, state, and local governments run many programs intended to increase opportunities for various groups—including women and racial and ethnic minority groups. These programs are commonly called "affirmative action" programs. For example, state law identifies specific goals for the participation of women-owned and minority-owned companies on work involved with state contracts. State departments are expected, but not required, to meet these goals, which include that at least 15 percent of the value of contract work should be done by minority-owned companies and at least 5 percent should be done by women-owned companies. The law requires departments, however, to reject bids from companies that have not made sufficient "good faith efforts" to meet these goals.

Other examples of affirmative action programs include:

- Public college and university programs such as scholarship, tutoring, and outreach that are targeted toward minority or women students.
- Goals and timetables to encourage the hiring of members of "underrepresented" groups for state government jobs.
- State and local programs required by the federal government as a condition of receiving federal funds (such as requirements for minority-owned business participation in state highway construction projects funded in part with federal money).

PROPOSAL

This measure would eliminate state and local government affirmative action programs in the areas of public employment, public education, and public contracting to the extent these programs involve "preferential treatment" based on race, sex, color, ethnicity, or national origin. The specific programs affected by the measure, however, would depend on such factors as (1) court rulings on what types of activities are considered "preferential treatment" and (2) whether federal law requires the continuation of certain programs.

The measure provides exceptions to the ban on preferential treatment when necessary for any of the following reasons:

- To keep the state or local governments eligible to receive money from the federal government.
- To comply with a court order in force as of the effective date of this measure (the day after the election).
- To comply with federal law or the United States Constitution.
- To meet privacy and other considerations based on sex that are reasonably necessary to the normal operation of public employment, public education, or public contracting.

FISCAL EFFECT

If this measure is approved by the voters, it could affect a variety of state and local programs. These are discussed in more detail below.

299

Public Employment and Contracting

The measure would eliminate affirmative action programs used to increase hiring and promotion opportunities for state or local government jobs, where sex, race, or ethnicity are preferential factors in hiring, promotion, training, or recruitment decisions. In addition, the measure would eliminate programs that give preference to women-owned or minority-owned companies on public contracts. Contracts affected by the measure would include contracts for construction projects, purchases of computer equipment, and the hiring of consultants. These prohibitions would not apply to those government agencies that receive money under federal programs that require such affirmative action.

The elimination of these programs would result in savings to the state and local governments. These savings would occur for two reasons. First, government agencies no longer would incur costs to administer the programs. Second, the prices paid on some government contracts would decrease. This would happen because bidders on contracts no longer would need to show "good faith efforts" to use minority-owned or women-owned subcontractors. Thus, state and local governments would save money to the extent they otherwise would have rejected a low bidder—because the bidder did not make a "good faith effort"—and awarded the contract to a higher bidder.

Based on available information, we estimate that the measure would result in savings in employment and contracting programs that could total tens of millions of dollars each year.

Public Schools and Community Colleges

The measure also could affect funding for public schools (kindergarten through grade 12) and community college programs. For instance, the measure could eliminate, or cause fundamental changes to, *voluntary* desegregation programs run by school districts. (It would not, however, affect *court-ordered* desegregation programs.) Examples of desegregation spending that could be affected by the measure include the special funding given to (1) "magnet" schools (in those cases where race or ethnicity are preferential factors in the admission of students to the schools) and (2) designated "racially isolated minority schools" that are located in areas with high proportions of racial or ethnic minorities. We estimate that up to $60 million of state and local funds spent each year on voluntary desegregation programs may be affected by the measure.

In addition, the measure would affect a variety of public school and community college programs such as counseling, tutoring, outreach, student financial aid, and financial aid to selected school districts in those cases where the programs provide preferences to individuals or schools based on race, sex, ethnicity, or national origin. Funds spent on these programs total at least $15 million each year.

Thus, the measure could affect up to $75 million in state spending in public schools and community colleges. The State Constitution requires the state to spend a certain amount each year on public schools and community colleges. As a result, under most situations, the Constitution would require that funds that cannot be spent on programs because of this measure instead would have to be spent for *other* public school and community college programs.

University of California and California State University

The measure would affect admissions and other programs at the state's public universities. For example, the California State University (CSU) uses race and ethnicity as factors in some of its admissions decisions. If this initiative is passed by the voters, it could no longer do so. In 1995, the Regents of the University of California (UC) changed the UC's admissions policies, effective for the 1997-98 academic year, to eliminate all consideration of race or ethnicity. Passage of this initiative by the voters might require the UC to implement its new admissions policies somewhat sooner.

Both university systems also run a variety of assistance programs for students, faculty, and staff that are targeted to individuals based on sex, race, or ethnicity. These include programs such as outreach, counseling, tutoring, and financial aid. The two systems spend over $50 million each year on programs that probably would be affected by passage of this measure.

Summary

As described above, this measure could affect state and local programs that currently cost well in excess of $125 million annually. The actual amount of this spending that might be saved as a result of this measure could be considerably less, for various reasons:

- The amount of spending affected by this measure could be less depending on (1) court rulings on what types of activities are considered "preferential treatment" and (2) whether federal law requires continuation of certain programs.
- In most cases, any funds that could not be spent for existing programs in public schools and community colleges would have to be spent on other programs in the schools and colleges.
- In addition, the amount affected as a result of *this* measure would be less if any existing affirmative action programs were declared unconstitutional under the United States Constitution. For example, five state affirmative action programs are currently the subject of a lawsuit. If any of these programs are found to be unlawful, then the state could no longer spend money on them—regardless of whether this measure is in effect.
- Finally, some programs we have identified as being affected might be changed to use factors other than those prohibited by the measure. For example, a high school outreach program operated by the UC or the CSU that currently uses a factor such as ethnicity to target spending could be changed to target instead high schools with low percentages of UC or CSU applications.

For the text of Proposition 209 see page 94

209 Prohibition Against Discrimination or Preferential Treatment by State and Other Public Entities. Initiative Constitutional Amendment.

Argument in Favor of Proposition 209

THE RIGHT THING TO DO!

A generation ago, we did it right. We passed civil rights laws to prohibit discrimination. But special interests hijacked the civil rights movement. Instead of equality, governments imposed quotas, preferences, and set-asides.

Proposition 209 is called the California Civil Rights Initiative because it restates the historic Civil Rights Act and proclaims simply and clearly. "The state shall not discriminate against, or grant preferential treatment to, any individual or group, on the basis of race, sex, color, ethnicity or national origin in the operation of public employment, public education, or public contracting."

"REVERSE DISCRIMINATION" BASED ON RACE OR GENDER IS PLAIN WRONG!

And two wrongs don't make a right! Today, students are being rejected from public universities because of their RACE. Job applicants are turned away because their RACE does not meet some "goal" or "timetable." Contracts are awarded to high bidders because they are of the preferred RACE.

That's just plain wrong and unjust. Government should not discriminate. It must not give a job, a university admission, or a contract based on race or sex. Government must judge all people equally, without discrimination!

And, remember, Proposition 209 keeps in place all federal and state protections against discrimination!

BRING US TOGETHER!

Government cannot work against discrimination if government itself discriminates. Proposition 209 will stop the terrible programs which are dividing our people and tearing us apart. People naturally feel resentment when the less qualified are preferred. We are all Americans. It's time to bring us together under a single standard of equal treatment under the law.

STOP THE GIVEAWAYS!

Discrimination is costly in other ways. Government agencies throughout California spend millions of your tax dollars for costly bureaucracies to administer racial and gender discrimination that masquerade as "affirmative action." They waste much more of your money awarding high-bid contracts and sweetheart deals based not on the low bid, but on unfair set-asides and preferences. This money could be used for police and fire protection, better education and other programs—for everyone.

THE BETTER CHOICE: HELP ONLY THOSE WHO NEED HELP!

We are individuals! Not every white person is advantaged. And not every "minority" is disadvantaged. Real "affirmative action" originally meant no discrimination and sought to provide opportunity. That's why Proposition 209 prohibits discrimination and preferences and allows any program that does not discriminate, or prefer, because of race or sex, to continue.

The only honest and affective way to address inequality of opportunity is by making sure that *all* California children are provided with the tools to compete in our society. And then let them succeed on a fair, color-blind, race-blind, gender-blind basis.

Let's not perpetuate the myth that "minorities" and women cannot compete without special preferences. Let's instead move forward by returning to the fundamentals of our democracy: individual achievement, equal opportunity and *zero tolerance for discrimination against—or for—any individual.*

Vote for FAIRNESS . . . not favoritism!

Reject preferences by voting YES on Proposition 209.

PETE WILSON
Governor, State of California

WARD CONNERLY
Chairman, California Civil Rights Initiative

PAMELA A. LEWIS
Co-Chair, California Civil Rights Initiative

Rebuttal to Argument in Favor of Proposition 209

THE WRONG THING TO DO!

A generation ago, Rosa Parks launched the Civil Rights movement, which opened the door to equal opportunity for women and minorities in this country. Parks is against this deceptive initiative. Proposition 209 highjacks civil rights language and uses legal lingo to gut protections against discrimination.

Proposition 209 says it eliminates quotas, but in fact, the U.S. Supreme Court already decided—twice—that they are illegal. Proposition 209's real purpose is to eliminate affirmative action equal opportunity programs for qualified women and minorities including tutoring, outreach, and mentoring.

PROPOSITION 209 PERMITS DISCRIMINATION AGAINST WOMEN.

209 changes the California Constitution to permit state and local governments to discriminate against women, excluding them from job categories.

STOP THE POLITICS OF DIVISION

Newt Gingrich, Pete Wilson, and Pat Buchanan support 209. Why? They are playing the politics of division for their own political gain. We should not allow their ambitions to sacrifice equal opportunity for political opportunism.

209 MEANS OPPORTUNITY BASED SOLELY ON FAVORITISM

Ward Connerly has already used his influence to get children of his rich and powerful friends into the University of California. 209 reinforces the "who you know" system that favors cronies of the powerful.

"There are those who say, we can stop now, America is a color-blind society. But it isn't yet, there are those who say we have a level playing field, but we don't yet." Retired General Colin Powell [5/25/96].

VOTE NO ON 209!!!

PREMA MATHAI-DAVIS
National Executive Director, YWCA of the U.S.A.

KAREN MANELIS
President, California American Association of University Women

WADE HENDERSON
Executive Director, Leadership Conference on Civil Rights

Prohibition Against Discrimination or Preferential Treatment by State and Other Public Entities. Initiative Constitutional Amendment.

209

Argument Against Proposition 209

VOTE NO ON PROPOSITION 209
HARMS EQUAL OPPORTUNITY FOR WOMEN AND MINORITIES

California law currently allows tutoring, mentoring, outreach, recruitment, and counseling to help ensure equal opportunity for women and minorities. Proposition 209 will eliminate affirmative action programs like these that help achieve equal opportunity for women and minorities in public employment, education and contracting. Instead of reforming affirmative action to make it fair for everyone, Proposition 209 makes the current problems worse.

PROPOSITION 209 GOES TOO FAR

The initiative's language is so broad and misleading that it eliminates equal opportunity programs including:
- tutoring and mentoring for minority and women students;
- affirmative action that encourages the hiring and promotion of qualified women and minorities;
- outreach and recruitment programs to encourage applicants for government jobs and contracts; and
- programs designed to encourage girls to study and pursue careers in math and science.

The independent, non-partisan California Legislative Analyst gave the following report on the effects of Proposition 209:

"[T]he measure would eliminate a variety of public school (kindergarten through grade 12) and community college programs such as counseling, tutoring, student financial aid, and financial aid to selected school districts, where these programs are targeted based on race, sex, ethnicity or national origin." *[Opinion Letter to the Attorney General, 10/15/95].*

PROPOSITION 209 CREATES A LOOPHOLE THAT ALLOWS DISCRIMINATION AGAINST WOMEN

Currently, California women have one of the strongest state constitutional protections against sex discrimination in the country. Now it is difficult for state and local government to discriminate against women in public employment, education, and the awarding of state contracts because of their gender. Proposition 209's loophole will undo this vital state constitutional protection.

PROPOSITION 209 LOOPHOLE PERMITS STATE GOVERNMENT TO DENY WOMEN OPPORTUNITIES IN PUBLIC EMPLOYMENT, EDUCATION, AND CONTRACTING, SOLELY BASED ON THEIR GENDER.

PROPOSITION 209 CREATES MORE DIVISION IN OUR COMMUNITIES

It is time to put an end to politicians trying to divide our communities for their own political gain. "The initiative is a misguided effort that takes California down the road of division. Whether intentional or not, it pits communities against communities and individuals against each other."

— *Reverend Kathy Cooper-Ledesma*
President, California Council of Churches.

GENERAL COLIN POWELL'S POSITION ON PROPOSITION 209:

"Efforts such as the California Civil Rights Initiative which poses as an equal opportunities initiative, but which puts at risk every outreach program, sets back the gains made by women and puts the brakes on expanding opportunities for people in need."

— *Retired General Colin Powell, 5/25/96.*

GENERAL COLIN POWELL IS RIGHT.

VOTE "NO" ON PROPOSITION 209
EQUAL OPPORTUNITY MATTERS

FRAN PACKARD
President, League of Women Voters of California
ROSA PARKS
Civil Rights Leader
MAXINE BLACKWELL
Vice President, Congress of California Seniors,
Affiliate of the National Council of Senior Citizens

Rebuttal to Argument Against Proposition 209

Don't let them change the subject. Proposition 209 bans discrimination and preferential treatment—period. Affirmative action programs that don't discriminate or grant preferential treatment will be UNCHANGED. Programs designed to ensure that all persons—regardless of race or gender—are informed of opportunities and treated with equal dignity and respect will continue as before.

Note that Proposition 209 doesn't prohibit consideration of economic disadvantage. Under the existing racial-preference system, a wealthy doctor's son may receive a preference for college admission over a dishwasher's daughter simply because he's from an "underrepresented" race. THAT'S UNJUST The state must remain free to help the economically disadvantaged, but not on the basis of race or sex.

Opponents mislead when they claim that Proposition 209 will legalize sex discrimination. Distinguished legal scholars, liberals and conservatives, have rejected that argument as ERRONEOUS. Proposition 209 adds NEW PROTECTION against sex discrimination on top of existing ones, which remain in full force and effect. It does NOTHING to any existing constitutional provisions.

Clause c is in the text for good reason. It uses the legally-tested language of the original 1964 Civil Rights Act in allowing sex to be considered only if it's a "bona fide" qualification. Without that narrow exception, Proposition 209 would require unisex bathrooms and the hiring of prison guards who strip-search inmates without regard to sex. Anyone opposed to Proposition 209 is opposed to the 1964 Civil Rights Act.

Join the millions of voters who support Proposition 209. Vote YES.

DANIEL E. LUNGREN
Attorney General, State of California
QUENTIN L. KOPP
State Senator
GAIL L. HERIOT
Professor of Law

Proposition 209: Text of Proposed Law

This initiative measure is submitted to the people in accordance with the provisions of Article II, Section 8 of the Constitution.

This initiative measure expressly amends the Constitution by adding a section thereto; therefore, new provisions proposed to be added are printed in *italic type* to indicate that they are new.

PROPOSED AMENDMENT TO ARTICLE I

Section 31 is added to Article I of the California Constitution as follows:

SEC. 31. *(a) The state shall not discriminate against, or grant preferential treatment to, any individual or group on the basis of race, sex, color, ethnicity, or national origin in the operation of public employment, public education, or public contracting.*

(b) This section shall apply only to action taken after the section's effective date.

(c) Nothing in this section shall be interpreted as prohibiting bona fide qualifications based on sex which are reasonably necessary to the normal operation of public employment, public education, or public contracting.

(d) Nothing in this section shall be interpreted as invalidating any court order or consent decree which is in force as of the effective date of this section.

(e) Nothing in this section shall be interpreted as prohibiting action which must be taken to establish or maintain eligibility for any federal program, where ineligibility would result in a loss of federal funds to the state.

(f) For the purposes of this section, "state" shall include, but not necessarily be limited to, the state itself, any city, county, city and county, public university system, including the University of California, community college district, school district, special district, or any other political subdivision or governmental instrumentality of or within the state.

(g) The remedies available for violations of this section shall be the same, regardless of the injured party's race, sex, color, ethnicity, or national origin, as are otherwise available for violations of then-existing California antidiscrimination law.

(h) This section shall be self-executing. If any part or parts of this section are found to be in conflict with federal law or the United States Constitution, the section shall be implemented to the maximum extent that federal law and the United States Constitution permit. Any provision held invalid shall be severable from the remaining portions of this section.

関連年表

1846	5.13 ポーク (James K. Polk) 大統領（第11代、1845-49年）、メキシコと戦争を行なうための宣戦布告書に署名。
1848	グアダルーペ・イダルゴ条約調印により米墨戦争終結。カリフォルニアとニューメキシコをアメリカが1500万ドルで割譲させる。
1868	カリフォルニア大学の創設が認可され、1869年オークランドに創設される。
1873	カリフォルニア大学、バークレーに移転。最初の卒業生は、12人。
1896	プレッシー対ファーガソン判決。連邦最高裁判所は、「分離すれども平等」策は、合衆国憲法修正第14条の平等条項に反しないとする考え方を示す。
1905	カリフォルニア大学、デーヴィス校（ヨロ郡）開設。
1911	ハイラム・ジョンソン、カリフォルニア州知事に選出。その後、連邦議会上院議員を務める（1917-1945年）。
1919	カリフォルニア大学、ロサンジェルス校開設。
1924	割当て移民政策。1890年にアメリカに入国した者の出身国に応じて、その後の入国者数を割り当てる制度が開始される。
1944	カリフォルニア大学、サンタバーバラ校開設。
1954	アメリカへの不法入国者一掃計画（Operation Wetback）が実施され、最終的に約400万人のメキシコ人が強制送還される。 カリフォルニア大学、リバーサイド校開設。 5.17 ブラウン対教育委員会判決。連邦最高裁判所は、プレッシー対ファーガソン判決を9対0で覆す。
1959	カリフォルニア大学、サンディエゴ校開設。
1961	カリフォルニア大学、サンタクルス校開設。
1965	カリフォルニア大学、アーヴァン校開設。 国籍法（National Origin Act）が廃止されたことにより、1924年以来の割当て移民政策が撤廃される。これ以後、各移民送出国（当初は西半球諸国も含めていた）の年間受け入れ限度を2万人とし、合計27万人の受け入れを上限とする。ただし、市民権を持つアメリカ人の両親、配偶者、子供はこの中には含まれない。 リンダン・B・ジョンソン大統領による行政命令第11246号によ

	り、連邦政府と関連民間企業に対して、アファーマティヴ・アクション（積極的差別是正措置）が義務付けられる。
1966	カリフォルニアの学校制度（K-12）に在籍する生徒の25パーセントがマイノリティによって占められる。
1968	1.2 ジョンソン大統領、初等・中等教育法制定。二言語併用教育に対して、連邦政府が補助金を出すことになる。
1971	ニクソン大統領、アファーマティヴ・アクションを高等教育に導入する行政命令を発令。
1974	1.21 ラウ対ニコルズ判決。中国語を話す子供たちに対する特別な支援が行なわれていないとして、全会一致で違憲判決が下される。
1976	アジア系アメリカ人としてはアメリカ本土で初めて、カリフォルニア州からハヤカワが連邦議会上院議員に選出される（1977-1983年）。
1978	6.28 カリフォルニア大学デーヴィス校メディカル・スクールの入学をめぐるバッキ判決で、連邦最高裁判所は、同校がアファーマティヴ・アクションによりマイノリティの志願者に対して事前に入学枠を設けていたことは差別であるとして、5対4で原告の訴えを認める。
1980	この年にカリフォルニア州が行なった軍事契約（military contract）額は、277億3,800万ドルになる。
1981	連邦議会に共和党のハヤカワ上院議員が、英語をアメリカの公用語とする法案を提出。ただし、同年廃案になる。
1982	プライヤー対ドウ判決。テキサス州で、1975年に制定された住民提案187号と類似した州法に対して、最高裁判所は、「法の下の平等を定めた合衆国憲法第14条に違反する」として、違憲判決を下す。
	カリフォルニア大学、サンフランシスコ校開設。
1983	サンフランシスコ市で、連邦政府に、投票に関するすべての印刷物を英語とする政策をとるよう要請する住民提案が可決。
1984	カリフォルニア州で、ハヤカワ連邦議会上院議員らが提唱する、知事が大統領、連邦司法長官、連邦議会に対し、投票に関するすべての印刷物を英語でのみ表記することを要請するとした住民提案38号が可決（72パーセント対28パーセント）。ただし、こ

	の規定が連邦法と抵触するため、無効とされる。
1986	移民改正取締法、制定。雇用者がグリーンカードや他の労働許可書などを持っていない不法移民を雇うことを違法とする一方で、1981年12月31日以前にアメリカに入国し、それ以降も居住し続けていることを証明できる不法移民は、申請によって合法的な地位を得ることができるとする画期的なもの。
1988	カリフォルニア大学バークレー校の1年次生におけるアジア系学生の割合が、31パーセントになる。カリフォルニア州全体でアジア系は10パーセントほどであるが、前年の入学者に占める割合は34パーセントであったことから、資格のあるアジア人が人種を理由として入学を拒否されているとの批判が出る。 カリフォルニアの学校に在籍する生徒の過半数をマイノリティ（このうち31パーセントはヒスパニック）が占めるようになる。そのため、州として二言語併用教育を拡大させる必要が生じる。
1990	11. ウィルソンがファインスタインを376万3,151票対349万7,875票で破りカリフォルニア州知事に初当選。カリフォルニア州の全人口の25パーセントはヒスパニックであるが、州議会に占めるヒスパニック議員は、上院で3人、下院で4人にとどまる。
1992	ロサンジェルス暴動。黒人であるキング（Rodney King）が白人警官に激しく殴打されているビデオが1991年にテレビ放映されたが、翌1992年4月に白人警官にかけられていた罪状のほぼすべてにおいて無罪判決が下されたことを機に、ロサンジェルスのワッツ地区で暴動に発展。58人が死亡、負傷者2,381人、逮捕者1万3,379人、被害総額7億1,700万ドルの大事件となる。その際、黒人とアジア系の対立が表面化する。
1993	1.14　カリフォルニア州議会下院議員マウントジョイら15名、不法移民の初等および中等教育、中等教育以降のために州の教育基金を拠出することを禁止する下院法案第149号を提出するが、否決。2.23下院で修正。 1.14　マウントジョイ議員、不法移民に対する医療サービスを禁止する下院法案第150号を提出。2.18下院で修正。 1.14　マウントジョイ議員、1995.1.1以降に不法外国人がけがをした場合、肉体的なけがに対する費用のみを提供し、疾病、精神的な障害、職業復帰のためのリハビリに対する保障を削除す

る法案を提出。'94.1.3下院で修正。
3.5　マウントジョイ議員ほか15名、運輸局（Department of Motor Vehicles）に、市民もしくはアメリカの合法的居住者であることを証明することができない者に対し、運転免許証を発行もしくは更新することを禁じる下院法案第2171号を提出。
3.5　マウントジョイ議員、合法的にアメリカに居住していない者が公立の中等教育以降の機関に生徒として在籍することを禁じる下院法案第2228号を提出（単独で提出、全会一致で否決）。
☆このようにマウントジョイ議員は、何度も同じ趣旨の法案を提出するが、いずれも否決。財務委員会だけが賛成することが多かった。
8.23　連邦議会に、アメリカの市民もしくは合法的居住者、帰化したアメリカ人の母親から生まれた人々に、アメリカの市民権を制限するよう、適宜、合衆国憲法の修正を働きかける下院合同決議（Assembly Joint Resolution）第49号が提出される。

1994
1.1　北米自由貿易協定（North American Free Trade Agreement : NAFTA）が発効。アメリカ、カナダ、メキシコの3ヵ国が、域内関税を15年間に4段階に分けて撤廃することを原則とするもの。メキシコへの投資増や貿易の活発化で、メキシコに雇用が創出され、不法移民の減少が期待される。
1.3　マウントジョイ議員、州政府だけでなく、全ての政治組織（political subdivisions）において、1995.1.15以降、英語以外の言語での法律や行政命令の施行、政治的な活動を行なわないようにする下院法案第2434号を単独で提出。
2.21　オレンジ郡に住むセロイ（Dolores Seroy）は、1993年に福祉事務所を訪れた際、不法移民と戦う決意をし、この日、セロイと彼女に同調する多くの人々が11月の投票にかけるための反移民イニシアティブを成立させるため、署名集めに入る。法案を成立させるために連邦政府の援助を求めているウィルソン知事によれば、毎年不法移民を教育したり、投獄したり、緊急医療を施すのにカリフォルニアは23億ドルもの費用を払っていると主張するが、この数字には疑問があると移民擁護団体やサンフランシスコの移民と難民の権利およびサービスのための連合（Coalition for Immigrant and Refugee Rights and Services）では見ている。

5. 9　『サンフランシスコ・クロニクル』によると、湾岸地帯の住民の3分の2は、移民政策への根強い不満の中で、提案されている法案に賛成している。「我が州を救え(SOS)」キャンペーンのスポークスマンをしているオルトマン (Rick Oltman) は、5月11日までに11月の投票に図るのに必要とされる38万5,000人分の有効な署名をまもなく獲得すると語る。

5.16　住民提案187号の提案者、郡の選挙管理事務局に約60万人分の署名を提出。

11.8　中間選挙投票日。カリフォルニア州では、住民提案187号が、59%対41%で可決。翌日、住民提案187号に対して訴訟が起きる。中間選挙により、連邦議会は上下両院とも共和党多数となる。

12.5　マウントジョイに代わりグランラウド (Granlund) 州議会下院議員、下院法案第2434号に類似したもので、1996年1月1日以後、州の公用語としての英語の役割を高めるためにも、英語以外の言語での法律や行政命令の施行、政治的な活動を行なわないようにする下院法案第24号を提出（単独で提出、1995.4.27修正）。ポドブレスキー対カーワン判決。連邦上訴裁判所は、メリーランド大学における黒人に対する特別な奨学金プログラムは認められないとする。

1995
1.24　クリントン大統領、一般教書の中で雇用者が職を求めてやって来る人物の身分を照合できるよう、全国的なデータ・ベースを作ることを提案、これまでに記録的な数の不法移民を送還し、また最大の国境警備員を雇ったと発表。

2. 5　連邦議会下院議長で共和党のギングリッジ、不法移民を阻止するため、1995年の夏までにカリフォルニア、ニューメキシコ、アリゾナ、テキサスの各州の州警察と国境警備兵の協力を得て、国境警備を固めるよう提案。

2. 6　クリントン政権は、メキシコとの国境警備を強化し、不法移民の入国を阻止するため、移民関連予算を10億ドル増額し、1996年には36億ドルになるよう提案。

2.22　クリントン政権は、国境を越える費用として、1人当たり1.5ドル、乗用車1台につき3ドルを課すとした国家の提案を断念すると発表。

2.24　マウンドジョイ議員、英語を州の共通言語（common language）として、また州機関の公式な文書と記録、公式な会議における言語として認識し、特定の場合には共通言語以外の言語の使用を認めるが、州機関に共通語以外の言語での翻訳や印刷、文書の記録などの情報を提供する全費用の予算を詳細に示すことを求める上院法案第1267号を提出。

3.29　ウィルソン・カリフォルニア州知事、ニューヨーク市長と会見し、住民提案187号に対する支持を表明、一方ジュリアーニ市長は反対を表明。

5.3　ウィルソン・カリフォルニア州知事、サンディエゴ市長時代に不法移民のメードを雇っていたことが発覚。

6.1　ウィルソン・カリフォルニア州知事、アファーマティヴ・アクションに基づいて雇用枠を検討する諮問委員会などを廃止する行政命令を発令。

7.19　クリントン大統領、アファーマティヴ・アクションに対する見直し策を発表。雇用や就学の機会を一定の割合で確保する「割当て制」は白人への「逆差別」を生みかねないとして廃止を提唱。共和党指導部らが撤廃を主張していたもの。ただし大統領は、改善すべき点はあるが、撤廃すべきではないとして制度を継続させる必要性を認めた。連邦政府に対して「割当て制」の撤廃を命じると共に、経済的な困窮度の高い人たちを優先するなど、制度を公正に適用するように求める。

7.20　カリフォルニア大学理事会、同校におけるアファーマティヴ・アクションの廃止を決定。

8.28　ウィルソン・カリフォルニア州知事、1996年の共和党大統領指名選挙に出馬することを公式に宣言。

9.4　共和党指導者ドール、二言語併用教育を終わらせるよう提案。

9.25　ウィルソン・カリフォルニア州知事、1983-1990年にかけて、INSに不法移民労働者の強制送還を止めるよう働きかけていたことが発覚。

9.26　ウィルソン・カリフォルニア州知事、共和党大統領指名選挙を辞退すると発表。

11.20　連邦地方裁判所フィルツァー判事、住民提案187号につい

て、不法移民が公益を求めた場合、移民の資格について問われることはないとの判決を下し、不法移民とその子供たちは、公立学校から排除されることはないとの仮命令を発令。
11.20　ウィルソン・カリフォルニア州知事、フィルツァー判事の判断を受けて、以下の声明を発表。
・今日の決定に対して全く同意できないが驚いてはいない。
・必要ならば連邦最高裁まで訴え続ける。最終的にはカリフォルニア州民の勝利となり、最高裁判所はカリフォルニア州の投票者の意思を支持すると確信している。
・連邦議会に対して、最近ガレグリー（Elton Gallegly）議員が提出した、住民提案187号のような不法移民に関する負担を立法府に委ねるとした法案を支持するよう要求する。
・連邦政府によってカリフォルニア州の人々が大量の不法移民に苦しみ、不法移民のサービスのための費用の支払いを強要させられるのは不当なことである。
・カリフォルニアの人々と住民提案187号のために、法廷と連邦議会と大統領と戦い続けるであろう。
・結果的に、住民提案187号は法律となるであろう。
11.21　ウィルソン・カリフォルニア州知事、住民提案187号の施行について、カリフォルニア州民に楽観的にしているよう声明を出す。カリフォルニアの納税者に、もはや年間30億ドル以上もの費用をカリフォルニアに住む68万8,000人の不法移民に対する医療や教育、その他のサービスに支払う必要はなくなるであろうと述べる。

1996
3.20　ホップウッド対テキサス判決。連邦第5巡回裁判所は、テキサス大学ロースクールの事例で、アファーマティヴ・アクションは正当化できないとする判決を下す。連邦最高裁判所は、6月に同判決の再審理を拒否。
8.22　クリントン大統領、連邦社会福祉法に署名。これにより、合法移民の多くが資産調査を必要とする連邦政府による社会福祉プログラムの受給資格を失う。
11.5　アメリカ大統領選挙。カリフォルニア州では、15の住民提案が審議される。住民提案209号は、55％対45％で可決。「アメリカの今回の選挙に諮られる90の提案の中で、また82年間の中

で、カリフォルニア州の住民提案209号ほど全国的に注目を浴びる提案を書いた人はだれもいない」、と『ニューヨーク・タイムズ』は論評。

11.6 アファーマティヴ・アクションをめぐる論争は、全国的な段階へと進み、共和党の指導者たちは、有権者によって支持されたアファーマティヴ・アクションの禁止が、全国的に広がると言明したが、一方では訴訟に向けての動きが進む。

11.8 クリントン政権は、カリフォルニア州の住民提案209号に対して訴訟を起こすか、法律に対する異議申し立てに加わる可能性が検討されていると発表。

11.25 住民提案209号の施行を阻止するよう要請を受けている連邦判事は、アファーマティヴ・アクションのメリットという点に関してではなく、憲法問題に照らした判断を下すと弁護士に言明。

11.27 ヘンダーソン・サンフランシスコ連邦地方裁判所判事は、違憲の疑いがあるとして、住民提案209号の施行について一時的な差し止め命令を出す。これにより、少なくとも12月16日まで差止めが続くことになる。ヘンダーソン判事は、市民権を擁護する草分け的存在の弁護士として知られている。

12.10 住民提案209号の通過を受け、共和党多数の連邦議会において、アファーマティヴ・アクションに対する連邦レベルでの対応をどのように行なうかについての議論が進められる。

12.23 ヘンダーソン判事は、依然、違憲の疑いがあるとして、住民提案209号の施行に対する一時的な差し止め命令を継続すると発表。

1997 1.29 クリントン政権は、住民提案209号は違憲であり、施行することは許されてはならないと猛攻撃。

4.1 不法移民改革と移民に対する責任法施行。同法は、外国からアメリカにいる彼らの下に家族を呼び寄せようとする人に、初めて収入検査を課すことにより、すでにアメリカにいる貧しい人々が家族と再結合することをより困難にするもの。さらにINSが、正式な書類なしにアメリカに入国しようとする人物を、より簡単に国外追放することができるようにし、国外追放となる犯罪リストを大きく広げる。国外追放となることを避けるた

めに、不法移民が何年間もアメリカに不法に住むことを難しくする。合法移民の数を減らし、政府が不法移民を国外追放しやすくするもの。市民的自由を求める団体の反対にもかかわらず、制定。

10.14 ミシガン大学の3学部に対して、アファーマティヴ・アクションの適用をめぐる訴訟が提起される。

11.3 連邦最高裁判所、住民提案209号に対する施行阻止請求を審理しないと決定。これにより、カリフォルニア州でのアファーマティヴ・アクションの廃止が事実上決定する。

12.3 ミシガン大学ロールクールに対して、アファーマティヴ・アクションの適用をめぐる訴訟が提起される。

☆この年、11月のワシントン州における住民提案をはじめ10以上の州で、アファーマティヴ・アクションをめぐる是非が論議される。

1998 6.2 二言語併用教育の段階的廃止を求める住民提案227号が投票に付される。投票結果は、61パーセント対39パーセントで可決。ただし、翌日には少数民族の権利を象徴する団体などから連邦地方裁判所に提訴される。

6.3 住民提案227号の施行を阻止するため、予備的施行停止命令を求める集団訴訟が起こされる。

7.15 連邦地方裁判所レッグ判事、住民提案227号に関する予備的施行停止命令を却下。その後、控訴あり。

7.31 連邦控訴裁判所サンフランシスコ支部、住民提案227号に関し、8月2日からの施行を阻止する差止め命令を却下。

8.2 住民提案227号、施行される。

11.3 カリフォルニア州知事選挙で、民主党のデーヴィスが共和党のラングレン（Dan Lungren）を430万5,746票（59パーセント）対284万2,173票（39パーセント）で破り、初当選。

2001 5.16 カリフォルニア大学理事会、アファーマティヴ・アクションの廃止を撤回する決議を全会一致で可決。

2002 11.5 カリフォルニア州で、デーヴィス知事が共和党のサイモン（Bill Simon）を346万9,025票（47.4パーセント）対310万5,477票（42.4パーセント）で破り、再選。

2003 1.15 ブッシュ大統領、ミシガン大学におけるアファーマティヴ・アクションの採用を判断する最高裁判決を前に、「アファー

マティヴ・アクションは不要である」との声明を発表。閣僚の中には、これとは異なる見解を示す者が出る。
6.23 連邦最高裁判所、ミシガン大学ロースクールにおけるアファーマティヴ・アクションの採用は、9人の裁判官のうち5対4で合憲であるとする判決。一方、学部におけるアファーマティヴ・アクションは、6対3で違憲であると判断される。
8.28 ミシガン大学、最高裁判決を受けて、新たな入学選考過程を発表。
10.7 カリフォルニア州で特別選挙を実施。現職のデーヴィス知事に対するリコール投票が実施され、賛成55パーセント（441万5,341票）、反対45パーセント（355万9,400票）という過半数の支持によりリコールが成立。同時に行なわれた次期の知事を選出する選挙において、155人の候補者の中から、俳優のシュワルツネッガーが第1位の座を獲得する（任期はデーヴィス知事の残り2007年1月まで）。この時の選挙において、州政府が一部の例外を除き人種を一切の調査項目から外すことを盛り込んだ住民提案54号が提案されたが、賛成36パーセント、反対64パーセントで否決。

2004
1.7 ブッシュ大統領、不法移民に対して、3年間という期限付き（ただし、1度に限り更新を認めるというもの）で合法的な労働者としての地位を与える用意があると発表。
1.12 ブッシュ大統領メキシコ訪問。フォックス大統領と会見し、ブッシュ大統領の不法移民に関する新提案を歓迎すると表明。
11.2 アメリカ大統領選挙で、ブッシュ大統領、民主党のケリー（John F. Kerry）を破り、再選を果たす。カリフォルニア州では、ケリーが55パーセント（542万7,055票）を獲得し、ブッシュの44パーセント（440万3,495票）を上回る（その他は1パーセント、11万4,075票）。

索　引

あ 行

アッシュクロフト（John Ashcroft）
　………………………………*105*
アトキンソン（Richard Atkinson）
　……………………………*276-278*
アナ・ハイム（Anaheim）…………*71*
アファーマティヴ・アクション
　（Affirmative Action : 積極的差別是
　正措置）………*vii, 32-33, 53, 55, 103,*
　　105-106, 133-136, 139-147, 149-163,
　　166, 170-174, 176-178, 182, 185-190,
　　192-193, 197-200, 204-205, 208-210,
　　231, 264, 276, 279, 281, 288-289, 291,
　　304, 309-313
アメリカ化運動（Americanization
　Movement）……………………*216*
アメリカ合衆国憲法（the Constitu-
　tion of the United States）……*18, 32,*
　　54, 116, 161, 215, 287, 304, 306
アメリカ大学入学学力試験
　（American College Test : ACT）…*175*
アルパート（Detle Alpert）………*243*
違憲立法審査権（judicial review）…*32*
一般選挙（general election）…*6-7, 17,*
　　29-30, 47, 51, 53
イニシアティヴ（initiative）…*3-8, 10-15,*
　　17-23, 28, 31-36, 39-42, 45, 48-53, 84,
　　86, 233-234, 263-264, 270-272, 282,
　　307
移民改革運動（immigration reform
　movement）……………………*83*
移民改正取締法（the Immigration
　Reform and Control Act of
　1986）………………*66, 115, 229, 304*
移民帰化局（Immigration and Natu-
　ralization Service : INS）……*61, 115*
ウィルソン（Pete Wilson）…*90, 95, 97,*
　　113, 143-145, 153, 170-171, 205, 232,
　　243, 246, 248, 269, 291, 305, 307-310
受取人委員会（recipient committee）
　………………………………*19*
ウッド（Thomas E. Wood）………*143*
ウンズ（Ron K. Unz）……*232-234, 248*
エスカランテ（Jaime Escalante）…*232*
エゼル（Harold Ezell）……………*83*
圓藤寿穂………………………………*44*
大田昌秀………………………………*43*
オキシデンタル・カレッジ
　（Occidental College）……………*152*
沖縄県名護市…………………………*43*
オコナー（Sandra Day O'Connor）
　………………………………*192*
オコネル（Jack O'Connell）…*272, 277*

313

オレンジ郡（Orange County）……63, 82-86, 102, 229-231, 307

か 行

外国語学校取締法（1920年）………217
外国語学校取締法（1921年）………217
カスティジャーノス（Diego Castellanos）……………………215
カストゥレッド（Glynn Custred）
　………………………………………143
家族の教育権とプライバシー法
　（the Family Educational Rights and Privacy Act : FERPA）……94, 117
カリフォルニア移民改革連合
　（California Coalition for Immigration Reform : CCIR）…86, 101
カリフォルニア公民権発議
　（California Civil Rights Initiative : CCRI）……………140, 170
カリフォルニア公立学校成績責任法（the California Public School Accountability Act）………271
カリフォルニア・コミュニティ・カレッジ（California Community College : CCC）…73, 81-82, 116, 141, 147-148, 207, 267
カリフォルニア州憲法（the Constitution of the State of California）
　…………7-10, 12, 153, 258, 262-265
カリフォルニア州立大学（California State University : CSU）…72-73, 81-82, 116, 141, 148-149, 207, 235, 266
カリフォルニア奨学金
　（Cal Grants）………………82, 206-207
カリフォルニア大学（University of California : UC）…72-73, 81-82, 116, 141, 148-149, 162-163, 165-166, 170-172, 174-176, 198, 201, 204-205, 209, 266-267, 276-277, 303
カリフォルニア大学サンタバーバラ校 ……………………………152
カリフォルニア大学デーヴィス校
　……………………………159, 303-304
カリフォルニア大学による教育援助プログラム（UC educational outreach program）………………267
カリフォルニア大学バークレー校
　…151, 163-168, 173, 175, 209, 303-304
カリフォルニア大学理事会（Board of Regents of the University of California）……141, 156, 170-171, 174, 209, 276-278, 289, 309, 312
カリフォルニア大学リバーサイド校
　………………………………173, 303
カリフォルニア大学ロサンジェルス校 …………………152, 172-174, 303
岐阜県御嵩町……………………………42
逆差別（reverse discrimination）…135, 149, 155
教育機会均等法（the Equal Educational Opportunity Act of 1974）
　………………………………222, 226

索　引

行政命令11246号（Executive Order 11246）（1965年）…………133, 304
行政命令第124号（Executive Order W-124-95）（1995年）……………153
行政命令第136号（Executive Order W-136-96）（1996年）……………153
供託金（trust fund）……………10, 258
キロズ対州教育委員会判決（Quiroz v. State Board of Education）（1998年）……………………226
ギーン（Kenny Guinn）……………257
ギングリッチ（Newt Gingrich）……90, 104, 308
グアダルーペ・イダルゴ条約（the Treaty of Guadalupe Hidalgo）（1848年）………………68, 219, 303
グラス・シーリング（glass ceiling）…………………………136, 157
グリーンカード（green card）……107, 116
クリスチャン・アイデンティテイ（Christian Identity）……………84
クリントン（Bill Clinton）…61, 99, 104, 153, 170, 243-244, 308, 310-311
ケネディ（John F. Kennedy）……219
ゴア（Al Gore）…………………106
公正雇用および住宅管理局（Department of Fair Employment and Housing : DFEH）………266
公正政治慣行委員会（Fair Political Practices Commission）…………19
合法移民（the legal immigrants）…70, 76-77
公民権運動（Civil Rights Movement）………………………133
公民権法（the Civil Rights Act of 1964）…………………………222
公民権法第6編（the Civil Rights Act, Title VI）…………………161
コー（Barbara Coe）…………34, 85-86
コナリー（Ward Connerly）…143-145, 170-171, 207, 264, 268, 277-282

さ 行

笹山幸俊……………………………43
サンタ・アナ（Santa Ana）…………71
サンディエゴ郡（San Diego County）………………71, 78, 80, 98, 231
サンフランシスコ市・郡教育委員会（Board of Education of the City and County of San Francisco）…………………………217
シェリー（Kevin Shelley）…………257
市憲章（city charter）………………4
品田宏夫……………………………44
ジャクソン（Jesse Jackson）……152
州外授業料（out-of-state tuition）…81
住民提案13号（1978年）………22, 52, 84
住民提案140号（1990年）……………32
住民提案184号（1994年）……30, 32, 34, 89
住民提案186号（1994年）……30, 54, 89

住民提案187号（1994年）……*vi, 29-30, 32, 34, 61-64, 74, 77, 83, 87-89, 91-94, 96-100, 102-103, 115, 125-130, 231, 276, 281, 289, 307-310*

住民提案188号（1994年）……*30, 34, 89*

住民提案208号（1996年）………*32, 155*

住民提案209号（1996年）……*vii, 32-33, 55, 62, 103, 145, 150-156, 170-171, 231, 264, 275-276, 279, 289, 310-311*

住民提案213号（1996年）………*31-32*

住民提案218号（1997年）……………*32*

住民提案227号（1998年）…*vii, 33, 145, 231, 233, 236, 238-243, 246-249, 276, 289, 312*

住民提案5号（1998年）…………*53-54*

住民提案10号（1998年）……………*31*

住民提案11号（1998年）……………*53*

住民提案34号（2000年）……………*284*

住民提案54号（2003年）……*vii, 145, 198, 257, 262, 264, 268-270, 272-273, 275-276, 278-282, 289*

シュワルツネッガー（Arnold Schwarzenegger）…*260-262, 284-285, 287-288, 313*

ジョーダン（Frank C. Jordan）………*5*

ジョーンズ（Bill Jones）……………*51*

初等・中等教育法第7編（Title VII of the Elementary and Secondary Education Act of 1968）
………………………*219-220, 222*

署名収集者（signature gatherer）
………………………*14, 55*

ジョンソン（Hiram Johnson）……*3, 35, 303*

ジョンソン（Lyndon B. Johnson）
………………………*133, 219-220, 304*

人種、エスニシティ、肌の色もしくは出身国による分類（Classification by Race, Ethnicity, Color or National Origin : CRECNO）
………………………*263-264*

人種上の個人情報提案（Racial Privacy Initiative）………………*263*

スケープゴート（scapegoat）…*69, 101*

政治改革局（Political Reform Division）……………………*19*

政治改革法（the Political Reform Act of 1974）……………………*18*

政治活動委員会（Political Action Committee : PAC）………………*39*

政治規約（Government Code）
………………………*10, 19, 52*

積極的差別是正措置（affirmative action）……………………*vii*

ゼロ・ポピュレーション・グロス（Zero Population Growth）………*84*

選挙規約（Elections Code）…*10-17, 41, 49, 263*

全米黒人地位向上団体（National Association for the Advancement of Colored People : NAACP）……*135, 188*

全米女性機構（National Organization for Women : NOW）............*152*

た 行

大学進学適性試験（Scholastic Aptitude Test : SAT）......*160, 173, 187*

大学の多文化を首唱する事務局（Office of Academic Multicultural Initiatives）............................*177*

多様性（diversity）...*173, 177, 185-186, 199, 210*

地方自治法第74条............................*46*
地方自治法第75条............................*46*
地方自治法第80条............................*46*
地方自治法第81条............................*46*

チャコン-モスコン二言語・二文化教育法（the Chacon-Moscone Bilingual-Bicultural Education Act of 1976）............................*226*

直接民主制（direct democracy）............................*3, 39, 48, 50, 289*

デーヴィス（Gray Davis）......*257-261, 275, 282, 284, 289, 312-313*

テキサス大学ロースクール（University of Texas Law School）............................*162, 310*

投票用パンフレット（Ballot Pamphlet）......*17-18, 40, 88, 113, 115, 149, 154, 236, 282, 295*

登録済み有権者（registered voters）......*6-7, 12, 14, 16, 28-30, 36, 236, 259, 263, 273, 283*

ドール（Bod Dole）............*152, 309*
徳島県吉野川............................*44*
特別選挙（Special Election）...*7, 17, 29, 50-51, 313*

な 行

新潟県柏崎市刈羽村......................*44*
新潟県巻町......................................*42*
ニクソン（Richard Nixon）...*134, 304*
二言語併用教育（bilingual education）...*vii, 33, 158, 215-217, 219-224, 247-249, 252, 279, 288, 291, 305, 309, 312*

日本国憲法第94条............................*46*
ネイティヴィスト（nativist）...*68, 110*
ネイティヴィズム（nativism）......*101*
ネルソン（Alan Nelson）............*83, 87*

は 行

パイオニア財団（the Pioneer Fund）............................*84*
パウェル（Colin L. Powell）...*105, 151*
パウェル（Lewis Powell）............*161*
バッキ（Allan Bakke）...*155, 159, 208*
バッキ判決（Regents of the University of California v. Bakke）（1978年）......*136, 156, 159, 161-162, 191, 304*
ハフィントン（Michael Huffington）............................*96-98*
ハヤカワ（Samuel I. Hayakawa）...*221,*

　　　　　　　　　　　　　　304-305
ハワイ大学（University of Hawai'i）
　　　　　　　　　　　　…203-205
比嘉鉄也…………………………43
非合法移民（the undocumented
　immigrants）………………70, 115
ヒスパニック（Hispanic）……iv, vii, 33,
　98-99, 102, 106, 137-138, 154-155,
　159-160, 164-167, 173, 176-177, 191,
　196, 210, 221, 224-225, 227-232, 245,
　261, 275, 277, 284-285, 305-307
100パーセント・アメリカニズム
　（100% Americanism）……………217
兵庫県神戸市……………………43
評定平均値（Grade Point Average：
　GPA）………………………………160
広島県広島市の住民投票制度………46
ファインスタイン（Dianne Feinstein）…………………96-98, 152, 305
フィルツァー（Mariana Phaelzer）
　…………………………………100, 309
フォード財団（the Ford Foundation）…………………………220
フォックス（Vicente Fox）…107, 109,
　　　　　　　　　　　　　　313
ブスタマンテ（Cruz Bustamante）
　…………260-261, 277-278, 283-284
ブッシュ（George H. W. Bush）…193
ブッシュ（George H. W. Bush, Jr.）
　…105, 107, 109, 192-193, 205, 287-288,
　　　　　　　　　　　　313-314

ブッシュ（Jeb Bush）……………200
不法移民（the illegal immigrant）
　…64-67, 71-79, 83, 85-93, 95-96, 98,
　100-107, 109-110, 112, 115-122, 124-
　125, 127-129, 279, 288, 290-291, 304,
　　　　　　　　　　　308-311
不法移民学生……………………73
不法移民と移民に対する責任法
　（the Illegal Immigration and
　Immigration Responsibility Act）
　（1997年）……………………105
不法移民の生徒……………………71
不法移民の母親……………………71
プライマリー選挙（Primary
　Election）………………………29
プライヤー対ドウ判決（Plyer v. Doe）
　（1982年）…79, 87, 100, 112, 115, 118,
　　　　　　　　　　121, 292, 304
ブラウン（Edmund G. Brown, Jr.）…96
ブラウン（Kathleen Brown）……95-98
ブラウン（Willie Brown）…………279
ブラウン対教育委員会判決（Brown
　v. Board of Education）（1954年）
　…………………………………157, 303
ブラセロ（bracero）協定…………66
プリンス（Ronald Prince）…34, 83, 85,
　　　　　　　　　　　　　126
プレッシー対ファーガソン判決
　（Plessy v. Ferguson）（1896年）…157,
　　　　　　　　　　　　　303
プロポジション（Proposition）…9, 17,

索 引

　　　　　　　　　　　　　20, 86
フロリダ大学（University of
　Florida）……………………*200*
分離すれども平等（Separate but
　Equal）………………*157, 218*
米墨戦争（1846－1848年）……*68, 219,*
　　　　　　　　　　　　　303
ヘインズ（John Randolph Haynes）…*4*
ペロー（Ross Perot）……………*87-88*
ボーリンジャー（Lee Bollinger）…*188*
ボクサー（Barbara Boxer）………*152*
ホップウッド対テキサス判決
　（Hopwood v. Texas）（1996年）…*162,*
　　　　　　　　　　　　　310
ポドブレスキー対カーワン判決
　（Podberesky v. Kirwin）（1994年）
　………………………*161, 308*
ポリティカル・コレクトネス
　（political correctness）…………*143*

ま 行

マイノリティ（minority）…*iii, v, vii, 74,*
　104, 106, 111, 133-136, 139-140, 142
　-147, 150, 154-155, 158-160, 164, 167,
　172-174, 189, 191-192, 196, 198-199,
　206, 221, 244, 277, 291, 304, 305
マウントジョイ（Richard L.
　Mountjoy）……*34, 77, 82, 84, 90, 103,*
　111-112, 126, 130, 243, 306-308
マッククリントック（Tom
　McClintock）………………*260*

ミシガン大学（University of Michi-
　gan）……*105-106, 156, 176-178, 180,*
　　185-193, 195-198, 204-206, 312-313
ミシガン大学理事会（Regents of
　the University of Michigan）……*188*
ミシガン大学ロースクール（Uni-
　versity of Michigan Law School）
　……*156, 187-189, 191-192, 205, 210,*
　　　　　　　　　　　　312-313
メリーランド大学（University of
　Maryland）……………*161, 190, 308*
モーター・ボーター法（the Motor
　Voter law）（1993年）……………*82*

や 行

柳川喜郎……………………………*42*
ヤルボロフ（Ralph Yarborough）…*219*
優遇策（preferential treatment）…*135,*
　　　　　　　　　　　148, 279
要扶養児童家族手当（Aid to Fami-
　lies with Dependent Children :
　AFDC）……………………*74, 121*
4パーセント解決策（4% solvtion）
　………………………*172, 174, 200*

ら 行

ライリー（Richard W. Riley）…*94, 127,*
　　　　　　　　　　　　244
ラウ（Kinney Lau）………………*222*
ラウ対ニコルズ判決（Lau v. Nichols）
　（1974年）……………*222, 247, 304*

ラティーノの投票率 ……………*101*
ラトガーズ大学ロースクール
（Rutgers University Law School）
……………………………*158-159*
リコール（recall）…*iii, 3-5, 49, 257-262, 273, 275, 282-284, 289, 313*
立法審議会（Legislative Council）…*10*
レイシズム（racism）………………*101*
レーガン（Ronald Reagan）……*83, 86, 221*
レファレンダム（referendum）……*3-5, 49, 51, 282*
レンクイスト（William H. Rehnquist）……………………*192*
連邦福祉法（the Federal Welfare Act）（1996年）………………*33, 310*
ロイバル（Edward Roybal）………*219*
ローズヴェルト（Theodore Roosevelt）……………………*216*
ロースクール入学試験（Law School Admissions Test : LSAT）………*187*
ロサンジェルス（Los Angeles）…*4, 53, 63, 70-71, 78, 80, 95, 98, 102, 144, 152, 207, 227-231, 233-234, 275, 305*
ロジャース（Don Rogers）…………*84*
ロング・ビーチ（Long Beach）……*71*

わ 行

我が州を救え（Save Our State : SOS）
……………………*34, 61, 100, 307*
ワシントン大学（University of Washington）……………*202, 204-205*
割当て（quota）…*135, 149, 161, 170, 309*

略 称

ACT（アメリカ大学入学学力試験）
……………………*175, 182, 190*
AFDC（要扶養児童家族手当）……*74, 121-124*
CCC（カリフォルニア・コミュニティ・カレッジ）……*73, 116, 118, 122, 141*
CCIR（カリフォルニア移民改革連合）………………………*86, 101*
CCRI（カリフォルニア公民権発議）………………………*140, 170*
CSU（カリフォルニア州立大学）…*72, 116, 118, 122, 141*
DFEH（公正雇用および住宅管理局）
……………………………*266-267*
FERPA（家族の教育権とプライバシー法）…………*94, 117, 122, 126*
GPA（評定平均値）………*160, 175, 187, 189-190, 194*
INS（移民帰化局）…*61, 65, 74, 83, 87-89, 105, 108-110, 309, 311*
IRCA（移民改正取締法）…*66, 76, 115, 229*
LSAT（ロースクール入学試験）…*187, 189*

索　引

NAACP（全米黒人地位向上団体）
　　　　　………………………………*135, 279*
NOW（全米女性機構）……………*152*
PAC（政治活動委員会）…………*39, 84*
SAT（大学進学適性検査）……*160, 173,*
　　　175-176, 182, 190
SOS（我が州を救え）……*34, 61, 83-84,*
　　　86-87, 94, 101, 126, 307
UC（カリフォルニア大学）……*72, 116,*
　　　118, 121, 141, 267

著者紹介

賀川　真理（かがわ　まり）

慶應義塾大学法学部政治学科卒業。慶應義塾大学大学院法学研究科修士課程修了。慶應義塾大学大学院法学研究科博士課程単位取得退学。博士（法学）。

現在、阪南大学国際コミュニケーション学部教授。

研究業績として、『サンフランシスコにおける日本人学童隔離問題』（論創社、1999年）、「真珠湾攻撃とヒロシマ—原爆投下をめぐる日米間の感情的しこり」『阪南論集』社会科学編・第35巻第3号（阪南大学、2000年1月）、「排日土地法の制定とパナマ太平洋万国博覧会—珍田捨己の対米認識を中心として」長谷川雄一編著『大正期日本のアメリカ認識』（慶應義塾大学出版会、2001年）、「アメリカの高等教育におけるアファーマティヴ・アクション論争—カリフォルニア州とミシガン州の比較考察」『阪南論集』社会科学編・第40巻第1号（2004年11月）、「日本人と公立学校分離教育」吉田亮編著『アメリカ日本人移民の越境教育史』（日本図書センター、2005年）ほか。

阪南大学叢書 73

カリフォルニア政治と「マイノリティ」

2005年3月31日　第1版第1刷発行

著者　賀川真理

発行　不磨書房
〒113-0033 東京都文京区本郷 6-2-9-302
TEL 03-3813-7199／FAX 03-3813-7104

発売　㈱信山社
〒113-0033 東京都文京区本郷 6-2-9-102
TEL 03-3818-1019／FAX 03-3818-0344

Printed in Japan

ⓒ KAGAWA Mari, 2005　　印刷・製本／松澤印刷・大三製本

ISBN4-7972-9133-8 C3032

不磨書房

横田洋三 著（中央大学教授・国連大学学長特別顧問）
日本の人権／世界の人権

◆21世紀の人権を考える◆日本の人権と世界の人権［瀋陽日本領事館亡命事件／拉致］
◆人権分野の国連の活動と日本［アパルトヘイト／ミャンマー／従軍慰安婦／難民／差別］
◆生活の中の人権［家庭／学校／大学／役所／職場／企業／病院］◆人権教育は家庭から
◆国際人権大学院大学設立への期待　　　　　　　　9299-7　四六判　■本体 1,600円

gender law books
■男女共同参画社会をめざして
ジェンダーと法
辻村みよ子 著（東北大学教授）

9114-1　A5変判・上製　■本体 3,400円（税別）

導入対話による
ジェンダー法学
【第2版】　監修：浅倉むつ子

Ⅰ　ジェンダーと差別　◆浅倉むつ子（早稲田大学）
　阿部浩己（神奈川大学）／林瑞枝（元駿河台大学）
　相澤美智子（一橋大学）／山崎久民（税理士）
Ⅱ　ジェンダーからの解放　◆戒能民江（お茶の水女子大学）
　武田万里子（金城学院大学）／宮園久栄（東洋学園大学）
　堀口悦子（明治大学）　　9130-3　■本体 2,400円（税別）

■女性の人権を考える
ドメスティック・バイオレンス
戒能民江 著（お茶の水女子大学教授）　　山川菊栄賞受賞

9297-0　A5変判・上製　■本体 3,200円（税別）

キャサリン・マッキノンと語る
ポルノグラフィと買売春

角田由紀子（弁護士）
ポルノ・買売春問題研究会
9064-1　四六判　■本体 1,500円（税別）